João Alberto Catalão & Ana Teresa Penim

atitude UAUme!®

como Surpreender e CRIAR VALOR na Vida Pessoal e nos Negócios

smartbook

Dados Internacionais de Catalogação na Publicação (CIP)
(Câmara Brasileira do Livro, SP, Brasil)

Catalão, João Alberto

Atitude Uau Me!®: como surpreender e criar valor na vida pessoal e nos negócios / João Alberto Catalão e Ana Teresa Penim. — São Paulo: AREMC, 2012.

1. Atitude (Psicologia) 2. Atitude – Mudança 3. Ciências sociais 4. Ética
5. Mudança de vida – Ocorrências 6. Valores (Ética) 7. Valores sociais
I. Penim, Ana Teresa. II. Título.

12-02185 CDD-158.1

Índice para catálogo sistemático:
1. Atitude: Mudança: Psicologia aplicada 158.1
Categoria: Negócios

Publicado no Brasil com todos os direitos reservados por:
AREMC
Rua Antônio Carlos Tacconi, 79, São Paulo, SP, Brasil, CEP 04810-020
Telefone: (11) 2127-4147

1ª edição: abril de 2012
1ª reimpressão: 2012

atitude
UAUme!®

Sumário

Sumário

1 + 1 = 3,

a história de um Conceito que já o era antes de ser

!

1 + 1 = 3, a história de um Conceito que já o era antes de ser

Imagine uma dupla que um dia se forma para trabalhar num projeto muito nobre: criar um *kit* multimídia de suporte a um projeto inovador, de formação, para empresários e profissionais do setor do comércio.

Ela, uma psicóloga organizacional apaixonada por comércio, com uma carreira profissional recheada de desafios ligados à Gestão de Recursos Humanos; ao Desenvolvimento de Dirigentes e Quadros dos mais variados setores de atividade; ao *Coaching* Executivo, Comercial e de Liderança; à Formação de Formadores; ao Desenvolvimento de Competências Comportamentais; e à Direção de uma Escola Profissional de Comércio, com um projeto educativo único em metodologias pedagógicas e em ligação ao mundo empresarial. Uma profissional envolvida em múltiplas atividades ligadas à Educação e à Formação ao longo da vida, nomeada Conselheira do Conselho Nacional de Educação e organizadora de projetos transnacionais destinados a formar educadores, estimular jovens, motivar profissionais e inovar em práticas pedagógicas.

Ele, um profissional com uma formação acadêmica multidisciplinar, de Engenharia Agrária a *Marketing*, passando por Direito, Filosofia e Psicologia. Um profissional com uma carreira modelada de forma excelente por desafios comerciais em empresas nacionais e multinacionais de referência, de diferentes ramos de atividade, operando em mercados altamente competitivos. Um profissional envolvido na Abertura de Mercados nacionais e estrangeiros, na Constituição e Formação de Equipes, na Motivação e Reconhecimento de *Performance* Comercial, na Docência Profissional e Universitária e na Operacionalização de Negociações Multiculturais em ambientes extremamente competitivos.

Como o povo diz e muito bem: "Quando se junta a fome com a vontade de comer, a coisa acontece!".

E aconteceu mesmo! Mas não aconteceu simplesmente, aconteceu muito mais!

Sem Conceito não há Negócio!

Essa foi uma das primeiras máximas que os dois compartilharam.

Sentido, Propósito e Conceito são os eixos do seu projeto de vida pessoal e profissional.

Para eles, *conceito* significa escutar o mercado, identificar necessidades e anseios, conectar o não conectado e conceber uma resposta ética, clara e consistente, capaz não só de responder às expectativas criadas, mas também de as superar de forma surpreendente, agregando valor.

Sem Relação não há Projeto!

Para eles, *Relação* significa *Interação com Emoção.* A emoção que colocam em tudo em que se envolvem, em todas as suas criações e parcerias.

Assim nasceu, na virada do século, o primeiro projeto de conceito empresarial desta dupla: a **SalesUp — Assessoria Comercial.**

A ideia era muito simples: existiam já em Portugal muitas empresas de consultoria de gestão, mas o conceito de assessoria comercial nem sequer constava na lista do código de atividades empresariais! Muitas empresas portuguesas compreendiam naquele momento que, para atingir resultados, mais importante do que teorias de gestão ou conselhos de gurus iluminados era conhecer realmente o mercado em ação, entender a cabeça do consumidor e a dinâmica do fazer acontecer!

A confirmação da receptividade à SalesUp aconteceu logo no início, quando um dos primeiros clientes mencionou que aquilo que chamou a sua atenção foi a disponibilidade da SalesUp para escutá-lo! Por isso a SalesUp diferenciou-se: não por saber, a princípio, de que seu público-alvo necessitava, mas por encarar cada cliente como único e especial; por investigar e construir do zero, numa dinâmica de cocriação irreverente — por vezes até descarada e fora da caixa — soluções comerciais integradas, igualmente únicas e especiais.

O conceito só podia dar certo: em apenas uma década, a SalesUp tornou-se uma referência na área da assessoria comercial, possuindo hoje um histórico e uma carteira invejável de clientes.

Soluções Comerciais Integradas

Daí nasceu uma série de outras iniciativas empresariais que deram corpo a um grupo de empresas. O **Grupo BusinessUp,** que esta dupla lidera, integra hoje a *SalesUp — Assessoria Comercial*, o *INV — Instituto de Negociação e Vendas*, a *YouUp — The Coaching Company*, a *ActiveUp*, a *FoneUp — Soluções Integradas de Telecomunicações* e a *4Store's — Soluções Integradas para Espaços Comerciais*, assumindo-se em Portugal como o único que consegue integrar uma série de competências e valores que vão desde Assessoria Comercial até desenvolvimento/evolução de Conceitos Comerciais, concepção de Projetos de Arquitetura Comercial Inteligente, *Web design*, Imagem Corporativa, Formação e Certificação de *Performance* Comercial, *Coaching* Executivo, Comercial e de Liderança, Organização e Dinamização de *Retail Safaris* Internacionais, Conferências Motivacionais, convenções de vendas, Dinamização de Reuniões de *Kick-Off*, Programas de Gestão de Talentos e outros.

Nesta caminhada, a internacionalização do grupo ocorreu de forma natural, sendo os mercados do Brasil e da Espanha os que melhor têm acolhido e valorizado as suas competências.

Concretamente, o Brasil acolheu-os com especial carinho, entusiasmo e reconhecimento, valorizando de forma ímpar o contributo dos conceitos que têm desenvolvido seja na área comercial, na área do desenvolvimento de performance comercial, no *Coaching* Executivo, no *Coaching* de Liderança ou no *Coaching* para o Varejo, entre outras. Por isso já consideram o Brasil também como sua casa!

A dupla sente-se hoje altamente recompensada por ver o resultado da sua paixão por **Pessoas** e por **Comércio** materializado no sucesso das marcas desenvolvidas, no testemunho de quem teve seu percurso pessoal e profissional apoiado, nos singulares programas de desenvolvimento de *performance* concebidos, nas organizações nacionais e internacionais em que participam ativamente. O seu propósito passa ainda por diversas vertentes: contribuir ativamente para a **consolidação do *coaching* no mundo**, contribuir para o **reforço da afirmação, credenciação e reconhecimento das Funções e Profissionais da área comercial**, e contribuir para uma **sociedade mais justa, grata e sustentável**.

Compartilhar é a Alma do Negócio!

Ambos defendem vigorosamente esta outra máxima: compartilhar é a alma do negócio. Por isso, não perdem oportunidades de compartilhar com o mercado dinâmicas que realmente promovem e otimizam resultados.

As empresas que a dupla lidera e dinamiza, em conjunto com um amplo grupo de empresários e profissionais, têm por princípio e missão iniciativas como o *World Commercial Trends*, os *Retail Safaris* Internacionais, *Masters* da Negociação, Clube da Negociação, Fórum Ibérico de *Coaching*, Fórum de Responsáveis de RH, Fóruns/Debates nas Redes Sociais, Intervenções e Artigos Técnicos para uma vasta gama de meios de comunicação social, *Open Hours* Mensais de Debate, Palestras e Seminários *pro bono*, em instituições de ensino e de solidariedade social

Em 2010, os dois criaram o Conceito Atitude UAUme!®, marca nacional registada da ActiveUp. Trata-se de um conceito abrangente, multifacetado e integrado, composto por um leque diversificado de iniciativas de desenvolvimento pessoal e profissional, de produtos e de serviços. O presente livro é apenas um dos componentes desse conceito integrado, dinamizando ativamente uma rede de compartilhamento e de parceria com perfil específico para a potencialização.

O Conceito Atitude UAUme!® é, ele próprio, fruto e exemplo do espírito de compartilhamento, incorporando contributos de um conjunto de personalidades oriundas de Portugal e do Brasil de diferentes áreas do conhecimento, as quais responderam de forma pronta e entusiasta ao convite que lhes foi dirigido.

A sua contribuição não só valida a pertinência do conceito, como o enriquece com a qualidade das suas reflexões.

Adriano Moreira. Professor Emérito da Universidade Técnica de Lisboa, Presidente da Academia de Ciências de Lisboa, Estadista, Político, Jurista e Sociólogo, personalidade e referência ímpar da sociedade portuguesa, no país e no exterior. Personalidade de grande classe intelectual e humana, com quem a coautora teve o privilégio de conviver no Conselho Nacional de Educação, possui uma obra notável no campo da ciência política, das Relações Internacionais e do Direito.

Aires Augusto do Nascimento. Sacerdote Católico, professor Catedrático da Faculdade de Letras da Universidade de Lisboa, Investigador e Especialista de referência internacional em Latim, Filologia Latina Medieval, Codicologia e Literatura entre outras. Amigo de longa data dos autores, inspira-os com a sua simplicidade humana, sofisticação de conhecimento e atitude mental, reflexões teológicas e filosóficas.

Alexandre Bombachi. Fundador e Diretor de Desenvolvimento & Relacionamento da Veler — Desenvolvimento Organizacional, Empresa a que os autores da Atitude UAUme! se associaram no Brasil, é Especialista na Área Comercial e em Desenvolvimento de Performance Comercial.

Christian Barbosa. Empreendedor. Palestrante. Cientista de Computação. Especialista em Administração de Tempo e Produtividade. Escritor de diversos livros sobre produtividade: "Mais Tempo Mais Dinheiro" e "Tríade do Tempo". Fundador da empresa Triad PS.

Fátima Perloiro. Especialista em Psicologia Positiva e em Educação, é uma referência em Portugal pelo seu pioneirismo no estudo e investigação na área do Otimismo e da Psicologia Positiva aplicados à Educação, ao mundo escolar e a Terapia familiar, sistematizado em livros como "Educar para o otimismo", entre outros. Cunhada dos autores e sua inspiradora pelo entusiasmo e forma desinteressada com que compartilha o seu conhecimento e aquilo em que acredita.

Iússef Zaiden Filho. Consultor Organizacional, *Coach* Executivo e Palestrante, possui uma longa e relevante carreira em contexto empresarial, nomeadamente na Johnson & Johnson e na Unilever no Brasil. Fundador e Diretor de Relacionamento da Veler — Desenvolvimento Organizacional. Autor de livros e artigos especializados sobre Gestão, *Coaching* e Desenvolvimento.

Janaina Toscano. Gestora da Veler — Desenvolvimento Organizacional no Distrito Federal e com especial motivação para o *Coaching* e coloca o seu conhecimento, otimismo, espírito de iniciativa e energia ao serviço do desenvolvimento e da excelência do mundo organizacional, em especial do setor público.

Luiz Valle. Escritor. Jornalista. Fundador e Presidente da Cavalo Marinho, Criação e Beneficiamento de Frutos do Mar — Empresa do Grupo Leardini, um dos maiores fornecedores de pescado do Brasil e exportador para vários países da Europa, Ásia e América do Norte.

Manuel I. Miguéns. Especialista em Educação e Pedagogia. Secretário-Geral do Conselho Nacional de Educação de Portugal, cargo que assume dedicada e ativamente na continuidade da missão deste importante Órgão Consultivo do Governo Português e da Assembleia da República de Portugal, que promove a participação das várias forças sociais, culturais e econômicas, tendo em vista a concertação social e a formação de consensos em matéria de Educação.

Valmir Galhardo. Superintendente da UNICRED Centro Brasileira – Goiânia-GO, Cooperativa de Crédito da Área da Saúde é um gestor experiente apostado na dinamização do negócio e da qualificação dos seus profissionais, tendo em vista a excelência de todos quantos constituem e beneficiam desta relevante rede cooperativa.

Valmor Scapini. Presidente da Associação Comercial e Industrial de Lajeado — ACIL (RS – Brasil). Diretor do Sindicato das Empresas de Transporte de Carga do Estado do Rio Grande do Sul – SETCERGS e Diretor-Presidente do Grupo Scapini (Scapini Honda, Scapini Mitsubishi Motors, Scasul Suzuki, Scapini Transportes Nacionais e Internacionais).

Wellington Ferreira. Presidente da SICREDI União PR. O SICREDI — Sistema de Crédito Cooperativo compreende o conjunto de mais de uma centena de Cooperativas de Crédito Singulares, Cooperativas Centrais, acionistas da Sicredi Participações S.A. (SicrediPar), bem como as empresas e entidades por esta controladas, entre elas o Banco Cooperativo Sicredi S.A., que atuam no mercado sob a marca SICREDI e adotam padrão operacional único.

Viver a Vida com um pé no ar!

Este lema dos jesuítas é outra das máximas de vida dos criadores da Atitude UAUme!® Um paradigma fundado na ideia de que *viver a vida com o pé no ar*, fazendo e desfazendo na procura de fazer melhor, é reflexo de quem gosta de estar fora da zona de conforto.

Esta forma de estar é também, no fundo, o suporte para a frase que ambos gostam de dizer: "A nossa estratégia é não ter estratégia". Entenda-se este princípio à luz da ideia de Charles Darwin, de que o importante é termos a capacidade de nos adaptarmos.

Como tudo na vida, também é preciso ter *sorte*. E a *sorte* dos criadores da Atitude UAUme!® surgiu, exatamente, pelo fato de o seu projeto empresarial ter surgido na hora certa. O contexto atual favorece, e vai continuar a favorecer, todos aqueles que não estejam acomodados, que não façam mais do mesmo, e que não sejam reféns de ideias fixas ou politicamente corretas.

De Profissionais Para Profissionais

Em 2008, no dia em que decidiram lançar um livro com o posicionamento *de profissionais para profissionais*, estavam longe de imaginar que, num curto espaço de tempo, este viria a obter o estatuto de livro de negociação/vendas mais vendido em Portugal! *Negociar & Vender* (www.negociar-evender.com) foi escrito com o conceito de *caixa de ferramentas para negócios*, integrando quarenta ferramentas validadas por um conjunto de 43 líderes de opinião.

Para uma dupla já otimista, adepta dos pensamentos "*quem não faz já errou*" e "*falharemos 100% naquilo que não tentarmos*", a *performance* do *Negociar & Vender* se deveu ao fato de, mais uma vez, ter existido um conceito, um compartilhar e de ele ter sido previamente validado pelo mercado.

O reforço de aprendizagem do valor da escuta ativa[1] do mercado mobilizou a dupla para um projeto ainda mais arrojado: o lançamento em 2009 do livro *Ferramentas de Coaching* (www.ferramentasdecoaching.com). Tratando-se também de uma *caixa de ferramentas*, com uma abordagem única no mundo do coaching (e sendo o *coaching* o mais poderoso processo de desenvolvimento pessoal e profissional da atualidade), o impacto desse livro no mercado ultrapassou todas as suas melhores expectativas.

Já distribuído no Brasil e também traduzido para o espanhol, se prevê que, num curto espaço de tempo, esse livro expanda a sua vocação internacional, com a tradução para outras línguas.

Em apenas dois anos, *Ferramentas de Coaching* conseguiu não só quatro edições, como o reconhecimento internacional, sendo hoje um livro de referência tanto de *coaches* como de líderes, gestores de recursos humanos ou estudantes de *Coaching*.

O conceito Atitude UAUme!®, uma consequência natural

O conceito UAUme!® resultou, ele próprio, de vários momentos UAUme!®.

O conceito Atitude UAUme!® é, assim, consequência natural deste percurso pessoal e profissional, ao longo do qual foram percebendo e vivenciando as possibilidades do efeito UAUme!®, que também surge como resposta oportuna a um contexto socioeconômico recheado de incertezas e desafios surpreendentes!

Convictos de que a vida é um mistério a ser abraçado e de que não existem segredos ou soluções mágicas, os criadores da Atitude UAUme!® estão conscientes de que o caminho passa, obrigatoriamente, pela mobilização de todos no sentido de contribuírem, por todos os meios ao seu alcance, para a adoção de atitudes e comportamentos capazes de gerar valor e de produzir resultados.

No espírito de cocriação contínua, a Atitude UAUme!® resulta não apenas de uma caminhada de prospecção e comunicação com sensibilidades, motivações e aspirações multifacetadas junto de um universo plural. Ela também é validada diariamente por todos aqueles que atinge.

Assim, o lançamento deste livro, enquanto primeiro produto do Conceito Atitude UAUme!®, deve ser considerado fruto de cocriação com o mercado.

Convite à partilha de momentos e iniciativas UAUme!® — www.uaume.com

Dentro do espírito de cocriação que caracteriza a Atitude UAUme!®, os seus criadores, convictos de que compartilhar inspira, motiva e gera valor, convidam os leitores a compartilharem os seus momentos e iniciativas UAUme!® através do relato deles no *website* da Atitude UAUme!®:

www.uaume.com

O aprofundamento do conceito e suas aplicações a diversos contextos e áreas de atividade será mantido em curso, numa dinâmica permanente de cocriação com as contribuições que nos forem chegando da comunidade nacional e internacional.

Atitude UAUme!®, um conceito agregador

A Atitude UAUme!® assume-se como um conceito *agregador* de múltiplas áreas de intervenção dos seus criadores, sendo o propósito destes desenvolver e evidenciar as possibilidades do conceito em diversos contextos profissionais. Para tal, desenvolverão uma oferta de produtos e serviços que darão suporte ao espírito do conceito e às suas aplicações práticas.

A abrangência e o potencial da Atitude UAUme!® motivou também as empresas dos seus criadores a assumi-la como marca geral do conjunto de suas intervenções criativas e operacionais.

O conteúdo deste livro apresenta:

- A definição do conceito *Atitude UAUme!®*.
- Os princípios, valores e capacidades individuais que sustentam a *Atitude UAUme!®*.
- A metodologia de desenvolvimento de competências *Atitude UAUme!®*, pertinentes ao contexto pessoal e profissional.
- A aplicação prática da *Atitude UAUme!®* a serviço de diversos contextos e dimensões pessoais e profissionais.
- Reflexões de reconhecidas personalidades de diferentes áreas profissionais e científicas.

Muito obrigado!

Agradecemos ao mercado por continuar nos desafiando com raciocínios desconfortavelmente desconcertantes, que nos mobilizam para a concepção de projetos altamente estimulantes e geradores de parcerias efetivas e enriquecedoras, altamente improváveis em outras circunstâncias!

Agradecemos aos nossos amigos e colegas que em vários países nos têm acompanhado e apoiado nesta caminhada pessoal e profissional, com genuína Atitude UAUme!®.

Agradecemos à empresa ActiveUp, proprietária da marca registada Atitude UAUme!, o fato de nos ter nomeado como dinamizadores e coordenadores de todas as iniciativas da Atitude UAUme!®.

Agradecemos aos protagonistas das histórias que compartilhamos ao longo deste livro, cujos exemplos de vida, em palavras e ações, humanizam a Atitude UAUme!®.

Agradecemos aos nossos respectivos pais e sogros Jorge Perloiro e Ana Maria pelo estímulo, carinho e mimos no Monte da Paz, onde também ocorreram diversos momentos de inspiração e discussão UAUme!®.

Agradecemos aos ilustres especialistas e líderes de opinião, que de imediato se disponibilizaram para enriquecer o conteúdo deste livro com reflexões valiosas:

Adriano Moreira — Professor Emérito da Universidade Técnica de Lisboa. Academia das Ciências de Lisboa;

Aires Augusto do Nascimento — Sacerdote Católico. Sociedade Missionária da Boa Nova e membro da Academia das Ciências de Lisboa;

Alexandre Bombachi — Diretor de Desenvolvimento & Relacionamento da Veler — Desenvolvimento Organizacional;

Christian Barbosa — Empreendedor. Palestrante. Escritor sobre produtividade: "Mais Tempo Mais Dinheiro" e "Tríade do Tempo";

Fátima Perloiro — Psicóloga, especialista em Psicologia Positiva;

Iússef Zaiden Filho – Coach. Diretor de Relacionamento da Veler – Desenvolvimento Organizacional;

Janaina Toscano — Coaching e Gestora da Veler — Desenvolvimento no Distrito Federal;

Luiz Valle — Escritor. Jornalista. Fundador e Presidente da Cavalo Marinho, Criação e Beneficiamento de Frutos do Mar – Empresa do Grupo Leardini;

Manuel I. Miguéns — Secretário-geral do Conselho Nacional de Educação;

Valmir Galhardo — Superintendente da UNICRED Centro Brasileira – Goiânia-GO;

Valmor Scapini — Presidente da Associação Comercial e Industrial de Lajeado – ACIL (RS – Brasil). Diretor do Sindicato das Empresas de Transporte de Carga do Estado do Rio Grande do Sul – SETCERGS e Diretor-Presidente do Grupo Scapini;

Wellington Ferreira — Presidente da SICREDI União PR.

Agradecemos a todos aqueles que, de forma particular, criaram condições para a materialização deste primeiro produto do Conceito Atitude UAUme!®, especialmente a Mário Morais, pelo empenho que teve em nos proporcionar as condições ideais no Vila Monte, em Moncarapacho, em Portugal, onde grande parte deste livro foi escrita.

Agradecemos aos nossos amigos e parceiros Brasileiros Iússef Zaiden Filho e Alexandre Bombachi e a toda a rede de profissionais da Veler pelo entusiasmo com que acolheram e se identificaram com a ATITUDE UAUme!® e a estão a disseminar nos vários Estados do Brasil.

Agradecemos ao nosso Editor, Distribuidor, Livreiros e Pontos de Venda pela receptividade, entusiasmo e apoio à materialização deste projeto, que está muito além de um livro.

Agradecemos a todos quantos se quiserem assumir como destinatários da Atitude UAUme!®. A todos desejamos muitas experiências surpreendentemente agradáveis, motivadoras de suas poderosas iniciativas de GRATIVIDADE. Sentimo-nos privilegiados, felizes e gratos pela atenção e tempo que nos disponibilizaram!

MUITO OBRIGADO!

Ana Teresa Penim

João Alberto Catalão

A Lenda de Vila Nova da Atitude

Conta-se que existiu um lugar em Portugal, situado em algum ponto entre Bragança e Faro, cujo nome era Vila Nova da Atitude!

Composta por uma fileira de casas brancas e bem cuidadas, a Vila Nova da Atitude, devido à sua localização, usufruía da visita de muitos viajantes. O seu comércio era constituído, essencialmente, por restaurante e locais de hospedagem. A sua rua principal era, simultaneamente, a estrada nacional.

Do lado direito da rua principal da Vila Nova da Atitude existia uma pequena loja cor-de-rosa, cujo letreiro dizia apenas: **Obrigado**!

Do lado esquerdo da rua, quase em frente à loja cor-de-rosa, havia uma enorme loja cinzenta, com grandes vitrines e cujo letreiro dizia em reluzente néon: **Está tudo perdido**!

As grandes vitrines desta loja tinham imensas frases comercialmente apelativas, como por exemplo: "Sobe o preço do leite"; "Nascem menos crianças"; "Cresce o número de desempregados"; "O crime aumenta"; "Não me chateiem"; "Isso é um atrasado mental"; "Quer comprar fiado? Pegue"; "Não existe ninguém pior que você"; "Desejo-lhe um ano péssimo"; "Sogra não é família, é praga"; "A diferença entre fada e bruxa são cinco anos de casamento"; "O amor é astuto"; "Pensar é coisa de tontos".

Curiosamente, a Loja Cinzenta estava sempre cheia! Lotada de clientes! O seu proprietário, o Sr. Manuel Cinzento da Silva sabia do assunto... O mercado adorava o seu negócio! Ali havia de tudo! Com um estoque amplo e numeroso, composto por tudo o que havia de mais cinzento no mercado nacional ou importado. Dentre os produtos disponíveis constavam e destacavam-se: desgraças variadas, maledicências em várias línguas, intrigas, boatos para todos os gostos, corrupções diversas, invejas de todo tipo, egoísmos e narcisismos, desonestidades e avarezas, entre outros. Alguns desses produtos estavam muito bem cotados comercialmente, possuindo destaques de prateleira, colocados em topos ou em ilhas bem iluminadas e anunciadas. Normalmente havia também o produto do mês, conquanto as invejas de todo tipo, o egoísmo e o narcisismo fossem aqueles que obtinham melhores resultados comerciais. Esse tipo de produtos fazia parte da cesta básica de produtos cinzentos. Em apenas três anos, a Loja Cinzenta dobrou de tamanho, aumentou o número de caixas registradoras, foi notícia em jornais nacionais e estrangeiros. O ROI[2] era brutal. O lucro bruto era invejável!

A Vila Nova da Atitude passou a ser conhecida de todos, e seu sucesso devia-se à perspicácia comercial do Sr. Manuel Cinzento da Silva. Falava-se já que o empresário estava estudando a internacionalização e o *franchising* do seu bem-sucedido conceito comercial.

Os políticos de então mencionavam o caso da Loja Cinzenta como um excelente exemplo de empreendedorismo e de pró-atividade comercial, de quem entende e consegue ir ao encontro da mentalidade e das expectativas do mercado!

Dizia-se até que o sucesso era tanto que uma renomada universidade norte-americana já tinha solicitado autorização ao Sr. Manuel Cinzento da Silva para usá-lo num estudo de caso dos seus *MBA*.

Na Loja Cor-de-Rosa, a situação era oposta! Dois, no máximo três clientes por dia entravam naquela estranha loja. A proprietária, a Dona Rosa de Portugal, tinha paixão pelo seu negócio. Era feliz assim! Independentemente daquilo que faturava, o importante para ela era a felicidade dos seus queridos clientes! Como ela gostava de sorrir a quem a visitava e lhe perguntava:

— O que tem para vender?

— Gratuidade! — respondia invariavelmente a Dona Rosa de Portugal, com ar radiante.

A Loja Cor-de-Rosa não tinha prateleiras, ilha, folhetos, destaques ou caixa registradora. Tinha apenas muita luz, cor e umas molduras nas paredes com frases escritas em cor-de-rosa, como por exemplo: "Por favor", "Você é importante", "Trabalhar é magnífico", "A vida é bela", "O esforço vale a pena", "O humor é o caminho mais curto entre duas pessoas", "Estou pensando em você", "A velhice é uma dádiva", "Está um lindo dia", "Compartilhar é fantástico", "O meu chefe tem visão", "Que bom ver do ponto de vista dos outros", "Amo você", "A palavra dada é o melhor contrato", "O meu emprego é o máximo", "Portugal é extraordinário", etc. Na Loja Cor-de-Rosa havia ainda uma mesa com cestos de flores nas quais estavam presos cartões com frases e nada mais! Preços? Surpreenda-se: cada um decidia o valor daquilo que levava e era isso que pagava! Essa era a noção de preço justo para a Dona Rosa de Portugal.

Conta-se que havia um produto na Loja Cor-de-Rosa que saía muito mais do que todos os outros: o OBRIGADO. Este produto era também conhecido como "Mel para a relação"! Apesar de a loja ainda ter poucos clientes, esse era, claramente, o produto que a sua clientela mais apreciava.

Ninguém sabe como aconteceu o que aconteceu! Há muitos rumores, mas aquele que pareceu mais crível foi este. Diz-se que o brutal sucesso da Loja Cinzenta atraiu muita inveja e mau-olhado. Conta-se que muitos dos seus empregados aprenderam com o patrão a arte de vender produtos cinzentos e abriram as suas próprias lojas, com marcas próprias de produtos ainda mais cinzentos e ainda mais baratos.

Na Loja Cinzenta, os produtos líderes de mercado, como o "Odeio você", "Detesto você" ou o "Vá para o inferno", começaram a perder o posto. Segundo consta, esse foi só o primeiro sinal do colapso da Loja Cinzenta! Produtos com ingredientes ressabiados, aborrecidos, indecentes, maldizentes, picantes, amargos, azedos ou salgados também já não faturavam como antes.

Entretanto, por todo o país, continuavam a abrir imensas lojas fazendo o mesmo que a loja cinzenta (e até mais agressivas, como a Loja Preta e a Loja dos Portugueses Desesperados), divulgando os mesmos produtos, promovendo e propagando as mesmas estratégias e táticas comercias, sabiamente concebidas pelo Sr. Manuel Cinzento da Silva. Estouraram as guerras de preço e as campanhas de maledicência na mídia. Começaram as liquidações nas lojas cinzentas, e o consumidor ficou alvoroçado com carnês e promoções inéditas. Ofereciam-se produtos cinzentos de péssima qualidade. Tudo valia para tentar vender!

Como no mercado nada acontece por acaso, o resultado só podia ser um: ansiedade, decadência, CRISE!

Rico, solteiro, sem filhos, já cansado e com idade avançada, o Sr. Manuel Cinzento da Silva previu o fim do seu negócio. Dois dilemas começaram então a perturbar a sua cabeça: "O que fazer com o dinheiro acumulado à custa da venda de produtos cinzentos, e o que fazer com sua Loja Cinzenta?".

Os dias foram passando, e o Sr. Manuel Cinzento da Silva ia vivendo angustiado e sem respostas para os seus dois dilemas. Clientes na sua loja eram raridade, mas isso também já não lhe importava. O que ele queria era a resposta para os seus dilemas...

Entretanto, a Dona Rosa de Portugal continuava a gerir a sua Loja Cor-de-Rosa com a mesma paixão de sempre. Aumentava o estoque da loja com produtos que sabia que os seus clientes apreciavam, precisavam, valorizavam e que até os iriam surpreender positivamente. Conversava com os clientes e customizava os produtos a partir de casos concretos de felicidade, gratidão, compreensão, paciência, resiliência, motivação e superação... Havia até muitos clientes que faziam questão de criar e oferecer produtos cor-de-rosa à loja da Dona Rosa de Portugal. Recentemente, a Dona Rosa de Portugal tinha recebido um bom número de produtos que tiveram muita saída! O destaque foi claramente para os produtos: "Quem dá, recebe!" e "Compartilhar é a alma do negócio".

O marido, filhos e netos da Dona Rosa de Portugal adoravam colaborar na loja, e a família foi ficando cada vez mais unida e feliz. Muitas outras pessoas, por iniciativa própria, voluntariavam-se para colaborar gratuitamente na loja. Sentiam que saíam de lá revigoradas, e isso era algo que não conseguiam encontrar em mais nenhum lugar!

A Dona Rosa de Portugal era uma mulher de convicções. Para ela só havia uma forma de estar no comércio e na vida: servindo, compartilhando e cocriando. Em sua casa havia um quadro com duas frases que ela lia todos os dias aos seus netos: "Somos mais felizes dando do que recebendo" e "Somos mais felizes agindo do que reagindo". Para ela, agir significava interagir com o mundo com atitude positiva, surpreendendo favoravelmente os outros. Os seus clientes contagiavam-se naturalmente com a energia positiva da loja e dos produtos cor-de-rosa, e prospectavam futuros clientes com alegria.

A cadeia de bons resultados começou a ser tão grande que a Dona Rosa compartilhava incansavelmente o seu conceito, estimulava, apoiava e elogiava a abertura de outras Lojas Cor-de-Rosa por todo o país; lojas com um conceito sempre fiel à Visão e Missão das Lojas Cor-de-Rosa, mas também sempre em permanente evolução, já que o reconhecimento, gratidão e mobilização tanto dos clientes como dos fornecedores e dos novos empreendedores das Lojas Cor-de-Rosa potencializavam novas ideias, novos produtos, novos ambientes para a loja, não parando de surpreender positivamente quem as frequentava.

O tempo passou, e o Sr. Manuel Cinzento da Silva, desesperado, definhava com o fato de já não possuir comprador para os seus produtos cinzentos, juntando a isso o fato de não ter nenhum outro propósito de vida, nem alguém com quem compartilhar a riqueza acumulada. Coitado! Dava pena vê-lo sozinho na sua loja que um dia já fora próspera, olhando para os clientes que agora preferiam entrar na Loja Cor-de-Rosa. Os concorrentes, proprietários de lojas cinzentas, envolveram-se em impetuosas guerras associativas. Estavam tão ocupados em lutar entre si, sem tempo e sem capacidade para olhar para a evolução do mercado, que foram degradando cada vez mais os seus negócios em guerras suicidas.

Dizem os mais antigos que, certo dia, Dona Rosa de Portugal estava limpando com todo o carinho as molduras dos seus belos quadros quando Sr. Manuel Cinzento da Silva entrou na loja e pediu-lhe para ver o seu estoque cor-de-rosa.

Ao ter contato com os produtos da Loja Cor-de-Rosa, o Sr. Manuel Cinzento da Silva sentiu no peito algo estranho e surpreendente... Não, não era um ataque cardíaco. Era uma inspiração! Afinal a resposta para os seus dilemas estava num dos quadros da Loja Cor-de-Rosa: O SER HUMANO REVELA-SE E REALIZA-SE **COM** OS OUTROS!

Moral da história

Nos negócios, como na vida, é importante ter um propósito MAIOR na e em interação com os outros!

A Atitude UAUme!® tem o propósito MAIOR de criar valor ao contribuir para uma experiência gratificante e virtuosa de interações pessoais e profissionais.

atitude UAUme!®

Atitude UAUme!®

A arte de surpreender, criar valor e fazer acontecer!

Confrontamo-nos hoje, e continuaremos a nos confrontar no futuro próximo, com um contexto conturbado, que em grande parte encaramos como negativo e que gostaríamos de ver progredir de forma mais **humanista e sustentável**.

Vivemos num mundo sujeito à rotina das mudanças frequentes, aceleradas e surpreendentes, rumo a destinos que desconhecemos.

Essa dinâmica aborda-nos diariamente em casa, na rua, na escola, no trabalho, nos meios de comunicação, no celular, nas redes sociais, potencializada pela evolução acelerada das tecnologias de informação e de comunicação.

Mesmo as pessoas mais esclarecidas e atualizadas são surpreendidas pelas diversas mudanças sociais, políticas, econômicas, culturais, tecnológicas ou ambientais que presenciam ao longo da sua vida.

Essas transformações fazem da vida um caminho que não é linear. Está em nossas mãos a possibilidade de encararmos esse caminho como um texto inacabado, recheado de frases incompletas e rodeado de margens brancas sobre as quais podemos escrever, criar e recriar.

"A vida é uma peça de teatro que não permite ensaios. Cante, chore, dance, ria, interaja e viva intensamente antes que a cortina se feche e a peça termine sem aplausos!"

Charles Chaplin

Segundo Giddens (1995), a modernidade caracteriza-se por descontinuidade em dois níveis: intensiva e extensiva. A *intensidade* refere-se à evolução das nossas características pessoais, e a *extensão* diz respeito às mudanças que ocorrem nas interações sociais.

Essas descontinuidades despertam em nós atitudes e sentimentos contraditórios. Por um lado, a nossa natural resistência interna à mudança (intensiva) é desestabilizada pela ansiedade que sentimos de querer acompanhar as interações do mundo para nos sentir atualizados.

Por outro lado, o sentido de preservação da nossa identidade motiva-nos a desconfiar e a criticar a mudança (extensiva), mas o nosso sentido crítico e de afirmação motiva-nos a querer mudar muita coisa, sobretudo nos outros e no mundo em geral.

> "A mudança é a lei da vida.
> Aqueles que confiam somente no passado ou no presente
> estão destinados a perder o futuro."
>
> John F. Kennedy

"Eles deviam..."

Um número significativo de pessoas sustenta a convicção de que o mundo tem de mudar globalmente para se conseguir combater as desigualdades, injustiças ou transformações climáticas constatadas por todos no dia a dia. Tal convicção é acompanhada pela expectativa de que os seus pequenos mundos individuais permaneçam reservas intactas e prósperas.

São muitos aqueles que gostam de dar conselhos aos outros. São menos aqueles que gostam de aplicar os seus próprios conselhos. Por isso, é comum afirmarmos que: "*Eles* têm a culpa; *eles* não se comportam da forma adequada; *eles* deveriam fazer isto ou aquilo; *eles* têm de mudar".

Mudar a si próprio é um desafio maior! Por um lado, temos a noção de que temos de ser autores da nossa própria mudança e, por outro lado, temos a expectativa de que os outros, ou a interação com os outros, venham a criar e facilitar a nossa mudança individual. De fato, a evolução decorre da interação com os outros. É muito difícil evoluir sozinho.

> "É impossível para um homem aprender aquilo que ele acha que já sabe."
>
> Galileu Galilei

É surpreendente quando passamos a gostar da rotina da mudança!

Viver de forma atualizada facilita a evolução contínua, junto com uma melhor visualização e confiança no futuro. Para uma adaptação genuína e bem-sucedida, é importante a capacidade de apreciar e elogiar não só o que está em nós, mas também o que está além de nós, em uma atitude emocional positiva que nos permite ultrapassar o temor ou a rejeição, que muitas vezes sentimos no confronto com a diferença.

As emoções básicas negativas têm para o ser humano valor de sobrevivência. Essas emoções estão *programadas* para despertar a nossa atenção para aquilo que nos ameaça ou põe em perigo, condicionando-nos, paralisando-nos ou fazendo-nos reagir.

O contrário delas **são as emoções positivas, dentre as quais destacamos a surpresa positiva, que leva os impulsos do pensamento de um estado passivo para um estado ativo, favorecendo a ação e a mudança.**

São elas que favorecem a consistência crescente de uma ideia, um pensamento, um sonho ou um desejo, fazendo-nos atuar no presente e tendo em vista o futuro. São elas que favorecem interações positivas.

Também os sistemas humanos coletivos de qualquer natureza (políticos, comerciais, associativos, familiares) quando se encontram em queda, ou evidenciam a necessidade de se reinventarem, sentem os benefícios acrescidos das interações positivas.

Por que a Atitude UAUme!®?

- Porque as interações positivas facilitam e favorecem a evolução positiva de atitudes e comportamentos individuais e coletivos;

- Porque, quando alguém desperta em nós algo positivo, aciona também em nós o sentimento de reconhecimento e gratidão.

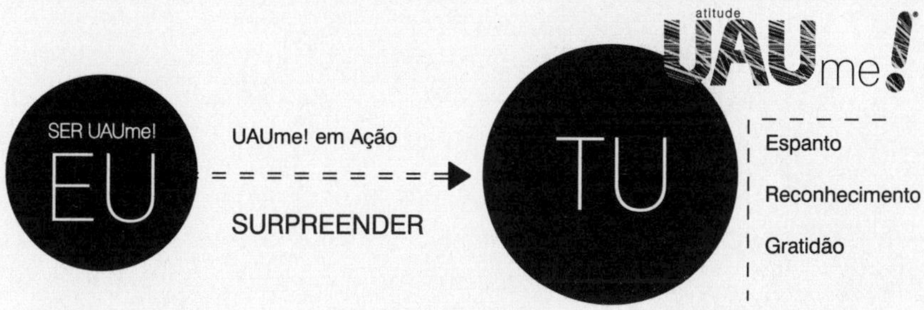

Figura 1 Inspiração UAUme!®: efeito gerado no outro pela capacidade de surpreender.

Interagir com os outros, despertando algo positivo neles, é uma função virtuosa da existência humana.

A Atitude UAUme!® dá um passo adiante neste contexto ao assumir-se como:

A atitude que, partindo da dinâmica positiva da capacidade de surpreender o outro positivamente, aciona nele o sentimento de gratidão com potencial para se traduzir em comportamentos de *Gratividade para com o Emissor e para com Terceiros.*

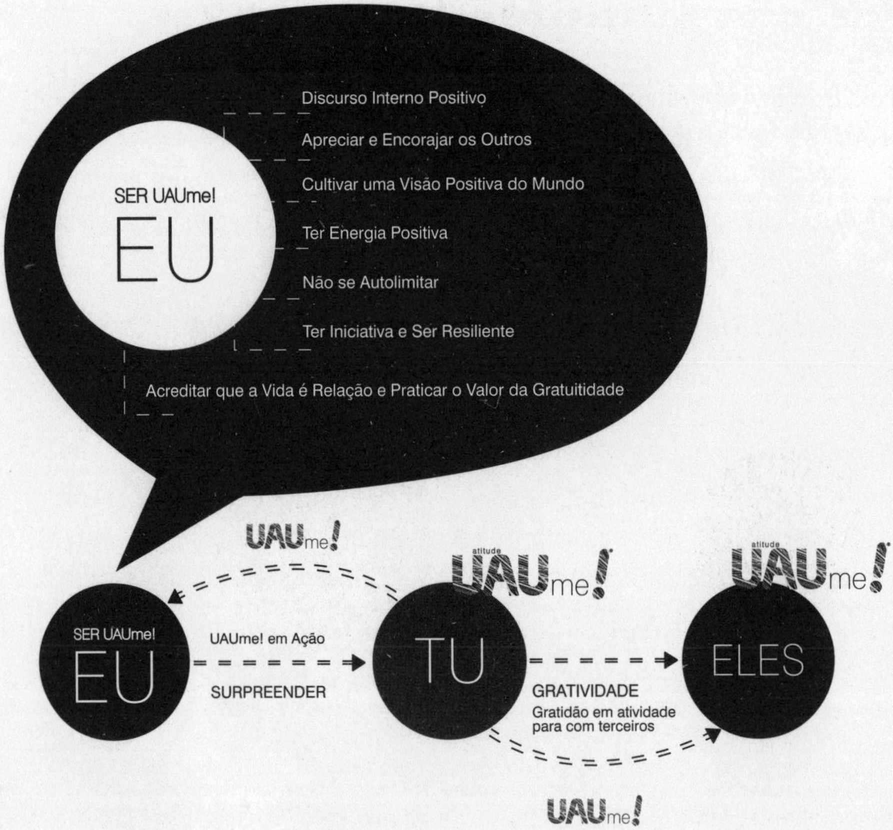

Figura 2 Dinâmica virtuosa de relacionamento interpessoal com Atitude UAUme!®.

O efeito da Atitude UAUme!®
consiste na interação que é acionada no outro pela surpresa positiva que potencializa em si a criatividade, espontaneidade e desejo de servir, geradores de uma dinâmica interpessoal em cadeia.

Gratividade = Gratidão em Atividade

A *gratividade* refere-se não só ao sentimento de gratidão, mas também aos comportamentos de resposta ativa dos indivíduos, singulares ou coletivos, que se sentem gratos por terem sido surpreendidos positivamente.

Ao perceber algo inesperadamente positivo, o indivíduo tem a tendência de reagir com comportamento de *gratividade*, recompensando espontaneamente (e não pagando por obrigação), quem foi capaz de o surpreender genuinamente e de forma desinteressada. Essa dinâmica potencializa a interação positiva e a relação futura entre as partes.

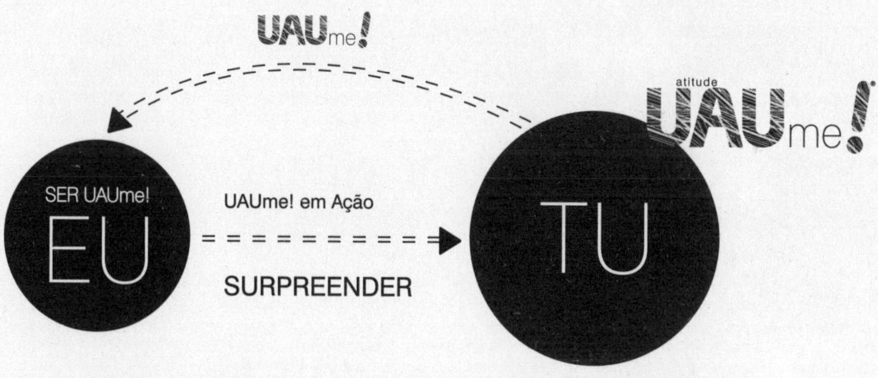

Figura 3 Retorno positivo do ato de surpreender.

A Atitude UAUme!® permite que quem surpreende o outro positivamente consiga não só "tocá-lo" além das suas expectativas, como também acionar nele mecanismos de **criatividade social. Estes** irão potencializar a sua resposta positiva não só ante quem foi capaz de o surpreender, mas também ante terceiros, numa dinâmica coletiva e em rede de ***Gratividade UAUme!®***.

Figura 4 Efeito de Gratividade UAUme!® para com terceiros — gratidão em atividade.

A capacidade de surpreender positivamente o outro operacionaliza-se através de estratégias de Comunicação e Interação Atitude UAUme!®.

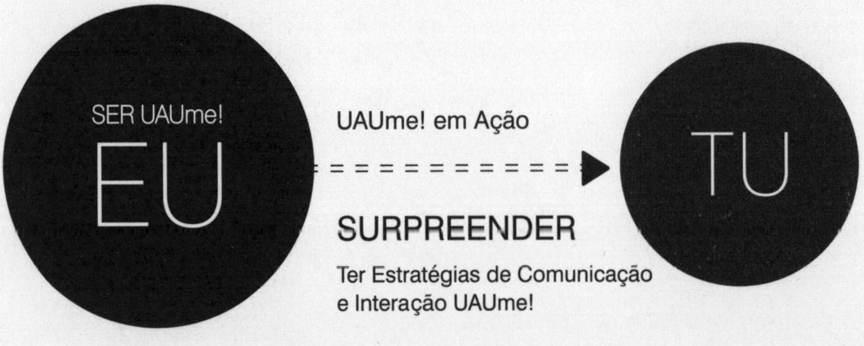

Figura 5 Atitude UAUme!® em Ação.

A comunicação e interação UAUme!® têm a capacidade de despertar no outro emoções e forças humanas que, por vezes, se encontram adormecidas.

Os vários domínios de atividade (educação, *marketing*, gestão de recursos humanos, comunicação, desporto, cultura ou lazer, entre outros), que têm sido capazes de tirar partido da evidência científica de que a emoção precede a ação, e de a integrar nas suas práticas, têm obtido melhores resultados qualitativos e quantitativos.

Por outro lado, os domínios mais resistentes, ou que ainda não foram capazes de entender e aplicar esta realidade, têm diminuído o grau de envolvimento e interesse dos destinatários das suas intervenções (política, sindicalismo etc.).

As duas dinâmicas mais importantes do ciclo virtuoso da Atitude UAUme!® são a SURPRESA e a GRATIDÃO.

Entendendo a Surpresa

"Surpreender-se é começar a entender!
Tudo no mundo é estranho e maravilhoso
para um par de pupilas bem abertas."

José Ortega y Gasset

O conceito de surpresa é central no que diz respeito ao processo sensitivo, ao processo de atenção, de adaptação, de aprendizagem e de tomada de decisão.

Segundo Pierre Baldi, da Universidade da Califórnia, há abordagens que avaliam o estudo e a medição da surpresa a partir da diferença entre as crenças anteriores e as crenças posteriores do indivíduo, após ter sido sujeito a determinado evento surpreendente.

A surpresa é uma emoção básica que pode despertar no indivíduo sentimentos positivos, negativos ou neutros, dependendo do conjunto diversificado de variáveis presentes, ou seja, a circunstância dos acontecimentos e da realidade interna de seu destinatário: conhecimentos, valores, sentido de humor, crenças e expectativas que possui, entre outras.

Dois elementos são essenciais para a surpresa:

- O primeiro é o fato de que a surpresa só pode acontecer na presença da incerteza ou do desconhecido.
- O segundo é o fato de que a surpresa só pode acontecer de forma relativa ou subjetiva, em função das expectativas do destinatário.

O que surpreende é o improvável. Do ponto de vista das probabilidades, a identificação da surpresa com o acaso deve ser a mais próxima possível. A surpresa ocorre quando o evento não corresponde à expectativa criada pelo indivíduo. **Surpresa e rotina são, assim, dois conceitos incompatíveis.**

Sempre que a relação proporcional entre causa e efeito é quebrada, surgem fenômenos não lineares. Quando o sistema sai da rotina e incorpora novidades e informações, causa e efeito passam a ser assimétricos, criando as condições para poder ocorrer a surpresa.

A incerteza de um acontecimento intensifica a reação sentida, levando os resultados imprevistos a produzir uma reação emocional mais intensa.

Um fato: a surpresa atrai a atenção humana, constituindo-se assim como um importante fator de mobilização dos indivíduos para realidades que estão além daquilo que já conhecem ou conseguem antecipar.

Descobrir e inventar faz parte da natureza do ser humano.

"Aquele que já não consegue sentir espanto nem surpresa
está, por assim dizer, morto;
os seus olhos estão apagados."

Albert Einstein

"Quem não muda
também não pode surpreender!"

Mário Antão

Segundo António Damásio (2000), as emoções básicas, entre as quais a surpresa se inclui, têm uma função social e um papel decisivo no processo de interação. As emoções são adaptações singulares que integram o mecanismo com o qual os indivíduos regulam a sua sobrevivência orgânica e social.

UM FATO: surpreender positivamente gera prazer e satisfação!

Segundo Bagozzi et al. (1999), a surpresa é considerada um fator de influência em todo o processo de formação da satisfação.

De acordo com Vanhamme e Snelders (2001), a surpresa pode aumentar ou diminuir a satisfação.

Para Oliver (1989), a ocorrência da surpresa amplifica os sentimentos antecedentes à satisfação e a própria satisfação.

SURPRESA POSITIVA ▶ EMOÇÕES POSITIVAS ▶ SATISFAÇÃO

A surpresa manifesta-se em três níveis:

- **Comportamental**
  Expressões faciais distintas; interrupção das atividades; concentração da atenção sobre o que lhe desperta a surpresa.
- **Fisiológico**
  Mudança no ritmo cardíaco e da respiração; maior condutibilidade da pele.
- **Subjetivo**
  Experiência subjetiva de surpresa; verbalizações espontâneas das experiências subjetivas: UAU!!!

Para Kumer, a surpresa tem a importante função de **ampliar a memória**, pois foca a atenção no evento que a desencadeou. Esse foco de atenção leva à melhor memorização do evento surpreendente.

A surpresa também pode exercer a função de **amplificador das emoções subsequentes**. Por exemplo, quem se sente alegre depois de ter sido surpreendido, se sentirá mais alegre do que se não tivesse sido surpreendido.

Koo, Algoe, Wilson e Gilbert (2008) afirmam que pensar sobre fatos vividos que poderiam não ter acontecido desperta o efeito de surpresa e que **a surpresa amplifica a percepção da positividade do acontecimento.**

Consideramos que este fenômeno sairá reforçado pelo *exercício* deliberado da gratidão (identificação ou expressão) estimulado pela Atitude UAUme!®, ou seja, quando nos tornamos conscientes e humildes para pensar, por exemplo, que poderíamos não ser o que somos ou não ter o que temos, esse efeito de surpresa aciona em nós o sentimento de gratidão que reforça a sua relevância.

Entender a Gratidão

A gratidão dá sentido a experiências passadas,
acrescenta valor ao presente
e cria uma visão dinâmica sobre o futuro.

A gratidão é uma força humana que envolve um sentimento de reconhecimento em relação ao outro que lhe tenha proporcionado, ou irá proporcionar, determinado benefício.

O sentimento de gratidão nasce na consciência de que recebemos algo com valor. Ele cresce quando adotamos uma postura de abertura para com a vida e para com os outros, quando estamos disponíveis para reconhecer com entusiasmo a sua benevolência. Ao longo da história, as sociedades foram exaltando a gratidão como a "maior das virtudes", e como uma força humana que tem a capacidade de tornar a nossa vida, e a dos outros, melhor.

Com o advento do movimento da psicologia positiva, a gratidão tornou-se um foco central da pesquisa psicológica. O estudo da gratidão dentro da Psicologia tem-se centrado na compreensão da experiência de curto prazo da emoção de gratidão (estado de gratidão), na compreensão de como as diferenças individuais afetam o sentimento de gratidão (gratidão como traço), e na compreensão da relação entre esses dois aspectos.

Recentemente a investigação psicológica tem vindo a aprofundar o processo e os efeitos da gratidão como determinantes da saúde física e mental, do relacionamento interpessoal e do bem-estar individual e coletivo (Emmons e McCullough, 2003; McCullough, Kilpatrick, Emmons e Larson, 2001; Wood, Froh e Geraghty, 2010).

A gratidão também tem sido associada a traços pró-sociais tais como a empatia, o perdão e a predisposição para ajudar os outros (McCullough et al., 2002).

É fantástica a investigação em curso sobre os efeitos da gratidão no bem-estar humano (Emmons e Mishra, 2011), que a apontam como responsável em vários níveis:

- **A gratidão reduz o efeito tóxico das emoções que resultam da comparação social**

  As pessoas mais gratas estão menos predispostas a focarem-se em comparações sociais que podem originar sentimentos de inveja e ressentimento. Elas também não avaliam muitas alternativas de vida que, por serem diferentes da que têm, poderiam lhes provocar sentimentos de impotência e frustração. As pessoas gratas também experimentam menor frustração e ressentimento em relação ao sucesso e posse dos outros. Por nos permitir focar na apreciação da dádiva do momento presente, a gratidão liberta-nos também de exageradas saudades do passado.

> A gratidão manifesta-se quando recebemos e não esquecemos e quando damos sem intenção de recordar.

- **A gratidão diminui a pressão materialista**

  A gratidão e o materialismo constituem motivações com objetivos opostos. A gratidão motiva-nos a preencher necessidades básicas de crescimento pessoal, relacionamento e comunidade, incompatíveis com o foco materialista (Polak e McCullough, 2006). De fato, a gratidão relaciona-se com os valores da benevolência, universalismo e transcendência, diametralmente opostos ao poder (estatuto social e prestígio, controle e domínio das pessoas e das coisas) e do hedonismo (sentido de gratificação e prazer próprio).

  A investigação mostra que os adultos materialistas tendem a sentir maior insatisfação com a vida (Richins e Dawson, 1992); infelicidade (Belk, 1985; Kasser e Kanner, 2004); baixa autoestima (Kasser, 2003); menor preocupação com o bem-estar dos outros (Sheldon e Kasser, 1995); menor autonomia, competência e sentido na vida (Kashdan e Breen, 2007); maior nível de sintomas depressivos (Kasser e Ryan, 1993) e inveja (Belk, 1985). Os adultos materialistas sentem-se assim menos satisfeitos com o seu padrão de vida, sua família e o nível de diversão e de felicidade que experimentam (Richins e Dawson, 1992).

A investigação revela que a gratidão pode reduzir os efeitos negativos do materialismo no bem-estar.

- **A gratidão aumenta a autoestima**
A autoestima tem sido confirmada como diretamente relacionada com a felicidade (Denny e Steiner, 2009; Lyubomirkshy, Tkach e DiMatteo, 2006; Walker e Schimmack, 2008).

Ao focar-se no apoio e benevolência que recebem dos outros, as pessoas gratas podem se sentir mais seguras e menos impelidas a procurar os meios materiais como fontes de suporte da sua autoestima.

- **A gratidão facilita a recordação de memórias positivas**
As pessoas com alto traço de gratidão são mais capazes de reter e de recordar experiências positivas vividas, ao mesmo tempo que são capazes de inibir mais facilmente recordações de fatos negativos que contribuiriam para a sua infelicidade.

> A gratidão é a memória do coração.
>
> Provérbio francês

- **A gratidão favorece a construção de relações sociais**
As pessoas gratas possuem recursos que as tornam desejáveis como amigas e parceiras românticas! Elas são mais extrovertidas, agradáveis, empáticas, emocionalmente estáveis, confiáveis, generosas e têm maior capacidade de perdoar (McCullough et al., 2002; Wood et al., 2008). Ao promover comportamentos pró-sociais, construir recursos sociais, fomentar a confiança, reforçar a segurança e as trocas sociais, a gratidão revela-se uma emoção interpessoal importante, cuja ausência mina a harmonia social.

- **A gratidão motiva comportamentos éticos**

A gratidão possui três características psicológicas determinantes para a ativação e resposta de comportamentos pró-sociais (McCullough et al., 2001). Ela atua como **agente detector de benefícios, motivador e reforçador de comportamentos pró-sociais**.

Assim, a gratidão é muito mais do que uma sensação positiva.

A gratidão também é motivadora e fonte de energia. Trata-se de um estado de espírito que potencializa a passagem da dádiva que recebemos, através de ações positivas.

Como tal, a gratidão assume-se como a **ligação-chave da dinâmica do dar e receber.**

Simultaneamente, ela promove uma **correspondência crescente** (Nowak e Roch, 2007), **concretizando a passagem de um benefício para uma terceira pessoa, não envolvida na troca inicial, e assim sucessivamente — princípio fundamental da Atitude UAUme!**

A capacidade magnética da gratidão reside no poder que esta tem de **captar a atenção** do receptor da benevolência de alguém. Esta atenção permite ao beneficiário identificar a bondade que recebeu e os benefícios consequentes, os quais o motivam para empreender uma ação favorável, dirigida a uma terceira pessoa.

Investigações recentes confirmam que a gratidão não só **estimula o altruísmo recíproco**, como também **favorece a reciprocidade em espiral ascendente, na dinâmica de *gratividade UAUme!***

- **A gratidão facilita a concretização de metas e objetivos**

A concretização de objetivos constitui uma medida importante da satisfação, da autoestima e do bem-estar. Ao contrário do senso comum de que a gratidão poderá promover a passividade e a complacência, a investigação científica (Emmons e Mishra, 2011) aponta para o fato de a gratidão **estimular o esforço rumo ao objetivo.**

"A gratidão pode transformar dias comuns em dias especiais, transformar rotinas em alegrias e transformar oportunidades comuns em dádivas."

William Arthur Ward

- **A gratidão ajuda a lidar com o estresse e promove a saúde**

Ao ajudar a construir um quadro de pensamentos mais positivos, a **gratidão aumenta o foco nos benefícios da vida e dos outros**, e **reduz o foco negativo nas perdas ou no fracasso, gerador de estresse.**

Por outro lado, ao favorecer o foco nos benefícios da vida **pode-se inibir atitudes e emoções pouco saudáveis, e aumentar a atividade parassimpática**[3] que se considera responsável por controlar o estresse, a hipertensão e a coerência entre vários canais de resposta automática. Esta linha de investigação conduzida por McCraty demonstra a **ligação entre as emoções positivas e a maior eficiência fisiológica**, o que pode em parte explicar a **correlação positiva existente entre as emoções positivas, os melhores níveis de saúde e o aumento da longevidade.**

"A felicidade é ela própria um tipo de gratidão."

Joseph Wood Krutch

Ser UAUme!®

Oito princípios, valores e capacidades individuais que sustentam a Atitude UAUme!®

Ser UAUme!®

É característica específica do ser humano agir.
Na presença de outro(s) humano(s) é sua característica
interagir e socializar, espontaneamente ou de forma organizada.

A Atitude UAUme!® assume-se como quadro de referência para a interação pessoal, mobilizador de uma visão, de uma causa e de emoções que **dão origem a comportamentos capazes de surpreender e de fazer acontecer!**

Uma atitude é uma predisposição adquirida, e relativamente duradoura, para responder de modo coerente a dada categoria de objetos, conceitos ou pessoas. Essa predisposição ou tendência inclui componentes manifestos (motores: ir, levantar-se, agir, voltar, parar, continuar), ideológicos (crenças) e afetivos (emoções).

Uma emoção é uma resposta afetiva a um objeto que se percebeu ou imaginou, como, por exemplo, uma pessoa, um acontecimento, uma obra de arte etc. No entanto, o objeto em si não tem o poder de invocar uma emoção no observador. O objeto só tem impacto emocional no observador se este ativar dois elementos *intelectuais*, que se assumem como condições necessárias a qualquer emoção:

- A capacidade de **entender ou identificar o objeto** (não importa se verdadeira ou falsamente, de modo específico ou generalizado, explícita ou implicitamente). Caso contrário, para essa pessoa, o objeto não representa nada.
- A capacidade de **avaliar o objeto**. Deve concluir se ele é bom ou mau, desejável ou indesejável, favorável ou contrário aos seus valores. Aqui também o conteúdo mental pode assumir várias formas; os juízos de valor aplicados podem ser explícitos ou implícitos, racionais ou contraditórios, claramente definidos ou vagos, conscientemente conhecidos pela pessoa ou não identificados, até mesmo reprimidos.

As emoções determinam ações. Efetivamente são elas que criam os motivos que estimulam os nossos comportamentos. Emoção, motivação e ação se encontram intimamente ligadas. Em latim, *movere* significa ação. A palavra motivo, fonte de motivação, vem de *motivum,* que significa causa em movimento. As emoções impelem-nos a sair de estados menos desejados, criando-nos vontade de agir para materializarmos estados sonhados.

António Damásio, neurologista português, deu suporte científico à ligação entre emoção e motivação. Para exemplificar esta relação na prática, Damásio relata o caso de um paciente que teve de ser operado de um tumor no cérebro. Após a operação no cérebro, constatou-se que essa pessoa mantinha todas as suas capacidades cognitivas em perfeitas condições (memória, raciocínio matemático e linguagem). No entanto, também se confirmou que a operação lhe havia causado danos no lóbulo frontal (o qual é responsável por gerar emoções). A partir desse momento a existência dessa pessoa ficou semelhante à de um robô. Apesar de dispor de todas as capacidades cognitivas, o seu sistema de emoções e de sentimentos deixou de funcionar. Este fato fez sua vida mudar drasticamente. Antes da operação ele tinha uma família feliz e era um advogado bem-sucedido. Depois da operação, apesar do seu cérebro racional permanecer intacto, o seu comportamento tornou-se insuportável para todos à sua volta. Deixou de se preocupar com o seu casamento e com a sua carreira, numa apatia perante tudo e todos. Acabou por estragar o casamento e por perder o emprego.

De fato, se não tivéssemos emoções e, consequentemente, motivações para atuar, não aspiraríamos a nada e permaneceríamos indiferentes aos nossos pensamentos, às nossas ações e suas ramificações. **Sem estímulo para agir, seríamos incapazes de manter a nossa existência enquanto seres humanos.**

Ao contrário do que durante muito tempo se pensou, as emoções não são um obstáculo ao funcionamento da razão. Segundo António Damásio elas estão envolvidas nos processos de decisão. O investigador chama a atenção para o fato de que, se fosse apenas a razão participando nos processos de decisão, seria muito complicado tomarmos uma decisão. A análise rigorosa de cada uma das hipóteses tomaria tanto tempo que a opção escolhida deixaria de ser oportuna, ou então nos perderíamos nos cálculos das vantagens e das desvantagens.

"Também o fato de sermos capazes de refletir sobre a causa das nossas emoções, e sobre as nossas ações, é algo que nos distingue dos outros seres vivos. Temos a capacidade de ter consciência da nossa consciência e das nossas experiências" (Ben-Sahar, 2008).

Enquanto ser social, a resposta afetiva de cada ser humano aos objetos que identifica e avalia é suportada por um quadro de princípios e valores de índole moral e cultural.

Ser UAUme!® significa, por isso, possuir um conjunto de princípios, valores e capacidades (figura 6) que modelam determinada visão do mundo, de si próprio e dos outros, que exploramos em seguida.

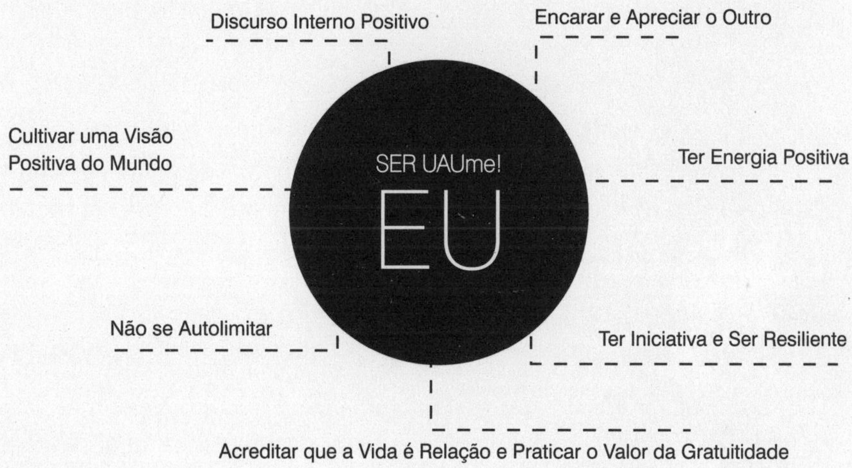

Figura 6 SER UAUme!® — Princípios, Valores e Capacidades que sustentam a Atitude UAUme!®.

Oito princípios, valores e capacidades individuais que sustentam a Atitude UAUme!®

1. Ser UAUme!® é: ter um discurso interno positivo

Usar o seu melhor para Dar o seu melhor

Imagine que você é responsável pela Seleção Brasileira de Futebol. Como iria recrutar os jogadores para a próxima temporada?

Provavelmente iria observar atentamente as características atléticas e nível de preparação física e psicológica de uma série de candidatos, as qualidades da sua atuação em campo e fora dele, a sua diferenciação e potencial para contribuírem de forma positiva para a equipe no seu todo, levando-a a alcançar o sucesso desejado.

Quando pretendemos alcançar o que valorizamos temos uma tendência natural para nos focarmos nos pontos fortes. Compreendemos, intuitivamente, que são as forças ou qualidades que possuímos que nos ajudarão a dar o nosso melhor, que darão maior sentido à nossa vida e que nos permitirão viver da forma mais completa possível.

> Cada um de nós dispõe, a princípio,
> de um conjunto de capacidades e de qualidades autênticas,
> a que deve recorrer para alcançar a sua melhor *performance*.

A utilização das qualidades humanas de que dispomos permite-nos alcançar os melhores resultados, experimentar os maiores níveis de desenvolvimento pessoal e sentir elevados níveis de energia e de felicidade.

Quando organizamos mentalmente a informação que se refere a nós próprios, estamos construindo uma imagem de nós mesmos: o autoconceito. O autoconceito tem um componente emocional ou afetivo: a autoestima (a forma como nos avaliamos). A autoestima aumenta na medida em que acreditamos que estamos perto do nosso ideal de *eu* (aquilo que gostaríamos de ser) e vice-versa.

Manter um bom autoconceito e uma autoestima positiva é um objetivo fundamental da nossa vida psíquica, pois isso ajuda-nos a definir objetivos de vida, a assumir riscos e desafios, e a lidar com eventuais fracassos. Embora o autoconceito seja visto por alguns autores como parte da nossa identidade (cf. Bosma, 1995), ele tem correspondências com a nossa imagem pública.

Ora, não é possível proteger nossa imagem pública e fazer com que os outros nos aceitem se nós próprios não o fizermos.

Quando nos sentimos bem com nós mesmos
e temos uma autoestima equilibrada,
estamos mais livres e disponíveis
para compartilhar a Atitude UAUme!®
e adotar comportamentos em conformidade.

Seremos também mais eficazes na sua aplicação prática.

Pelo contrário, se nos sentirmos constrangidos conosco, isso nos causará níveis de frustração que nos intimidarão ou que até nos induzirão a comportamentos de intolerância ou agressão aos outros, incompatíveis com a atitude, o estilo de comunicação e de relacionamento UAUme!®.

A Atitude UAUme!® é também apologista de que, se por um lado é muito importante identificarmos e trabalharmos as nossas qualidades e os nossos pontos fortes, isso não significa de maneira nenhuma que devamos ignorar os pontos que temos consciência de que não são positivos, e que sentimos que devemos trabalhar, superar ou gerir de forma mais adequada.

A consciência dos seus próprios pontos fracos não é um drama! Pelo contrário, trata-se de um ato de maturidade e de humildade de quem quer realmente evoluir.

Para ilustrar esta realidade, imaginemos o exemplo de um magnífico barco à vela que tem um buraco no casco, como referido por Robert Biswas-Diener (2010), investigador na área da psicologia positiva e *coach*. De fato, são as velas (as qualidades e pontos fortes) que fazem o barco navegar, tirar partido do vento e alcançar o seu destino. No entanto, se não consertarmos o buraco existente no casco (os pontos fracos), provavelmente o barco afundará, por mais extraordinárias que as suas velas sejam. Por isso, é importante que o marinheiro se dedique a reparar o buraco do casco do barco. Terminado o reparo no buraco, se ainda assim o marinheiro não tiver consciência de que o barco tem velas, se não as quiser ou souber utilizar, certamente o barco não irá a lado nenhum, ou andará à deriva.

Na vida pessoal e profissional também é assim. Quem só sabe, ou só se concentra em dar atenção a remediar os seus pontos fracos e não investe na identificação e desenvolvimento das suas qualidades que lhe permitem aproveitar o *vento* o melhor possível, que lhe dão o prazer de *navegar*, que o tornam único e com valor agregado no contexto em que se insere, não tem, seguramente, uma vida tão gratificante, não alcançará tão facilmente os seus objetivos, não será tão produtivo e não gerará tanto valor para a sociedade.

A Atitude UAUme!® tem a possibilidade de nos motivar a encarar aquilo que nos desagrada em nós, com uma atitude positiva, favorável à sua gestão e superação.

Pessoas com atitude UAUme!® são capazes de identificar os seus pontos fracos, admiti-los, aprender com eles, de os encarar com humor e até de brincar com eles. Isso contribui, seguramente, para relativizá-los, e assim arranjar motivação renovada e imaginação para trabalhá-los e superá-los.

É sabido que todos temos uma *orientação* para a negatividade, que nos leva a focarmo-nos mais facilmente, e com maior intensidade no negativo, no que está errado e no que não funciona. Essa atenção seletiva do que é *mau* decorre de um sentido de sobrevivência e de uma necessidade de adaptação do ser humano ao mundo e às circunstâncias. Se não existissem emoções *negativas*, como por exemplo o medo, a raiva, a tristeza ou o nojo, provavelmente o ser humano já se encontraria extinto da face da terra. São estas emoções que nos permitem fugir ou reagir àquilo que nos ameaça. Já imaginou, por exemplo, o que seria de nós se perante um precipício continuássemos a seguir em frente? Se perante um animal feroz não fugíssemos? Se perante um alimento estragado não sentíssemos repugnância? Se perante uma agressão não nos defendêssemos? Se não déssemos atenção a notícias sobre reais ou potenciais ameaças à saúde pública ou financeira, a que o nosso país possa estar sujeito? Se não nos indignássemos perante as injustiças ou a falta de liberdade?

Pois é, as ditas emoções negativas têm, para o ser humano, valor de sobrevivência, física, social e moral.

Por isso, dedicamos tanta atenção, e com razão, a tudo aquilo que sentimos ou acreditamos que nos ameaça, seja isso de fato a realidade, seja mera suposição ou expectativa nossa, seja pura ficção em que, no entanto, acreditamos piamente!

Por isso também, os meios de comunicação sabem que nos chamarão mais a atenção (e que, consequentemente, venderão mais) com notícias catastróficas, fatalistas e negativas.

É importante realçar que existe fundamento científico,
aportado pela psicologia positiva,
para a importância, valor e utilidade
do foco nas qualidades e nas forças humanas.

A psicologia positiva é uma ciência que não se pode confundir com o mero pensamento positivo e as simples abordagens de autoajuda, fenômenos de cultura *pop* tão em voga e disseminados hoje em dia nas livrarias, sob a modalidade literária de *livroterapia*.

Martin Seligman, um dos fundadores da psicologia positiva, na sua obra *Authentic Happiness* [Felicidade autêntica] (2002), escreveu: "**A ciência deve ser descritiva, não prescritiva.** Não é papel da psicologia positiva dizer-lhe que deve ser otimista, espiritual, generoso ou bem-humorado; **é papel da psicologia positiva descrever as consequências desses traços**".

A ciência tem, assim, o importante papel de nos proporcionar conhecimento, tendo cada um de nós a liberdade de o interpretar, decidir e utilizar para agir, criar e fazer acontecer.

As forças ou qualidades humanas
não têm um caráter aspiratório!
Por mais que aspire a desenvolver determinada qualidade,
será de longe mais eficaz focar-se e trabalhar
nas forças e qualidades de que já naturalmente dispõe.

Quando colocamos em prática as forças ou qualidades humanas que possuímos, sentimo-nos entusiasmados, empenhados e com energia. Repare que, quando está conversando com alguém e essa pessoa lhe relata uma situação em que teve a oportunidade de utilizar algumas das qualidades humanas genuínas que possui, de repente ela começa a se comunicar de forma muito mais animada e com muito mais energia!

Os níveis de energia e de entusiasmo
são bons indicadores das forças e das qualidades humanas.

Utilizar as suas forças humanas
é a menor coisa que se pode fazer
para causar a maior diferença.

A consciência das forças ou qualidades humanas genuínas que possuímos permite-nos não só tirar proveito delas, como também desenvolvê-las e adotar um discurso interno positivo, favorável ao foco e à interação com os outros. Um requisito fundamental à Atitude UAUme!®.

No âmbito profissional e do trabalho que desenvolvemos com empresários que querem tornar os seus negócios mais competitivos, e com equipes comerciais que querem melhorar sua *performance* e seus resultados, não nos cansamos de repetir algo que está cientificamente comprovado:

Pessoas felizes são mais criativas e produtivas no trabalho.
Pessoas felizes compram mais.
Pessoas felizes vendem mais e melhor.

atitude UAUme!®

Aplicação UAUme!®

Identifique pelo menos três qualidades humanas genuínas que possui.
Avaliar o entusiasmo e energia que elas lhe dão pode ser uma boa forma de as identificar. Podem ser coisas simples, como, por exemplo, a capacidade de contar piadas, a facilidade de guardar um segredo, ser pontual, ser persistente...:

____

____

____

Agora experimente identificar também o máximo de circunstâncias positivas da sua vida
(por exemplo: ter uma família fantástica; trabalhar no que gosta; ter fins de semana muito agradáveis; ser saudável; ter uma casa com uma vista linda; ter amigos excelentes; ter viajado por lugares magníficos...).

Um dos segredos que nos leva a nos sentir bem e felizes liga-se à capacidade que tivermos de apreciar as inúmeras *pequenas* coisas positivas do dia a dia, em vez de apenas nos focarmos em grandes questões.

____

____

____

____

____

____

____

____

____

Tomar consciência das *ferramentas* internas de que dispõe, e das circunstâncias positivas da sua vida, fará você sentir-se mais grato e lhe facilitará adotar um discurso interno positivo, que o equipará e disponibilizará com mais facilidade para a Atitude UAUme!® na interação com os outros e com cada um.

2. Ser UAUme!® é: apreciar e encorajar os outros

Ninguém vive feliz sem os outros e sem ser capaz de os apreciar

> Após ter nascido, os pais do bebê Narciso perguntaram ao adivinho Tirésias qual seria o destino do seu filho. O adivinho disse-lhes que Narciso teria uma vida longa, desde que não visse a sua própria face. Um dia, junto à água, Narciso não resistiu e inclinou-se para ver a sua própria imagem. Fascinado com o reflexo do seu rosto na água, enamorou-se de si mesmo. Várias moças apaixonavam-se constantemente por ele, porém o belo jovem não se interessava por nenhuma delas. Amava a si mesmo e desprezava o amor dos outros. A ninfa Eco, uma das mais apaixonadas, não se conformou com a indiferença de Narciso e afastou-se amargurada para um lugar deserto, onde definhou até que somente restaram dela os gemidos. As outras moças desprezadas pediram aos deuses para as vingar. Um dia Nemesis, com pena delas, depois de uma caçada num dia muito quente, induziu Narciso a debruçar-se sobre um lago para beber água. Descuidando-se de tudo o mais, amando a sombra do seu corpo e abraçando o nada, Narciso permaneceu imóvel na contemplação ininterrupta da sua face reflectida na água, e assim morreu.

O mito de Narciso está na origem da palavra *narcisismo*, utilizada para exemplificar alguém que é egocêntrico; que quer ser valorizado, mas não valoriza os outros; que quer ser amado, mas não ama. O excessivo amor de Narciso por si mesmo, egocêntrico, transformou-se em túmulo.

A título de curiosidade: sabia que foi devido ao mito de Narciso que em tempos se adotou o costume de plantar narcisos nos cemitérios, uma vez que essa flor simboliza o amor egocêntrico que pode engolir a própria vida?

> Ninguém se basta a si mesmo.
> Ninguém vive feliz sem os outros e sem ser capaz de apreciá-los.

A Atitude UAUme!® é uma atitude que se realiza na relação com os outros.

A Atitude UAUme!® reconhece a virtuosidade da relação com os outros e pretende contribuir para a excelência dessa relação.

Encarar cada um como único e especial

A investigação que temos realizado nacional e internacionalmente sobre como os estilos de vida têm influenciado as tendências de consumo e o comportamento dos consumidores mostra que existe uma cultura contemporânea transversal, em que a massificação deu lugar à personalização e à individualização. De fato, **cada pessoa aspira a ser tratada como única e especial e tem a ambição de que isso possa acontecer em todas as dimensões da sua vida.**

Os pais esperam que os seus filhos sejam encarados como únicos e especiais na escola, em vez de um mero número em uma turma. Por seu lado, os professores sabem que, se em vez de simplesmente *darem a matéria* conseguirem diagnosticar e atender aos ritmos, necessidades e estilos de aprendizagem de cada aluno, diversificando as metodologias pedagógicas para os *tocar* individualmente, os resultados escolares serão francamente melhores, individual e coletivamente. Além disso, esses professores terão ainda o mérito de conseguir criar em cada aluno o gosto por aprender e de continuar a desenvolver-se ao longo da vida — um propósito nobre e fundamental.

No trabalho desejamos a possibilidade de exercer uma função onde consigamos pôr em prática os nossos conhecimentos e competências, realizar a nossa vocação e despertar novos talentos. Por seu lado, empresários, responsáveis de recursos humanos e líderes de equipe sabem que, se identificarem o potencial e expectativas de cada pessoa na sua singularidade, e lidarem com ela de forma apropriada, também estimularão motivação, produtividade, competitividade e contribuição acrescidas para o desenvolvimento econômico e social — propósito nobre e fundamental.

Quando vamos ao médico, não esperamos ser encarados apenas como mais um paciente ou uma consulta, em uma lista de espera interminável. Temos a expectativa de ser tratados como alguém singular, e que o nosso caso seja analisado e diagnosticado atendendo às inúmeras variáveis que se pode contemplar, não se tratando apenas de *mais um caso de*... Médicos e outros profissionais da saúde também sabem que, mais do que fazer um diagnóstico médico ou um tratamento correto, é sua missão olhar cada ser humano que têm à sua frente dentro da sua especificidade (física, psicológica, social, cultural), contribuindo não só para a solução de um problema de saúde dessa pessoa, mas também para o seu bem-estar geral, qualidade de vida e longevidade — propósito nobre e fundamental.

Quando a noiva casa, espera ser tratada como única, numa relação singular, capaz de lhe proporcionar felicidade e apoio em todas as circunstâncias da sua vida. Aspira a uma festa de casamento única, um vestido único, uma lua de mel única. Cada família é única. Cada filho é único e irrepetível. O casal sabe que se investir na singularidade da sua relação, na singularidade do seu cônjuge e na singularidade de cada um dos seus filhos, zelando por uma convivência gratificante que integre as diferentes necessidades e aspirações, terá mais possibilidade de ser felizes e de ir construindo uma família consistente — propósito nobre e fundamental.

A relação entre as pessoas, nos diversos contextos da sua vida, será assim mais virtuosa na medida em que se valorizarem, encararem e tratarem, mutuamente, como únicas e especiais. Esse pode ser um desafio altamente exigente e nem sempre facilmente compatível com a urgência dos tempos modernos ou a escassez de recursos físicos e financeiros, mas os resultados positivos estão à vista, nos vários domínios.

A nossa identidade define-se também pelas comparações que fazemos de nós mesmos com os outros. Quando definimos o que somos (por exemplo, em termos de raça, religião, sexo, inteligência, classe social etc.), definimos a nossa pertinência a grupos específicos. Consequentemente, definimos também o que não somos, excluindo do nosso círculo de afiliação determinadas pessoas e determinados grupos.

Ou seja, ao definirmos o *nós* e o *eles*, estamos incluindo uns e excluindo outros. Na apreciação dos outros, tendemos a simplificar, atribuindo-lhes características específicas ou estereótipos. Tendemos a atribuir características mais positivas àqueles com quem nos identificamos e temos mais afinidades, e características mais negativas aos grupos com que não nos identificamos ou com os quais não temos nada a ver.

Os estereótipos (crenças) e os preconceitos (atitudes) que utilizamos são uma forma de *economia psicológica* que arranjamos para simplificar o nosso olhar e entendimento sobre os outros. Ao organizarmos as pessoas, os objetos e as situações em categorias, torna-se mais rápido e mais fácil pensar sobre eles. O fato de incluirmos as pessoas nas categorias que predefinimos faz com que exageremos a percepção da sua uniformidade dentro de cada grupo e exageremos o tamanho das diferenças entre os grupos.

Alguns estereótipos e preconceitos sobre povos europeus:

- O céu é onde os policiais são britânicos; os cozinheiros, franceses; os mecânicos, alemães; os amantes, italianos, e onde a organização é suíça. O inferno é onde os cozinheiros são britânicos; os mecânicos, franceses; os amantes, suíços; os policiais, alemães, e onde a organização é italiana.
- "Os alemães tornam sempre tudo difícil, tanto para eles próprios como para todos os outros." — Goethe.
- "Quando um banqueiro suíço se atira pela janela, é melhor saltar também. Certamente há dinheiro a ganhar." — Voltaire;
- "Coimbra canta, Braga reza, Lisboa diverte-se e o Porto trabalha." — Anônimo.
- "Os livros de viagens tendem a retratar os portugueses como calmos, sorridentes, pacientes, afáveis mas imbuídos de uma saudade interior, sentimento indiferentemente definido como nostalgia ou melancolia" — Guia de Portugal.

R. *Hill, Nós, europeus,* Porto, Edições Asa, 2001.

A Atitude UAUme!® recomenda que sejamos capazes de identificar os estereótipos e preconceitos a que recorremos para catalogar os outros, a fim de evitarmos a excessiva, e por isso inadequada, dependência deles.

Assim, nos tornaremos mais capazes de encarar e identificar cada uma das outras pessoas como um ser absolutamente único e especial!

A Atitude UAUme!® também supõe que nos esforcemos por fazer a apreciação positiva dos outros, o que, como já vimos, fica mais fácil quando os identificamos como parecidos conosco e vice-versa!

> "O simples reconhecimento dos nossos atos de apreciação dos outros, por si só, induz-nos a uma apreciação em espiral ascendente e de forma sistemática."
>
> Barbara Fredrickson

Quando conseguimos criar um quadro apreciativo do outro, a nossa motivação para iniciar um processo dinâmico rumo à sua descoberta cresce, a nossa vontade de interagir com ele aumenta, a nossa mobilização criativa para o surpreender positivamente é mais intensa.

Independentemente da estimulante imprevisibilidade que caracteriza a atuação do ser humano, conhecendo cada um estaremos munidos de informação mais completa e realista sobre essa pessoa, a qual nos permitirá identificar mais e melhores formas de a surpreender com eficácia, criando um efeito UAUme!® mais poderoso e mais motivador da sua ***gratividade*** (gratidão em atividade) para com terceiros.

atitude UAUme!®

Aplicação UAUme!®

Pense em alguém de seu círculo de relação pessoal ou profissional.

Se você é daqueles que prefere fazer as coisas sem grande esforço, escolha uma pessoa de quem gosta ou com quem se identifica.

Se for mais ambicioso e quiser tirar partido deste exercício para dar um passo adiante em um relacionamento pessoal, profissional ou simplesmente social, através do desenvolvimento de competências na Atitude UAUme!®, escolha alguém que considera muito diferente de você. Alguém que lhe seja indiferente ou até de quem não gosta (por exemplo: aquele colega irritante mas com quem está condenado a trabalhar; o porteiro do prédio que, sempre que o vê, o demitiria se pudesse, mas não pode; o garçom do seu restaurante preferido cuja moleza no serviço o deixa completamente irritado; o cliente com quem tem sempre negociações tão difíceis etc.).

Pronto?
Então agora identifique pelo menos 5 aspectos positivos nessa pessoa:

1. ______________________________
2. ______________________________
3. ______________________________
4. ______________________________
5. ______________________________

Acabou?
Agora identifique um conjunto de coisas que você poderá dizer a ela, com capacidade de fazê-la se sentir apreciada. Enumere-as pela ordem de importância que imagina que cada uma delas terá para essa pessoa:

____

____

____

____

____

Terminou?

Defina agora o momento em que vai entrar em ação, abordando essa pessoa.
(Nota: este exercício só surte efeito de desenvolvimento de competências de Atitude UAUme!® se for posto em prática de forma genuína e com seriedade. Escolha o momento adequado, adote o estado de espírito adequado e comunique com a atitude adequada.)

____

____

Em seguida, observe as consequências e reflita sobre elas:

Conseguiu um impacto positivo? Que cara a pessoa fez? O que respondeu? Como se comportou no momento? Qual foi o desenvolvimento da interação com ela a partir daí? Que tom você imagina que vai ter a próxima interação com ela?

E você? Como se sentiu imediatamente antes, no momento e logo a seguir? O que conseguiu fazer melhor? Se fosse agora, mudaria alguma coisa?

Veja que a Atitude UAUme!® faz realmente acontecer!

Mas, para tal, não basta ter uma atitude positiva. É preciso agir! Um fato: Somos mais felizes e eficazes a agir do que a reagir!

3. Ser UAUme!® é: ter iniciativa e ser resiliente

Ser Ator, não Espectador, daquilo que me acontece

Um caso real:

Francisco, um jovem de 22 anos, concluiu com sucesso um dos mais reputados mestrados internacionais em gestão, na Universidade Nova de Lisboa. Durante o último ano do seu mestrado, no fantástico período de intercâmbio acadêmico internacional que frequentou na Universidade Getúlio Vargas em São Paulo, Brasil, Francisco aproveitou para explorar o mercado de trabalho. Possuindo um discurso interno muito positivo, decorrente dos bons resultados acadêmicos que regularmente alcançava, e confiante no valor da experiência de empreendedorismo que já possuía (devido ao sucesso alcançado com o negócio de sandálias da marca Paez que, por sua iniciativa, tinha trazido, com um amigo, da Argentina para Portugal), ainda no Brasil, Francisco decidiu candidatar-se a uma reputada multinacional de consultoria. Depois de várias provas, não passou na exigente prova de matemática. Ficou muito decepcionado!

De volta a Portugal para a conclusão do último semestre do mestrado, Francisco resolveu candidatar-se a um estágio especial numa empresa dinamarquesa, líder mundial de equipamentos eólicos. Continuava sonhando alto! No processo de recrutamento participavam cerca de 3 mil candidatos, oriundos dos mais variados países. Lembrando-se do fracasso anterior e da exigência do desafio com que agora se deparava, Francisco resolveu, por iniciativa própria, preparar-se o melhor que podia, estudando a empresa e o respectivo setor de atividade, praticando testes de matemática e testes psicotécnicos na internet, os mais sofisticados que conseguia encontrar. As etapas de seleção *on-line* foram se sucedendo, e Francisco foi conseguindo integrar um grupo cada vez menor de candidatos. A entrevista por telefone também correu bem.

Um dia recebeu um contato da empresa informando-o de que não tinha sido selecionado para integrar o grupo restrito de candidatos que finalmente iriam deslocar-se à Dinamarca para os testes e para a entrevista presencial, com tudo pago pela empresa. Ficou decepcionado, mas não desistiu!

Contatou o Diretor de Recursos Humanos para lhe dizer que estava tão entusiasmado com a possibilidade de integrar a empresa que queria ter a oportunidade de o provar presencialmente na Dinamarca. Disseram-lhe que o grupo de seis candidatos selecionados pela empresa, entre os três mil iniciais, já estava fechado. Ficou decepcionado, mas não desistiu! Ligou de novo para o Diretor de Recursos Humanos oferecendo-se para se deslocar à Dinamarca com seus próprios recursos.

Na sexta-feira seguinte recebeu um telefonema do Diretor de Recursos Humanos, o qual, impressionado com a sua persistência, resolvera abrir uma exceção, dando-lhe assim a possibilidade de integrar o grupo de jovens candidatos que na segunda-feira seguinte se deslocaria à sede da empresa na Dinamarca, com tudo pago! Ficou entusiasmo, fez a mala e lá se foi.

Chegado às instalações da empresa na Dinamarca Francisco achou tudo o máximo! Fez os testes de grupo e a entrevista presencial, conheceu e conviveu animadamente com os outros candidatos que vinham dos Estados Unidos, do Japão, da Alemanha e de vários outros países. No final conversaram com ele, deram-lhe uma moinho em miniatura de lembrança, mas disseram-lhe que não seria um dos dois candidatos finalmente selecionados dentre os sete, devido ao fato de não possuir experiência no ramo. Regressou a Portugal decepcionado, mas não desistiu!

Enviou um *e-mail* ao diretor dinamarquês agradecendo-lhe e pedindo-lhe dicas sobre os aspectos onde deveria melhorar. Obteve uma resposta simpática e, no geral, apreciando bastante as características que já possuía, sem grandes dicas para o futuro. Mais uma vez, Francisco não desistiu!

Decidiu, por sua iniciativa, deslocar-se aos escritórios dessa mesma empresa em Portugal, para solicitar um estágio. Constatou que em Portugal a empresa só tinha engenheiros e não recebia pessoas de gestão. Ficou decepcionado, mas não desistiu!

Resolveu então pedir um estágio à delegação dessa mesma empresa em Madri. Fez novas entrevistas telefônicas com os responsáveis em Madri, os quais receberam informações suas através do diretor na Dinamarca. Finalmente a delegação de Madri acabou por lhe oferecer um estágio de três meses com uma remuneração de 800 euros mensais. Francisco aceitou entusiasmado. Aceitou, mas não desistiu!

Constatando que o valor oferecido não chegaria para a desejada autonomia financeira que tinha estabelecido como meta alcançar assim que acabasse o mestrado, compartilhou isso com a empresa. Alguns dias depois recebeu a confirmação de que o seu estágio de três meses se converteria, afinal, num contrato de trabalho por um ano, com uma remuneração de 1.800 euros mensais. Desta vez, Francisco ficou ainda mais entusiasmado, agradeceu e foi para Madri.

Moral da história: é bom, mas sobretudo é útil, pensarmos que podemos ser a causa de quase tudo o que nos acontece.

A história real de Francisco, que se passou em 2011, mostra que vale a pena investir, esforçarmo-nos e persistir. Essas atitudes não só surpreendem os outros positivamente, como nos permitem obter melhores resultados.

A Atitude UAUme!® é uma iniciativa que parte de cada um. Não tem a ver com algo que façamos apenas porque tem de ser feito, ou porque nos obrigam a fazer. Quando colocamos a mão na massa, sem esperar que os outros façam isso por nós, é sinal de que acreditamos. Por isso, o fazemos com maior determinação, somos mais resilientes perante as adversidades e persistentes ante nossos objetivos.

A Atitude UAUme!® é, por si só, geradora de valor agregado.

Na sociedade atual, em que grande parte das pessoas consegue, desde cedo, obter muito daquilo que pretende sem grande, ou mesmo qualquer esforço, muita gente vive acomodada ou dependente de subsídios, ficando simplesmente à espera que alguém resolva os seus problemas. Muita gente está mais habituada a consumir valor do que a gerar valor.

No entanto, num contexto social em que a escassez é uma realidade, é pouco provável que as ofertas e as oportunidades venham às nossas mãos sem nada termos feito por isso. Assim, a qualificação ao lado da autorresponsabilidade e da iniciativa própria são diferenciadoras e importantes para fazer acontecer no mundo atual.

O fato de simplesmente tomarmos a iniciativa de agir espontaneamente junto dos outros, por si só, já é capaz de surpreendê-los positivamente, mobilizando-os para, também espontaneamente, nos olharem e responderem favoravelmente. Quer nos movamos por uma meta a alcançar, quer nos movamos imbuídos do mais genuíno sentido de voluntariado, a consciência de que é nossa a responsabilidade de agir e de sermos persistentes, sem estarmos à espera da intervenção de terceiros, constitui uma grande qualidade humana, valiosa para a sociedade e para o bom uso da liberdade.

Aplicação UAUme!®

Pense em algo que gostaria de atingir, mas que, por uma razão ou por outra, ainda não conseguiu. Pode ser algo que tenha definido na última passagem do ano e de que *nunca mais se lembrou*, ou algo relativamente simples, do tipo: colocar as contas em dia!

Escreva, para que fique registrado.

___

Logo voltaremos a isso.

A resiliência da Atitude UAUme!® — Gostar de estar fora da zona de conforto

Sabia que a resiliência é um termo utilizado na física para caracterizar a capacidade que um material tem de manter, ou de regressar, à sua forma original, sem se deformar, após ter sido sujeito a determinado tipo de tensão ou pressão?

Quando explicamos em seminários e *workshops* por que hoje em dia a resiliência é tão importante para garantir o nosso bem-estar pessoal, e até mesmo para nos diferenciar profissionalmente, damos o exemplo do elástico. Se pegarmos um elástico com as duas mãos e as afastarmos, o elástico estica. Em seguida, se reduzirmos a tensão, o elástico volta rapidamente à sua forma original, sem se deformar.

No entanto, claro, o elástico só consegue esticar até certos limites, ou seja, só tem resiliência até determinado nível. Se o esticarmos demais, ele se rompe. Às vezes o esticamos tanto que ele até se rompe em mais do que um ponto. Também pode acontecer de o esticarmos tanto que temos dificuldade de o segurar, e ele escapa de nossas mãos. Desprende-se e atinge alguém! A velocidade com que se desprende pode ser tal que até é capaz de ferir quem foi atingido!

Com as pessoas acontece a mesma coisa.

A vida sujeita-nos a tantas pressões, contrariedades e tensões, a um ritmo cada vez mais alucinante, que é bom sermos capazes de *esticar* e de voltar à nossa forma inicial sem nos deformarmos. Sem nos ferirmos e sem ferir os outros. É útil sermos resilientes, esforçarmo-nos por conhecer e trabalhar os nossos limites de resiliência.

Quando temos baixos níveis de resiliência arrebentamos à menor pressão ou contrariedade.

Às vezes, consciente ou inconscientemente,
deixamo-nos esticar demais,
e também acabamos por arrebentar!
Arrebentamo-nos e/ou fazemos alguém arrebentar!

A Atitude UAUme!® não só se beneficia da capacidade de resiliência, já que nem sempre conseguimos de primeira aquilo que pretendemos. Ela também contribui para reforçar os nossos níveis de resiliência.

Boas notícias: a investigação científica tem mostrado que a resiliência:

- É uma capacidade que faz atuar os nossos mecanismos de proteção física e psicológica.
- Permite-nos enfrentar positivamente as adversidades e os fatores causadores de estresse.
- Faz parte de um processo evolutivo que pode ser promovido em todas as fases do ciclo vital.

Quem trabalha os seus níveis de resiliência, além de desenvolver capacidades físicas ou psicológicas que lhe permitem lidar melhor com as contrariedades e o estresse, pode também alcançar certos níveis de imunidade que lhe possibilitam a aquisição de novas competências de ação; que lhe permitem adaptar-se melhor a uma realidade cada vez mais imprevisível e agir adequada e rapidamente sobre ela, encontrando soluções ou tornando-se mais eficiente e competitivo.

Como trabalhar os níveis de resiliência?

A resiliência constrói-se ao longo do tempo, resultando da influência da família, dos suportes sociais e da educação.

Apesar de a educação para a resiliência começar na infância, do nosso ponto de vista as empresas e as organizações em geral também podem, e devem, contribuir para o desenvolvimento contínuo da resiliência, ao longo da idade adulta.

Fatores de proteção importantes no desenvolvimento da resiliência:

- Orientação social positiva.
- Autoestima elevada.
- Coesão familiar.
- Presença continuada de adultos significativos.
- Rede social de apoio bem definida e atuante.

Estudos diversos mostram que se podem identificar as seguintes características em crianças resilientes: sociabilidade, inteligência, competências de comunicação e *locus* de controle interno,[1] laços afetivos familiares fortes e sistemas sociais de suporte ativos na família, no bairro e na escola.

Na ausência de fortes laços familiares afetivos e de sistemas de suporte social, a escola tem, naturalmente, um papel fundamental na educação para a resiliência. Os professores devem ser ensinados a compreender a importância da resiliência e as estratégias para a promoverem. O ambiente escolar deve proporcionar oportunidades para que o aluno desenvolva fatores protetores e aprenda a lidar com situações estressantes e adversidades.

Por isso, projetos educativos que encaram cada aluno como único e especial, que adotam práticas pedagógicas centradas na participação ativa, mobilização e responsabilização de cada aluno; que valorizam o processo de aprendizagem, não apenas os resultados; que reconhecem o valor da capacidade de lidar com e superar os constrangimentos do trabalho em equipe; que recompensam o esforço e a criatividade; e que não prescindem dos valores da exigência, do rigor e da excelência são, claramente, projetos educativos que preparam melhor os jovens para gerir com sucesso um percurso pessoal e profissional ao longo da vida. São escolas que preparam cidadãos. **São escolas UAUme!®.**

atitude UAUme!®

Aplicação UAUme!®

Damos agora seguimento à Aplicação UAUme!® anterior, em que lhe propusemos que identificasse algo que gostaria de atingir, mas que, por uma razão ou por outra, ainda não conseguiu.

Esquecendo os obstáculos e as desculpas que já tenha arranjado para não fazer o que deseja, ou achar que não consegue fazer, concentre-se na identificação daquilo que apenas depende de você para ser feito. Pode até ousar fazer algo que até agora foi tarefa assumida por outra pessoa em casa ou no trabalho.

Escreva, para que o seu compromisso fique registrado.

____

Pronto?
Então agora defina qual vai ser o seu primeiro passo:
O quê? ____
Quando?____

Acabou?
Agora defina o seu critério de avaliação do sucesso. Ou seja, como vai saber se alcançou os resultados pretendidos naquilo que vai fazer:

____

____

Terminou?
Defina então qual vai ser o seu Plano B. Ou seja, caso não consiga os resultados que pretende, qual vai ser a sua atuação alternativa?

____

____

Quando estiver treinado a obter aquilo que pretende atingir, dominará melhor as técnicas da Atitude UAUme!®, aplicando-as nas interações com os outros.

4. Ser UAUme!® é: ter energia

Surpreender exige energia. As motivações são poderosas fontes de energia

Relato de mais um caso real (2006).

No ano seguinte João completaria 50 anos. Não há dúvida que meio século de vida é digno de celebrar! Como se não bastasse, ele é daquelas pessoas que vive centrado nos outros, que dá o que tem e vai arranjar o que não tem para dar. Merecia, por isso, ser surpreendido. Mas como surpreender alguém que vive a vida ocupado em surpreender os outros? Decidi fazer-lhe uma festa surpresa, reunindo todas as pessoas que, de alguma maneira, constituíram marcos importantes na sua vida. Não que uma festa surpresa fosse algo muito original. Mas apenas pelo fato de saber que esse momento lhe proporcionaria aquilo que ele mais apreciaria e que nunca imaginaria lhe fosse acontecer: rever e conviver com as pessoas que fizeram parte da sua vida, com a maioria das quais tinha perdido contato ou não via há muitos anos!

Organizar grandes festas não faz muito o meu gênero! Muito menos quando para isso teria de encontrar pessoas que não sabia quem eram, não sabia onde estavam, nem como me iriam receber. Conseguir guardar segredo era talvez a tarefa mais difícil. Mas a minha motivação era grande, e foi com alegria que verifiquei que a minha energia dobrou e, melhor ainda, que a minha imaginação e criatividade cresceram exponencialmente! Apesar de ter tido a ideia da festa surpresa cerca de um ano antes, poucos meses depois já tinha tudo resolvido. Excessiva antecedência talvez, sobretudo para conseguir não me desanimar e fazer com que uma pessoa tão perspicaz como João não desconfiasse.

De repente verifiquei uma coisa: a motivação, energia e criatividade que coloquei nesta iniciativa foi tal que os obstáculos desapareceram misteriosamente e tudo se resolveu, muito além das minhas expectativas. O entusiasmo dos convidados, mobilizados pela expectativa de surpreender João foi extraordinário. Pude, assim, confirmar na prática como o objetivo de surpreender os outros, motivado pelo simples fato de lhes causar satisfação, pode ser tão entusiástico e gerador de energia!

Veja só como foi:

Apesar de vivermos em Lisboa e de grande parte dos convidados estar distribuída pelo país, Coimbra teria de ser o local da festa, já que foi essa a cidade onde João cresceu, estudou e onde ainda tem a família e a maioria dos seus contatos. Identifiquei rapidamente a Quinta das Lágrimas — onde João passou tantos momentos da sua juventude — como o local ideal para a festa. Por coincidência, ou talvez não, o Mário Morais, então diretor desse empreendimento, era meu amigo de infância. Não será preciso dizer que, apesar do excelente serviço que a Quinta das Lágrimas já naturalmente proporciona aos seus clientes, fui tratada com especial carinho. Depois era preciso localizar as pessoas que fizeram parte da vida profissional de João. Aqui e ali, sem chamar a atenção e como quem não quer nada, fui puxando assunto com ele para interrogá-lo de forma mais concreta, identificando nomes de antigos professores, treinadores, chefes, colegas e amigos.

Quando fiz os primeiros contatos, rapidamente verifiquei a força do *networking* motivacional! Cada um que contatava, entusiasmado, oferecia-se para me arranjar outros contatos. Um dos antigos treinadores de João (no tempo em que foi atleta da Acadêmica), ofereceu-se de imediato para ser meu *atacante*, identificando toda a rede de antigos colegas da época esportiva de João, no país e em outros países. Um dos casos mais engraçados teve a ver com a descoberta do primeiro chefe de João: o Sr. José Carneiro! Passei alguns dias telefonando para todos os Carneiros que viviam em Leça da Palmeira (e acreditem: havia vários), à procura do tal chefe de João. A empresa onde ele teria colaborado já havia fechado fazia muito tempo. Por fim, o encontrei! Ficou surpreendentemente tão contente como eu! Querer é mesmo poder!

Preenchida a lista de convidados de todas as partes do país, e garantida a disponibilidade deles com meses de antecedência, era preciso arranjar um motivo para, nesse fim de semana, conseguir levar João até Coimbra. Esse era um grande problema. Fazia tempo que decidimos passar o aniversário dele sempre no exterior, o qual coincide com o nosso aniversário de casamento. Para que João não tivesse qualquer suspeita, nesse ano deixei que ele fizesse todas as reservas para viajar. Solução: agendei a festa para o fim de semana anterior. Como queria que fôssemos os últimos a chegar à festa, a fim de que João fosse recebido por todos os convidados com o máximo impacto, combinei com a sua filha mais nova, Bárbara, que mora, estuda e jogava handebol em Coimbra, que ela iria convidar o pai para assistir a um jogo seu no Estádio Universitário da cidade. Esse foi um dos locais onde o João mais treinara na sua juventude. Seria aí que todos os convidados nos aguardariam em segredo para uma grande recepção, e de onde partiríamos depois em conjunto para um almoço na Quinta das Lágrimas.

No próprio dia, ao contrário do trajeto habitual pela A8, João resolveu pegar a A1, aproveitando o Porsche que o meu irmão lhe havia emprestado. Em toda a viagem até Coimbra, fiquei com um misto de entusiasmo e nervosismo, cheia de medo de que no trajeto pudéssemos cruzar com o carro de algum convidado, ou que pudéssemos chegar a Coimbra cedo demais, antes dos convidados (João gosta de chegar a qualquer lugar sempre meia hora antes), ou ainda que algum convidado mais distraído e proveniente de um local mais remoto de Portugal nos telefonasse no caminho. Finalmente, entramos no recinto exterior do Estádio Universitário de Coimbra. Fiquei favoravelmente surpresa ao verificar que não havia lá carros conhecidos que pudessem levantar suspeitas (João sabe de cor a placa de todos os carros da família!).

Chegou o grande momento: finalmente entrávamos no pavilhão do Estádio Universitário. Aí, por breves instantes que pareceram horas, ficamos todos paralisados: João, eu e os convidados, que já estavam todos lá. João ficou surpreso, muito confuso e sem saber bem para onde se dirigir. Estar à espera de ver um jogo da filha e, em vez disso, de repente, encontrar à sua frente as principais pessoas que fizeram parte da sua vida é estranho. Acho mesmo que ele pensou que tinha morrido e que estava tendo uma daquelas visões de toda a sua vida (que quem já teve experiências de *quase morte* conta que acontece)! Os convidados paralisados a observar a cara de espanto de João, meio envergonhados, sem saber se riam, choravam ou o cumprimentavam. Eu, aflita, vendo que a emoção era tanta que João ainda corria o risco de ter um ataque de coração!

Alguns segundos depois tudo se esclareceu e, claro, passamos um dia fantástico do qual João não se cansa de recordar com carinho e que eu estou aqui a relatar em segredo, com toda a certeza de que com isso voltarei a surpreendê-lo! Foi lindo testemunhar colegas, amigos, chefes, professores, técnicos, familiares e eu, claro, surpreendendo João, recordando episódios vividos com ele. Ah, é verdade, no final do dia, ainda lhe disse que já havia confirmado a compra de um Porsche lindo (de segunda mão) e arranjei uma estadia-surpresa no Boutique Hotel da Lousã, que ele não conhecia! Correu tudo muito bem.

O detalhe do Porsche é muito interessante! Quando João iniciou a sua carreira, no Porto, sob as ordens do tal Sr. José Carneiro, ele possuía orgulhosamente uma carroça: um Citroën 2 CV! Comprou-o com o dinheiro que poupou durante o serviço militar. Para ele, o 2 CV era o melhor carro do mundo! Apesar da sua zona de trabalho ser a região de Trás-os-Montes e ter de regressar todos os fins de semana a Coimbra, onde vivia, rodando longos quilômetros em estradas rudimentares e a velocidades *estonteantes* de 60/70 km/hora, João era mesmo apaixonado pelo seu 2 CV! Diziam até que passava as manhãs de domingo lavando e aspirando seu carro!

O senhor José Carneiro tinha um Porsche verde! O João tem por ele uma admiração extraordinária, pois considera-o um dos principais responsáveis pela sua carreira e pela paixão que adquiriu pelo *fazer acontecer*. O método José Carneiro, utilizado para motivar o João, era operacionalizado através de desafios provocantes! O senhor Carneiro teve a sabedoria de perceber que João se excedia quando provocado. Para ele, só havia um lugar no pódio: o primeiro.

Os colegas de João o provocavam por causa do 2 CV! Diziam-lhe coisas como: "Tire o calhambeque da porta da empresa", "Que feio aquela lata velha ficar estacionada ali", e por aí adiante. O senhor exibia o seu Porsche, usando-o também para ferir o orgulho de João e dizendo-lhe que ele só seria alguém no dia em que tivesse um Porsche. Um dia, furioso, João reagiu e disse-lhe: "Vou ter um Porsche, mas só quando tiver vontade!".

Imaginem por isso o simbolismo de João saber que ia ter um Porsche na presença do seu querido chefe Sr. José Carneiro.

Um detalhe: avarento como é, um ano depois João vendeu o Porsche, comprou uma motocicleta com *sidecar* e agora adora andar de Smart!

Moral da história: antes de surpreender o seu marido, certifique-se de que ele não sofre do coração! Só depois pense em dar-lhe um Porsche!

Agora, falando sério, não há dúvida de que a aplicação prática da Atitude UAUme!® exige energia. Mas é igualmente verdade que quando estamos imbuídos da Atitude UAUme!® ela nos presenteia com o triplo da energia que nela colocamos.

A energia que existe na Atitude UAUme!® é, em grande parte, responsável pelo fenômeno de ***gratividade*** que se refere às ações/atividades positivas que somos impelidos a tomar para com terceiros, quando experimentamos a sensação de gratidão decorrente do fato de termos sido surpreendidos favoravelmente.

É também curiosa a energia que transmitimos aos nossos colaboradores, e que nos é devolvida por eles, quando os envolvemos numa dinâmica que visa surpreender alguém. Foi o que aconteceu neste caso, em que os cúmplices (todos quantos participaram na festa surpresa de comemoração dos 50 anos de João) se mobilizaram das mais variadas formas para ajudar a refinar ainda mais a surpresa!

Isso significa que existe uma consciência coletiva sobre as possibilidades da surpresa positiva, e que, simplesmente pelo fato de estarmos pensando em surpreender alguém, já estamos reforçando a nossa motivação, o nosso entusiasmo e a nossa energia.

Quando nos envolvemos numa dinâmica de surpreender o outro, tiramos o foco de nós mesmos e assumimo-nos como realizadores de um filme no qual, além de dirigirmos uma série de acontecimentos e de atores, podemos também, nós mesmos, assumir o papel de atores.

Essa possibilidade de desfocarmos de nós mesmos para nos focar e envolver em prol da causa alheia (ou seja, em prol do outro que se quer surpreender) já é, por si só, extremamente motivadora e entusiasmante para nós.

Assim, é compreensível que a investigação da psicologia positiva sobre a felicidade tenha concluído que quem está mais focado em servir os outros do que a si mesmo tem uma fonte que parece inesgotável de energia e é mais feliz!

Experimente, veja e sinta por você mesmo!

Aplicação UAUme!®

Identifique três pessoas a quem gostaria de surpreender.

Já sabe que tem duas opções:

- Opção fácil: identifique alguém que lhe desperte especial carinho.
- Opção desafiadora: escolha pessoas com quem tem apenas uma relação neutra ou mesmo negativa (do seu contexto pessoal e profissional).

Escreva aqui para que fique registrado.

Quem vai querer surpreender positivamente, em primeiro lugar?

Agora considere a pessoa que colocou como prioridade e pense em como pode surpreendê-la. Comece já a trabalhar no assunto, e esse envolvimento acionará em você o botão da energia e da criatividade.

Durante o processo, observe-se e registre o que for sentindo de positivo. Em seguida, utilize conscientemente esses recursos e dedique-se a surpreender outras pessoas.

Como irá surpreender?

____

____

____

Onde? Quando?

____

____

Como vai avaliar o resultado daquilo que fizer?

____

____

O que poderá fazer para estimular a pessoa a quem vai surpreender a ter vontade de, também ela, surpreender positivamente terceiros?

____

____

____

Se já tem o seu plano completo, parabéns!

Agora não cruze os braços. Passe à ação.

Se ainda não tem o plano completo, insista, insista, até que exista!

Uma dica: aplique todas as dimensões UAUme!® que já abordamos até aqui — discurso interno positivo; capacidade de apreciar e encorajar os outros; ter iniciativa e ser resiliente; ter energia positiva.

5. Ser UAUme!® é: acreditar que a vida é relação e praticar a gratuitidade

Outro caso real:

Ana Maria é casada há 51 anos. Tem 7 filhos e 22 netos, com idades que variam, neste momento, dos 4 aos 23 anos. Com exceção de Tiago, que se ocupa da casa de artigos agropecuários na Amareleja, os outros filhos e respectivos netos moram todos em Lisboa como ela. Ana Maria tem muito com que se entreter! Há sempre algum neto doente que tem de ficar com a avó, outro precisa ser levado à aula de música, ao treino, à fisioterapia ou ao reforço escolar; outro ainda que telefona dizendo que vai almoçar na casa dela hoje.

Há também os seus filhos que, devido a compromissos profissionais mais exigentes ou viagens internacionais, entre outras coisas, lhe pedem para tomar conta da casa (inclusive dos filhos). Naquelas semanas de verão em que ainda estão trabalhando, mas que as crianças já não têm aulas, deixam elas, descansados, na casa da avó.

No que diz respeito a festas, só contando os familiares mais próximos, por ano celebram-se pelo menos 37 festas de aniversário, para as quais Ana Maria é a primeira a oferecer-se para ajudar, preparando as suas fantásticas especialidades culinárias, entre outros serviços em domicílio. Além disso, tem aquelas festas especiais dedicadas à neta Carlota, que chegou de Londres, os jantares periódicos que organiza por sua iniciativa para reunir a família, entre outros pretextos que vai arranjando para comemorar em família e dar graças a Deus pela vida que a rodeia.

Não se pode esquecer o dia a dia de Ana Maria com o marido, Jorge Perloiro, engenheiro civil especialista em estruturas, pontes e viadutos, com um fantástico legado de obras de arte no país e no exterior, produto de uma intensa carreira profissional que sempre conciliou com a docência universitária. Agora, aposentado, mantém-se cheio de saúde e energia. O engenheiro não para quieto por dois minutos, entre obras de recuperação, melhorias ou ampliações, plantações, tratamento e impressão de fotografias da família, reflexões bíblicas, orações, traduções e composições de textos altamente cuidados para a extraordinária folhinha semanal de suporte às reflexões sobre as liturgias semanais, que missionariamente distribui por várias paróquias.

Nos tempos livres, além dos também estimulantes momentos que dedica ao seu grupo de bons amigos, Ana Maria tem sempre em casa um cesto cheio de calças dos netos com bainhas para cozer, roupa com nódoas difíceis para tirar, uma compra especial para fazer a um dos netos que começou a praticar um novo esporte, um aniversário de um amigo, um espetáculo da escola dos netos a que não falta por nada, dois dedos de conversa via Skype com outro neto que faz intercâmbio internacional, ou um conselho sábio a dar a alguém via celular, que não para de tocar, mais parecendo uma central telefônica!

No meio de toda esta atividade alucinante, em que a todos acolhe com surpreendente calma e disponibilidade, e apesar de ter, desde vários anos, um joelho um pouco lesionado, Ana Maria ainda encontrou tempo para ser voluntária na Maternidade Alfredo da Costa pelo menos um dia por semana, sem contar com os outros momentos em que, por sua iniciativa, vai lá apoiar uma parturiente em situação mais delicada. Tem ainda tempo e disposição para acompanhar pessoas socialmente carentes, ou em recuperação, que necessitam de alguém que as leve a consultas médicas de um lado para o outro. Coisas simples...

Moral da história: quem considera que a vida é uma dádiva, gosta mesmo de pessoas, acredita e pratica o valor da gratuidade, tem uma capacidade humana que parece inesgotável e encontra no serviço aos outros uma fonte de autorrealização e sentido para a própria vida.

Como menciona Adérito Gomes Barbosa na sua extraordinária investigação e reflexão sobre *O valor da gratuidade na educação dos jovens* (2007), em suporte à sua tese de doutorado, a gratuidade é a oblatividade (doação) do ser, como capacidade de fazer ser o outro. Eu sou pessoa na medida em que sou capaz de fazer crescer o outro como pessoa. Há cada vez mais autores (Araújo, Hemmerle) que afirmam o *hommo donator,* capaz de praticar, sobretudo nas atividades públicas, a doação e o compartilhamento, em detrimento do *hommo consumens,* protagonista de uma cultura do ter.

A doação é a oferta livre e imprevisível para o outro daquilo que tem valor, pois uma doação sem valor não tem sentido.

O valor da coisa dada,
que pode ser um objeto, escuta, confiança, tempo, amor,
é especificamente simbólico,
enquanto indica valor para quem recebe.

A oferta é novidade
e tem a capacidade de surpreender o outro,
na medida em que não é esperada,
inaugurando em quem recebe a alegria de se ver reconhecido,
em um compartilhamento, pelo doador.

A Atitude UAUme!® reconhece o sentido e assume o valor da gratuitidade.

Aplicação UAUme!®

Faça uma experiência muito simples.

Invista dois ou três minutos pensando em uma pessoa que:
- já há algum tempo não tem notícias suas;
- tem particular estima por você;
- ficaria extremamente surpreendida e feliz por receber um contato seu.

Já identificou essa pessoa? Escreva para que fique registrado!

____

Agora pense em como pode contatá-la neste exato momento.

Já tem uma solução?

____

____

Sabendo que essa pessoa vai encarar o seu contato como um verdadeiro presente, cuide do *embrulho*, incorporando alguns condimentos UAUme!®.

Pense, por exemplo, em fatos que ocorreram entre o último momento que a contatou e o momento presente. Identifique duas ou três boas notícias para compartilhar com ela (vivemos a vida com tanta intensidade que às vezes nos esquecemos de compartilhar as coisas boas com pessoas de quem gostamos e que gostam de nós).

É Atitude UAUme!® tomarmos consciência de que as pessoas que gostam de nós ficam imensamente felizes *apenas* pelo fato de nos lembrarmos delas, procurando-as para compartilhar com elas as coisas boas da nossa vida.

Já tem dois ou três presentes para compartilhar com essa pessoa?

____

____

____

Agora vem a questão do humor ou estado de espírito.

A Atitude UAUme!® requer um ânimo propício à capacidade de surpreender os outros favoravelmente.

Como se sabe, na comunicação presencial, o que vestimos e como nos apresentamos também comunica. Em função da forma como irá comunicar com essa pessoa, escolha então a forma como se vai apresentar. Se for estar com ela pessoalmente, vá com um rosto alegre e uma postura bem-disposta.

No que diz respeito à apresentação pessoal e à forma de vestir, é curioso ver como a sociedade moderna tem defendido que o importante é apenas cada um sentir-se bem. Por isso, muita gente acha que pode ir de qualquer maneira para quase todo lado. Uma apologia que decorre do fato de se tratar de uma sociedade onde o culto do individual tem prevalecido em relação ao culto do coletivo, e onde muitas vezes os direitos de cada um e a liberdade individual são excessivamente exaltados. Está claro que é importante cada um sentir-se bem! No entanto, quando nos apresentamos e nos vestimos não só em função do nosso bem-estar, mas também em função das circunstâncias e dos outros que vão estar presentes, reconhecemos o valor dessas circunstâncias e pessoas. Quem é a moça ou o rapaz apaixonado que não se preocupa com a forma de se vestir para um encontro especial?

Se, por outro lado, você optar por telefonar à pessoa que identificou, lembre-se de que o sorriso também se vê ao telefone. Adote uma linguagem positiva durante todo o telefonema, mostrando-lhe que apenas a contata para a fazer feliz, numa atitude de gratuidade.

Se lhe enviar um *e-mail*, escolha bem o cumprimento inicial, a frase de abertura, o entusiasmo da despedida e use *emoticons*[5] para realçar a Atitude UAUme!®

Reciprocidade é diferente de Gratuitidade

A reciprocidade acontece quando a uma ação se responde com outra ação, normalmente da mesma natureza ou do mesmo valor.

Ações recíprocas positivas diferenciam-se de ações altruístas, visto que acontecem somente como consequência de outras ações positivas. Ações de reciprocidade diferenciam-se de ações de gratuidade, uma vez que o autor de um ato gratuito não o concede na esperança, ou expectativa, de receber uma retribuição ou resposta positiva futura.

Ações recíprocas são importantes, desde logo porque ajudam a explicar a manutenção de normas sociais. As normas sociais são fundamentais para o equilíbrio e bom funcionamento em sociedade. Uma significativa parte da população interpreta a ruptura de uma norma social como uma ação hostil. Por exemplo, quando alguém rouba e é julgado, a sanção formal de multa ou prisão que lhe possa ser imposta pelo juiz, supostamente na correta proporção do crime cometido, visa assegurar a manutenção da norma social que tem a ver com o valor da seriedade e o respeito por aquilo que é dos outros. No entanto, a punição pode não chegar a ter um caráter formal e o transgressor acabar por ser apenas alvo da crítica social, que pode ir desde simples palavras de rejeição até o completo ostracismo social.

A reciprocidade é também um princípio moral geral, que se encontra presente em praticamente todas as religiões e culturas, frequentemente como regra fundamental. Este fato sugere que a reciprocidade pode estar relacionada com aspectos inatos da natureza humana.

O sentimento de obrigação de retribuição que acompanha a regra da reciprocidade tem uma presença poderosíssima na cultura humana.

> "Somos humanos porque os nossos antepassados aprenderam a repartir os alimentos e as suas competências particulares, numa rede de obrigações mútuas honrada pela comunidade."
>
> Richard Leakey

"A rede de obrigações provocada pela reciprocidade
é um mecanismo adaptativo dos seres humanos,
que permite a divisão do trabalho, a troca de bens e de serviços
de diversos tipos e a criação de uma cadeia de interdependências
que unem os indivíduos em unidades altamente eficientes."

Lionel Tiger e Robin Fox

"As sociedades humanas adquirem vantagens competitivas
em consequência da reciprocidade;
por isso, asseguram-se de que os seus membros
são treinados para acreditar nela e para lhe obedecer."

Robert B. Cialdini

A origem da palavra *obrigado* como forma de agradecimento vem do latim ***obligatus***, particípio do verbo ***obligare***, ligar, amarrar. É a forma abreviada da expressão "fico-lhe obrigado", ou seja, "fico-lhe ligado pelo favor que me fez".

Etimologicamente a palavra *favor* tem uma origem nobre. *Favoris* em latim significa apoio. É curioso que, ao contrário de *obrigado* (palavra que, com o passar do tempo, ganhou um significado de certa maneira diferente e até mais positivo do que o original), a palavra *favor* parece ter se desvalorizado ao longo da história, adquirindo muitas vezes um sentido pejorativo, totalmente afastado da ideia original. Hoje em dia, quando se fala em *troca de favores,* muitas vezes refere-se à troca de privilégios especiais, que podem até ser pouco legítimos socialmente. Por vezes também ouvimos alguém dizer com certo desdém: "Ele me fez isso só por favor".

Quando nos sentimos psicologicamente *devedores* de alguém por um gesto ou um serviço que nos foi prestado, criamos um elo de ligação, mesmo que momentâneo, e devemos agradecer.

Na Atitude UAUme!®
a questão não está em ter de usar ou não a palavra *favor*
ou em ter de usar ou não a palavra obrigado(a).
Se as palavras forem a expressão da nossa atitude,
os nossos atos serão a sua concretização.

Consciente do sentimento psicológico de dívida, por força da regra da reciprocidade, há quem, nos mais diversos contextos sociais, pessoais e profissionais, a utilize com a finalidade de conseguir algo em troca, legítima e ilegitimamente.

O caso da gorjeta

Uma situação de reciprocidade cotidiana, culturalmente bem-aceita, é, por exemplo, o caso do empregado do restaurante que, ao longo da refeição, se esforça por nos servir bem, sabendo nós que uma das suas legítimas expectativas será receber a nossa gorjeta, em troca, no final da refeição. Essa situação está tão legitimada em Portugal que há mesmo clientes que se sentem na obrigação de dar sempre gorjeta, independentemente do fato de terem sido ou não bem atendidos. Muitos empregados querem ser contratados com a condição de poder receber gorjetas, e empregadores estabelecem o salário a pagar considerando já essa realidade. Até há quem considere que é norma ou protocolo social dar uma gorjeta no valor de 10% do total da conta da refeição.

Nesta situação concreta existe, portanto, na sociedade portuguesa, um entendimento de reciprocidade inerente com o qual concordamos de especial bom grado, sobretudo quando achamos que estamos retribuindo, de livre e espontânea vontade, um serviço que gerou valor e foi realizado além das nossas expectativas.

O sentimento de dever de retribuir é, assim, inerente ao fenômeno de reciprocidade. No entanto, já reagimos negativamente quando sentimos que nos impõem a necessidade de retribuir. Sentimos isso como um paradoxo que nos retira a vontade de o fazer.

Vejamos: apesar de em Portugal, após um jantar, nos sentirmos confortáveis em dar uma gorjeta ao garçom (mesmo que o serviço não tenha sido nada de especial), já não nos sentimos confortáveis com a prática que existe em outros países de nos trazerem a conta do jantar com referência explícita à inclusão da gorjeta em determinado valor ou percentagem da refeição. Essa imposição formal de darmos a gorjeta nos deixa irritados!

Por isso, a forma como nos colocam as situações e como nós as colocamos aos outros faz toda a diferença. Às vezes conversamos entre nós: será que se os impostos que pagamos ao Estado, em vez de *impostos* se chamassem *voluntários*, nos sentiríamos mais animados e motivados a pagá-los? Quem sabe!

Você certamente já viu essa situação: estando na praia, vê um vendedor se dirigir até você e deixar um pouco do produto dele em cima da mesa (insinuando tratar-se de um brinde). Daí a pouco ele volta e pega de volta o brinde, mostrando que afinal o gesto tinha tido apenas o objetivo de criar em você um sentimento de dívida que o levasse a pagar por esse objeto (que, afinal, não era brinde). É horrível! Como costumamos dizer, tratava-se de uma tática SPP (se pegar pegou!).

É por essas e outras, e por o ser humano ser tão dado a prestar atenção ao negativo e a fazer generalizações abusivas a partir de situações particulares ou de exceção, que muitas vezes também desconfiamos, errada e injustamente, de pessoas que nos querem proporcionar benefícios ou dádivas, aparentemente sem nenhuma justificação.

Quando o pedinte é roubado!

A propósito de dar e receber, às vezes acontece o inesperado. Veja só:

> Estávamos sentados dentro de um restaurante da principal rua comercial da Costa da Caparica, a qual é fechada para carros. Tratando-se de um espaço sem perigo iminente para crianças, enquanto esperávamos pela refeição, Carlota, com 3 anos, passeava alegremente, entrando e saindo do restaurante.

No exterior encontrava-se um cego sentado, encostado à parede do restaurante, de mão estendida, pedindo esmola aos transeuntes. O cego tinha quase sempre na mão duas ou três moedas.

Qual não foi o meu espanto quando de repente vejo Carlota correndo rua acima, com o suposto cego correndo atrás dela, desviando-se agilmente das pessoas que passeavam na rua.

O que tinha acontecido? A criança tinha visto o cego de mão estendida, constatando que algumas pessoas se dirigiam a ele, lhe davam uma moeda e depois seguiam caminho. Não sei o que passou pela cabeça dela, mas certamente achou que pôr ou tirar as moedas devia ser indiferente. Por isso, tinha-se dirigido ao homem e, num segundo, tirou as moedas da mão dele, roubando o pedinte cego que afinal não era tão cego assim. Carlota conseguiu surpreendê-lo!

Voltemos à problemática dos favores. Sabemos que entre tanta gente que serve dedicadamente a causa pública também há políticos eleitos, gestores e profissionais da causa pública, de todos os níveis hierárquicos, que trocam favores em causa própria (sua e dos outros), transformando a política e o governo num campo ilegítimo de trocas das mais extravagantes, em vez de um campo de serviço aos outros, à comunidade. Curiosamente, o resultado geral é negativo para a sociedade no seu todo e, consequentemente, isso também acabará por afetá-los de uma maneira ou de outra, mais cedo ou mais tarde.

A Atitude UAUme!® também foi criada para esses políticos, gestores e profissionais, os quais, se a interiorizarem na sua essência e a levarem a sério, rapidamente entenderão que o campo genuíno da gratuidade tem mais valor, é mais profícuo e sustentável, do que o campo da mera reciprocidade material.

A reciprocidade e a gratuitidade nas relações familiares

As relações familiares e a educação dos filhos são campos que convidam à reflexão sobre as dinâmicas da reciprocidade e da gratuidade. O predomínio da sociedade do consumo e a falta de tempo, entre outros, são fatores da sociedade atual que têm transformado as relações de gratuidade na família em relações cada vez mais baseadas na reciprocidade.

Exemplo: "Se você tirar boas notas, vou lhe dar um *Playstation*"; "Se a mamãe me deixar ir ao cinema, arrumo a cozinha"; "Se você não ficar trabalhando no escritório até tarde, não vou virar a noite na internet"; "Pai, se eu lavar o seu carro, você me dá 5 euros?"; "Se você ensinar o vovô aqui a mandar um *e-mail*, eu compro crédito para o seu celular".

Deixamos praticamente de ouvir "Porque sei que você vai ficar feliz", "Porque gosto de compartilhar", "Porque gosto de contribuir ou de ajudar", "Porque gosto de você".

Esta realidade nos lembra de uma pequena história que passamos a compartilhar.

Certo domingo à noite, antes de ir se deitar, um adolescente foi até sua mãe na cozinha e, com ar de missão cumprida, entregou-lhe um papel cuidadosamente dobrado. A mãe, intrigada, desdobrou-o e começou a lê-lo:

- Por ter cortado a grama: 5€.
- Por ter limpo o quarto este fim-de-semana: 2€.
- Por ter ido à loja fazer uma compra: 1,50€.
- Por ter tomado conta do meu irmão: 0,50€.
- Por ter ido pôr o lixo lá fora: 0,25€.
- Por ter estudado matemática: 5€.
- Por ter limpado e varrido o quintal: 2€.

Total em dívida: 16,25€.

A mãe ergueu o olhar, e ele ficou esperando; pegou no papel e escreveu no verso:

- Nove meses que transportei você quando estava dentro de mim: de graça.
- O tempo em que estive sentada ao seu lado, cuidando de você e orando por você: de graça.
- Todas as lágrimas que você me fez chorar ao longo dos anos: de graça.
- Todas as noites em que fui acudir aos seus pesadelos: de graça.
- Os brinquedos, comida, roupa, e até por assoar seu nariz: de graça.

E, depois de somar tudo, o amor verdadeiro é de graça.

Quando o filho leu o que a mãe escreveu, seus olhos se encheram de lágrimas. Olhou para ela e disse-lhe que a amava. Depois pegou na caneta e em grandes letras escreveu: "Amo você! Conta cancelada".

Na Atitude UAUme!®
ajudar e ser ajudado é consequência natural
de uma vida pautada pela troca espontânea de favores
(no sentido etimológico da palavra).

Sugerimos-lhe que assista ao filme *Corrente do bem* (*Pay It Forward*), dirigido por Mimi Leder, em 2000, baseado no romance homônimo de Catherine Ryan Hyde. O filme tem como protagonista um jovem rapaz, encenado por Haley Joel Osment, que inicia um movimento de favores em cadeia.

Este filme teve tanto impacto social que gerou a criação de um movimento de solidariedade em cadeia em nível global, cujas experiências reais pode encontrar relatadas pelos respectivos protagonistas em www.payitforwardmovement.org.

6. Ser UAUme!® é: cultivar uma visão positiva do mundo

Não é tanto aquilo que nos acontece que importa, mas sim a forma como encaramos aquilo que nos acontece!

Você certamente já reparou que há pessoas que vivem, objetivamente, com mais limitações do que outras, pessoal e profissionalmente; pessoas a quem tanta coisa de "negativo" acontece e que, apesar de tudo, mantêm uma ótima disposição, têm senso de humor, fazem projetos ambiciosos para o futuro, têm disponibilidade para ajudar e inspirar os outros, entre muitas outras coisas.

De fato, uma das maiores descobertas da humanidade foi a constatação de que podemos escolher a forma como pensamos e encaramos o que se passa, a forma como explicamos aquilo que aconteceu e as expectativas que criamos em relação ao que vai acontecer.

> "Um homem é aquilo em que pensa ao longo dos seus dias."
>
> Ralph Waldo Emerson

> "A maior descoberta da minha geração é a de que o ser humano pode alterar a sua vida alterando os seus pensamentos."
>
> William James

Deixe-nos ilustrar esta questão com outro testemunho real do nosso cotidiano:

> Há cerca de dois anos mudamos para um escritório fantástico! Imagine só: um quinto andar com 500 m², debruçado sobre o Tejo na zona leste de Lisboa, onde o traçado do rio e o reflexo da lua na água à noite motivaram os antigos a intitulá-lo de Braço de Prata. A vista

deslumbrante até Palmela estimulou-nos. Deixamos a imaginação correr solta e criamos uma decoração tipo *lounge* que contrastava, de forma deliciosa, com as características industriais do edifício implantado num típico bairro lisboeta, ao lado da Guarda Nacional Republicana e do Parque das Nações.

Com um espaço inspirador para trabalhar bem e à vontade, e solicitações de trabalho que felizmente não param de crescer, temos recebido periodicamente na empresa novos colegas, vários deles residentes fora de Lisboa. Sempre que isso acontece, a mesma pergunta surge de forma recorrente, por parte de alguns deles: "Qual é a melhor forma de ir até aí?".

A nossa colega Eva, casada e mãe de Rodrigo, um menininho travesso de 5 anos, mora na margem sul. Ela se considera privilegiada por ter a possibilidade de ler durante a viagem de meia hora que faz de trem até seu escritório. Além dos horários confiáveis e da precisa duração da viagem que o trem lhe garante, Eva está convencida de que esse é o único momento do dia em que tem oportunidade de se dedicar à leitura. De fato, Eva anda sempre com a leitura em dia! Afirma-nos, com ar encantado, que todas as manhãs, quando o trem atravessa a ponte sobre o Tejo, acha fantástico poder contemplar a grandiosidade do rio, notar se já chegou ou se já partiu mais um daqueles cruzeiros cuja piscina e parque de diversões consegue apreciar lá de cima e ainda rever, sem nunca se cansar, as fantásticas casas brancas de Lisboa. Embrenhada na leitura e na contemplação das paisagens, quando dá por ela, Eva já chegou à Estação de Braço de Prata. É só fechar o livro, sair do trem, caminhar 200 metros e está no escritório antes de todos os colegas, com a tranquilidade necessária para beber um café e contemplar a vista e para tratar, calmamente, daquele detalhe profissional que consiste em abrir o *e-mail* e ter cerca de cem mensagens para ler! Ela ainda comenta que em Lisboa há ótimos transportes públicos e que, por isso, não lhe adiantaria nada ir de carro, com a gasolina que gastaria, o preço do estacionamento que teria de pagar e as filas intermináveis na ponte que teria de aguentar.

No entanto, quando a discussão sobre o melhor meio de transporte surge no escritório, Eva também sabe argumentar de forma negativa sobre o trem, até para mostrar que é de forma consciente que escolhe adotar uma visão positiva sobre o assunto. Como ela diz: "Se eu quisesse, podia achar que o trem é uma chatice". Bastava focar-se em que tem de ir de carro de casa até a estação, estacionar, esperar pelo trem bem à frente na plataforma para conseguir o melhor lugar sentada à janela, sujeitando-se a sofrer com o frio no inverno. Também podia se focar no fato de que, por vezes, os passageiros do trem não ser os melhores e a confusão à sua volta lhe dificultar a concentração na leitura, obrigando-a a ler a mesma frase duas ou três vezes. A volta para casa também tem os seus inconvenientes: precisa controlar bem as horas para não perder o trem que lhe permite chegar na hora ao jardim de infância. Por outro lado, todos os anos, a passagem aumenta, e ainda por cima, volta e meia, há greves, mais frequentes do que se espera, que lhe fazem mudar de direção e a enfurecem!

Agora pergunte: Qual das duas Evas tem condições para se sentir melhor? A que escolhe a visão positiva do trem ou a que escolhe a visão negativa do meio de transporte que utiliza?

Você certamente concluirá que é a que escolhe a visão positiva!

atitude UAUme!®

Aplicação UAUme!®

Sugerimos-lhe agora que experimente fazer o exercício do positivo/negativo, escolhendo uma situação do seu cotidiano.

Já escolheu algo?
Escreva, para que fique registrado.

____

____

Agora aplique-lhe a visão negativa e visualize todos os aspectos que considera maus nessa situação e registre-os.

____

____

____

____

Terminou?
Faça agora o contrário e adote a visão positiva para a mesma situação, enunciando-os.

____

____

____

____

Com qual das duas visões você se sente mais confortável?

Curiosamente, tal como Barbara Fredrickson (2009) explica no seu livro *Positividade*, "O simples fato de tentarmos explicar por que estamos vendo o lado positivo de uma coisa pode fazer evaporar a percepção da sua positividade".

Acontece que a nossa percepção positiva das coisas, cujo positivismo não tentamos explicar, tende a durar mais tempo do que quando tentamos analisar e entender completamente a visão positiva que temos em relação a aquilo. Investigação científica conduzida por Aspinwall (1998) evidencia este paradoxo.

De fato, apesar de cada um de nós poder ter (mais do que imagina) maior controle sobre a sua própria positividade, a posse de uma visão positiva do mundo não se consegue com a simples adoção de um pensamento positivo.

Como diz o ditado popular, *o inferno está cheio de boas intenções*! É preciso fazer acontecer!

Deixamos aqui as dez formas de cultivar a positividade propostas por Barbara Fredrickson, professora universitária, doutora e investigadora em psicologia:

1. Alegria
2. Gratidão
3. Serenidade
4. Interesse
5. Esperança
6. Orgulho
7. Diversão
8. Inspiração
9. Admiração (no sentido bíblico de temor a Deus)
10. Amor

A boa notícia é que
certos pensamentos e ações ativam a nossa positividade.

A visão positiva tem a capacidade
de surpreender (positivamente) os outros!
A Atitude UAUme!® ativa a sua positividade e a dos outros.

7. Ser UAUme!® é: não se autolimitar

A sobrevivência de qualquer sociedade, empresa ou família depende, em grande parte, do comprometimento dos seus membros.

O futuro é daqueles que acreditam e trabalham, para que amanhã seja melhor que hoje.

O futuro deve ser um tema de interesse geral, porque é lá que vamos viver. Este simples fato deve mobilizar-nos para a importância de nos preparar, o melhor possível, para sermos capazes de responder com eficácia aos desafios atuais que modelarão o futuro e assim termos a capacidade de aproveitar as oportunidades futuras que decorrerão da nossa atuação hoje.

O destino não é uma questão de sorte, é uma questão de escolha; não é algo que se espere, mas algo a ser alcançado.

Seja em que contexto for, podemos identificar quase sempre três tipos de seres humanos que habitam e habitarão o nosso planeta:

- os que *veem* acontecer;
- os que apenas estão focados no que aconteceu;
- os que fazem acontecer. Os que possuem uma Atitude UAUme!®.

Os que *veem* acontecer vivem a vida numa perspectiva passiva e pouco ou nada dinâmica. Normalmente para estes, a vida pessoal e a vida profissional são um fardo pesado! Criticam e criticam-se. Sofrem e fazem sofrer. Contaminam a nossa vida com as suas críticas gratuitas e destrutivas. A mudança irrita-os. O sucesso dos outros enfurece-os. O pouco que fazem e sabem lhes é suficiente. Na verdade, eles não sabem o que está acontecendo, mas isso não os preocupa nada. Para eles, amanhã será decerto pior que hoje. Por isso arrastam-se pelos mesmos caminhos para evitar esforços. Consideram-se infelizes, desafortunados e *vítimas* da má sorte. Preferem não fazer, porque até a palavra *tentar* os assusta. Encaram o sucesso dos outros como uma simples questão de *sorte*.

Os que apenas estão focados no que aconteceu, vulgarmente designados como *Velhos do Restelo*,[6] caracterizam-se por serem uns grandes chatos! Arrastam-se também pelo mundo de forma penosa e sofrida. O passado é a sua referência para evitarem desfrutar do presente e antecipar o futuro. Todo o presente é um problema! Toda a perspectiva de futuro é passível de crítica! O seu cérebro é totalmente reativo à mudança e encontram sempre justificativas para que tudo permaneça como antes!

Os que fazem acontecer são, claramente, os que contam para o futuro de um mundo mais sustentado e sustentável. São os que asseguram a adaptação, inovação e perenidade das empresas, famílias e sociedades. São os que não se limitam a ver e fazem acontecer. São os que sabem que o essencial da vida é:

- ter algo para realizar e fazê-lo bem;
- ter algo para amar e amá-lo;
- ter metas e objetivos para atingir e superá-los.

Para estes, **a mudança é a lei da vida. São estes os que possuem uma Atitude UAUme!®.**

Vivem cada instante com entusiasmo, conscientes de que o instante é a ponte estreita entre o presente e o futuro.

Estes compreendem o significado das palavras de Charles Darwin ao ter referido, no seu livro *A origem das espécies*, que "não têm sido as espécies animais mais fortes e mais inteligentes as que têm sobrevivido, mas sim as que demonstraram melhor capacidade de adaptação à mudança".

Eles sabem que é matando as *vacas sagradas* que se obtêm os bons bifes!

Eles percebem o porquê da maior dimensão do para-brisa em comparação aos espelhos retrovisores. De fato, o objetivo do para-brisa é permitir a visão mais ampla possível daquilo que está à nossa frente, permitindo-nos assim encontrar os melhores caminhos para prosseguirmos a nossa *viagem*. Em contrapartida, as pequenas dimensões dos espelhos retrovisores devem-se ao fato de apenas termos necessidade de recorrer a eles em casos especiais de mudança de direção ou outras situações de mero controle.

Eles sabem o significado da frase "O passado é um ovo partido, o futuro, um ovo chocado".

O foco deles é o FUTURO. Eles farão parte da História.

> Com tempo, paciência e trabalho árduo,
> a folha da amoreira transforma-se em seda.

Em contexto profissional, as pessoas que fazem acontecer:

- Fazem o que gostam e gostam do que fazem.
- Procuram novos interesses e os compartilham.
- São curiosas. Experimentam coisas novas.
- Inovam e inovam-se.
- Possuem um discurso interno e externo positivo.
- Elogiam e encorajam.
- São dinâmicas.
- São participativas.
- Aprendem e desenvolvem-se de forma contínua.
- São equilibradamente ambiciosas.
- Sonham.
- Acreditam.

- Trabalham com paixão.
- Desfrutam o resultado da eficiência e da eficácia.
- ...

Estes são aqueles que, um dia, o mundo recordará com saudade.

Porque já faz tempo que foi provado que o otimismo é uma opção inteligente, porque consideramos que o futuro se faz caminhando e porque aspiramos a viver num país mais positivo, cada vez mais habitado por gente inteligente e feliz, decidimos ilustrar com uma anedota a capacidade natural que o ser humano tem para fazer evoluir os seus pensamentos e as suas ações. Querer é poder.

Anedota do sogro do Ernesto

Prezado Ernesto, meu futuro genro,

Não tenho conseguido dormir desde que prejudiquei o seu namoro com minha filha Adelaide. Escrevo-lhe esta carta na esperança de que consiga esquecer o que eu lhe disse no sábado e também que me perdoe.

Quando o vi pela primeira vez, fiquei surpreso com suas tatuagens e com os seus piercings. *Hoje vejo que isso não é assim tão importante.*

Vejo, também, que andar de moto em alta velocidade, e sem capacete, não é assim tão perigoso, desde que haja algum cuidado com os outros veículos. Acredito que os acidentes que já teve e as suas múltiplas fraturas foram mero acaso e azar que, dificilmente, voltarão a se repetir.

Reconheço agora que a minha reação ao fato de você nunca ter trabalhado foi bastante inadequada e demasiadamente radical e injusta. Estou bastante convicto de que muita gente boa e competente também vive debaixo de pontes ou dorme em bancos nas praças.

Agora entendo, também, que o fato de a minha filha ter apenas 16 anos, querer casar e viver com você, em vez de estudar numa boa universidade, é, simplesmente, uma alternativa para a sua formação, já que nem tudo na vida se aprende nos livros e na escola.

Agora percebo quão inconveniente, injusto e retrógrado demonstrei ser quando interferia em todo este tipo de assuntos.

Desculpe. Reconheço que estava errado! Fui um tolo em ter sido contra o seu namoro com a minha filha. Gostaria de me redimir, dizendo-lhe que adoraria vê-lo casado com minha filha.

Seja bem-vindo a esta fraterna e unida família.

Até breve.
Um forte abraço!

O seu futuro sogro.

P.S.: Parabéns por ter ganho o Euromilhões![7]

A mudança não assegura necessariamente progresso, mas o progresso requer, implacavelmente, mudança.

O futuro será inevitavelmente mudança, transformação e evolução. Faça parte dele por direito.

8. Ser UAUme!® é: crescer pessoal e profissionalmente em interação

A interação é um dos tópicos mais discutidos e considerado como variável-chave da aprendizagem e, consequentemente, do crescimento pessoal e profissional. Por anos, psicólogos e pedagogos defendem que as competências cognitivas individuais se desenvolvem em contexto social e que existe uma ligação clara entre pensamento crítico, interação social e aprendizagem (Newman, Webb & Cochrane, 1995).

De acordo com a teoria de desenvolvimento social de Vygotsky, a interação social desempenha um papel fundamental no desenvolvimento cognitivo e do pensamento. Antes de estarem aptas a aprender a partir do interior de si mesmas, as pessoas devem aprender com outras pessoas, de forma que o conhecimento seja interiorizado. Garrison (1992) argumenta que os indivíduos criam o significado a partir da comunicação, não isoladamente. Estas teorias, entre outras, apoiam a importância da interação no desenvolvimento pessoal e profissional.

A Atitude UAUme!® é, antes de mais nada, uma atitude modeladora da interação humana. Uma atitude que reconhece e valoriza o efeito de crescimento de si mesmo e do outro, que surge da interação entre ambos.

Dificilmente, aprendemos sozinhos, e ninguém aprende com mais do mesmo. Por isso, a interação criativa e o desafio estimulante e gratificante, decorrentes da Atitude UAUme!®, são também poderosas fontes de crescimento individual.

A interação UAUme!® mobiliza um conjunto de variáveis altamente favoráveis à interiorização e aprendizagem:

- Criação de um ambiente descontraído
- Mobilização da atenção
- Geração de expectativas positivas
- Motivação
- Comunicação positiva e escuta ativa

- Cocriação de soluções
- *Feedback* construtivo
- ...

A **capacidade de aprender** é a melhor forma de garantir uma flexibilidade sustentada para enfrentar a evolução da sociedade, a instabilidade de emprego ou, de forma mais geral, a inevitável mudança das tecnologias, dos gostos, dos mercados e das necessidades.

Quem tem uma Atitude UAUme!® tem consciência de que o mundo atual lhe exige novas competências a diferentes níveis.

Quem dispõe de mais competências tem mais liberdade de escolher onde as quer colocar em ação. Quem tem poucas competências fica necessariamente mais limitado profissionalmente.

Ter Atitude UAUme!® no domínio do desenvolvimento de competências significa não só apostar continuamente na sua capacidade de aprender, em todos os contextos e momentos da vida, como na capacidade de ajudar os outros a crescer também pessoal e profissionalmente, através da interação.

A Atitude UAUme!® é o suporte a interações de aprendizagem ao longo da vida, imbuídas de conteúdo e de sentido.

> "Aprender é a única coisa de que a mente nunca se cansa, nunca tem medo e nunca se arrepende."
>
> Leonardo da Vinci

Atitude UAUme!® em ação

A Atitude UAUme!® a serviço de diversos contextos e dimensões pessoais e profissionais

A Atitude UAUme!® e a Mudança

Será possível encontrar alguém que não precise mudar qualquer coisa na sua vida? Atrevemo-nos a considerar que praticamente TODOS queremos, gostaríamos ou precisamos mudar (evoluir) algo em nossa vida.

Seja no âmbito pessoal, seja no familiar seja no profissional, a MUDANÇA surge para nós cada vez mais como um desejo e, simultaneamente, como um desafio.

> A Atitude UAUme!®
> encara a mudança como um processo virtuoso que nos
> permite sair da rotina, nos estimula a evoluir,
> a atingir metas que queremos alcançar
> e a descobrir novos potenciais.

MUDAR, às vezes, é um processo mais complicado do que imaginamos! Outras vezes, nem tanto.

É comum escutarmos pessoas queixarem-se sobre os motivos que as desanimam, porque já estavam mudando, ou dizerem que tinham uma forte vontade de mudar, mas algo interrompeu essa caminhada!

Uns porque querem deixar de fumar e não conseguem; outros porque querem emagrecer e não conseguem; outros porque não são felizes no local de trabalho, mas "está complicado" procurar alternativas; outros porque querem fazer outras coisas, mas "isso não dá" por causa da crise

Na nossa atividade de *coaches* de tanta gente boa, somos diariamente confrontados com pessoas que querem realmente mudar. Sendo o *coaching* um dos mais poderosos processos de desenvolvimento pessoal e profissional, ele revela-se extremamente eficiente nesse âmbito da intenção de mudança, ao facilitar a quem quer mudar a compreensão de *onde é que está a questão*.

Com grande frequência, a questão está na DEFINIÇÃO e CONSTÂNCIA DO PROPÓSITO!

Sem PROPÓSITO não há rumo e DESAFIO. Sem desafio não há MUDANÇA!

Afinal a MUDANÇA é principalmente uma questão de ATITUDE!

Segundo Kardec (1978), embora as tentativas para modificar ou substituir ATITUDES assentem nos mesmos princípios da aprendizagem, torna-se muito mais trabalhoso alterar ATITUDES do que aprendê-las.

Como é lógico, o tema da dinâmica da MUDANÇA tem tudo a ver com a Atitude UAUme!®

Vivemos um dos ciclos do percurso da humanidade em que mais se sente a MUDANÇA no ar! Muda-se tudo! Muda-se de casa, de carro, de emprego, de sexo, de marido/mulher, de estilo de vida, de hábitos de consumo etc.! Inconstância, irreverência, individualismo, fundamentalismo, violência, ansiedade, ambição, tensão, egoísmo, incerteza, e muito mais, cruzam-se com mobilidade, solidariedade, excelência, sustentabilidade, repartir, paz, amor, conhecimento e por aí adiante. Muitos consideram que a vida está se dissipando com as trivialidades de um mundo altamente competitivo, onde ainda prevalecem "modernos" quadros de valores desfocados da solidariedade, da ética e da cidadania responsável, entre outros.

O envolvimento em muitas rotinas áridas *vicia* o pensamento, impedindo de certa forma as pessoas de se constituírem como agentes de uma evolução coletiva saudável, desejável e sustentada. Temos de ser capazes de deixar um legado, no mínimo igual ao que recebemos...

"Os homens superiores exigem tudo de si mesmos.
Os homens inferiores exigem tudo dos outros."

Confúcio

A crise *iniciada* em 2008 provocou alterações profundas no quadro de valores da sociedade global. O colapso do sistema bancário e a transferência do equilíbrio de poder do Ocidente para o Oriente estão provocando em muitos de nós um novo olhar sobre várias dimensões da vida. O consumismo exacerbado está sob ataque!

O *tudo agora* está dando lugar ao *menos é mais, no momento oportuno*!
Essa será decerto uma MUDANÇA qualitativa para a sociedade! Aprender a apreciar e a degustar aquilo que se tem, em resultado daquilo que soubemos concretizar, está muito mais de acordo com um paradigma de sociedade com Atitude UAUme!®

A SIMPLICIDADE está um degrau acima da COMPLEXIDADE. A simplicidade cria uma limpidez que nos permite uma visão clara de nós mesmos e dos outros.

MUDAR é também DESCOMPLICAR!

Uma certeza temos: nada voltará a ser como antes!
O contexto atual só nos dá duas alternativas:
"mudar ou mudar!"

Já não serve de desculpa aquela velha ideia de que de MUDANÇA só gosta a criança quando tem xixi na fralda, porque ela fica com assadura!

A boa notícia é saber que todos os seres possuem uma predisposição básica para escolher opções e caminhos que lhes tornem a vida melhor!

Os seres humanos procuram significados! Possuímos uma curiosidade natural por aquilo que nos rodeia! Seja sobre pessoas, lugares e coisas. O significado é central para a nossa existência! Exatamente por isso, a situação atual, cuja origem ainda ninguém conseguiu explicar cabalmente, e que ninguém tem poder para *antever* com precisão ao que vai dar origem, faz aumentar em todos nós a ansiedade provocada pela dúvida.

"Existem três tipos de cérebros:
os que se entendem por si mesmos,
os que são capazes de discernir o que os primeiros entendem,
e os que não entendem, nem por si, nem pelos outros.
Os primeiros são exímios, os segundos excelentes
e os terceiros são totalmente inúteis."

Maquiavel

A Atitude UAUme!® pretende ajudar-nos a valorizar o fato de existirmos e o extraordinário que isso é quando somos capazes de viver a vida refletindo, agindo e compartilhando.

A Atitude UAUme!® baseia-se na ideia de que a mudança mais eficaz que podemos e devemos fazer na nossa vida é cultivar o gosto pela própria vida. Essa procura constante do gosto pela vida alimenta, naturalmente, o propósito de transformação. Essa *curiosidade construtiva*, operacionalizada pela Atitude UAUme!®, desenvolve-se através da humildade, da inteligência criativa, da coragem, da persistência, do envolvimento, do empenho, da partilha, da amizade e do amor pelos outros.

Desfrutemos da vida utilizando eficazmente as "três cadeiras"
de Thoreau: uma para nós, duas para a amizade
e três para a sociedade!

A Atitude UAUme!®, como qualquer outro conceito de índole psicológica, está carregada não só de emoções, mas também de cognições! Saber *estar presente*, saber interpretar e saber agir eficazmente aqui e agora, a fim de promover a mudança que modela o futuro, são os grandes desafios para todos aqueles que querem FAZER ACONTECER!

A prática aperfeiçoa o percurso!

Definido o PROPÓSITO, mudar depende, acima de tudo, das nossas ATITUDES e dos nossos COMPORTAMENTOS, condicionados em grande parte pelos nossos PENSAMENTOS!

> "A maior descoberta da minha geração é
> que os seres humanos podem modificar a sua vida
> mudando apenas os seus pensamentos."
>
> William James

> "O problema da nossa vida é um problema
> de transformação de energia."
>
> Iris Murdoch

Um interessante obstáculo à mudança advém do fato de os nossos pensamentos não serem uma máquina eletrônica tecnicamente afinada, objetiva e lógica, a qual funciona SEMPRE de forma fluente e eficaz!

Afinal, por que há tanta resistência à mudança?

O nosso cérebro possui uma incrível tendência para o ACOMODAMENTO!

> A zona de conforto dá segurança,
> mas nos dias de hoje não há nada mais inseguro
> do que achar que estamos seguros!

Como disse Alberto Caeiro:
"Pensar incomoda como andar à chuva".
Exige-nos esforço, e o resultado muitas vezes incomoda a nós e aos outros!

O processo de *produção de rotinas* é cômodo porque nos permite economizar raciocínios e tomadas de decisão. Ele é também em grande parte determinado pela necessidade de alguma padronização geradora de ordem social, concretizada através da estipulação de regras, códigos, leis, disposições, sistemas, processos, metodologias e regulamentos, horários de trabalho, horários dos transportes, faixa de pedestres, códigos de vestimenta, metodologias de ensino etc.

O nosso cérebro é natural e socialmente *treinado* para se automatizar de forma pacífica e cômoda, e está sempre fazendo a contabilidade entre os benefícios e os custos do esforço, nomeadamente do esforço exigido pela mudança!

Para relaxar, uma anedota sobre o vício da rotina.

Conta-se que um mecânico de automóveis no dia em que foi à primeira sessão de Psicanálise, se deitou ***debaixo*** *do divã!*

Ao longo da história o homem sempre investiu no desenvolvimento de tecnologias para conseguir ter a vida mais facilitada e, consequentemente, ter de se esforçar cada vez menos para atingir cada vez mais resultados. Desde a construção das armas de caça, na pré-história, até a construção da sofisticada tecnologia informática dos dias de hoje, houve uma evolução extraordinária.

Como afirma Roberto Carneiro: "A tecnologia é uma extensão anatômica do cérebro". Uma extensão que permite nos poupar de uma série de trabalhos.

Achamos muito curiosa a existência do termo *Tecnércia,* criado para designar a tecnologia ao serviço da inércia humana. Sem contar com uma série de outras vantagens, de fato a tecnologia poupa-nos de imensos esforços, favorecendo nossa inércia física e psicológica. Por exemplo:

- O telefone permite-nos contatar pessoas sem termos necessidade de ir ao encontro delas.
- A calculadora permitiu que deixássemos de fazer contas à mão ou de cabeça.
- A roda e o automóvel pouparam-nos do esforço físico de carregar peso ou de ir a pé.
- O computador permite-nos carregar e acessar, sem esforço, informações que, se fossem impressas, não caberiam num escritório, entre outras coisas.

A tecnércia ilustra bem o *modus vivendi* de muitos de nós e, de certa forma, pode também considerar-se como um *camisa de força* a serviço da NÃO MUDANÇA!

O problema não é o problema.
O problema é a ATITUDE em relação ao problema.

Os PRECONCEITOS, enquanto formas de estereotipar a realidade, são um dos principais inimigos da qualidade dos nossos pensamentos e, de certa forma, um olhar sobre as coisas ou os outros que favorecem a mudança!

Basta ler algumas biografias de pensadores brilhantes para constatar a quantidade de preconceitos estranhos, alguns até bizarros, de muitos deles.

Marx, judeu de ascendência, neto de rabinos e russo de nascimento, dizia que o culto secular praticado pelos judeus era a usura (cobrança de juros exorbitantes); que o Deus secular dos judeus era o dinheiro; lamentava-se do azar de ter tido um filho do sexo feminino; e dizia que jamais se podia confiar num russo! Mozart abominava os italianos! Beethoven detestava a plebe! Freud detestava os EUA, tendo chegado a considerá-los como "o grande equívoco de Cristóvão Colombo" (convém lembrar que foi exatamente nos EUA que as teorias de Freud mais notoriedade alcançaram!

Charles Darwin manifestou enormes preconceitos sobre culturas primitivas, considerando-as ignorantes, covardes e indolentes!

E os preconceitos dos alemães em relação aos italianos? E o dos franceses em relação aos belgas? E o dos polacos em relação aos checos? E o dos espanhóis em relação aos portugueses? E o dos ingleses em relação aos franceses? E o dos suecos em relação aos dinamarqueses? E o dos romenos em relação aos búlgaros? E dos russos em relação aos ucranianos? E o dos japoneses em relação aos chineses?

É um fato: o mundo está repleto de preconceitos, e isso é compreensível, mas também cria imensos obstáculos e dificuldades. Nicolas Malebranche, filósofo, dizia: "Os preconceitos ocupam uma parte do espírito e infectam a outra".

Preconceito é igual a desvalorização, e isso afasta, corrói, impede a convergência, a harmonia, a paz, o progresso e a mudança!

Preconceitos são círculos viciosos mentais,
os quais giram em torno da sua própria *lógica* interna e viciada.
Se você só possui martelos na cabeça,
terá tendência para tratar todos os problemas
como se fossem pregos.

Bernard Shaw deixou-nos estas sábias palavras:

"O homem sensato adapta-se ao mundo.
O homem insensato insiste em adaptar o mundo a ele.
O progresso do mundo, portanto, depende do homem insensato".

A cidadania não é uma atitude passiva,
mas ação permanente, em favor da comunidade.

O barômetro ideal para medir a capacidade individual ou coletiva de lidar com a mudança está na pergunta: **Até que ponto estou envolvido neste processo?**

Além da essência da vida ser um percurso de evolução e mudança, são muitos os que querem protagonizar várias mudanças na sua vida.

Para esses deixamos algumas estratégias sustentadas pela Atitude UAUme!®, facilitadoras de MUDANÇA:

1. Mudança através da Roda dos Amigos Atitude UAUme!®

Dinamize o seu próprio *Grupo de Conversa*!

Theodore Zeldin, conhecido como o *Filósofo da Conversa*, dizia: "A conversa é um encontro de mentes com recordações e hábitos diferentes. Quando as duas mentes se encontram, não se limitam a trocar fatos: elas os transformam, reformulam, retiram deles implicações diferentes, tomam novos caminhos de pensamento. A conversa não se limita a embaralhar as cartas de novo: cria novas cartas".

Uma curiosidade: sabia que Platão foi o pai da *Escola da Conversa* e que ele próprio foi um exemplo de transformação pessoal, uma vez que o seu nome original era Arístocles?

A Mudança é muito mais fácil através da PARTILHA!

A Atitude UAUme!® promove também a MUDANÇA através de Fóruns UAUme!®, tanto presenciais como virtuais. Conheça detalhes sobre esta iniciativa no *site* www.uaume.com.

2. Mudança através das Perguntas Poderosas Atitude UAUme!®

Sabia que, na prática de qualquer arte oriental, o professor nunca responde a uma questão que se inicie com a palavra *por que*? A pergunta correta deve iniciar-se com a palavra *como*. A utilização do *por que* não apresenta qualquer envolvimento de quem faz a pergunta na solução para ela! Pelo contrário, o *como* já é revelador de uma intenção de participação no encontro da solução.

Da utilização do *por que* surgem, naturalmente, mais questões e menos responsabilidade! Da utilização do *como* se preveem processos, movimento, responsabilidade, envolvimento e resultados.

Decida deixar de perguntar "Por que isso?", "Por que aquilo?", "Por que comigo?", "Por que agora?", "Por que...?".

Decida evoluir para perguntas começadas por "Como...?".

3. Mudança através da Aprendizagem Atitude UAUme!®

Viva em permanente processo de aprendizagem! Seja curioso e prospectivo em relação ao seu próprio contexto e ao dos outros. Recolha informações. Esteja sempre predisposto à descoberta e à reflexão sobre novas possibilidades de MUDANÇA.

> "Quando o estudante está pronto, o professor aparece."
>
> Buda

Aprender é mudança em ação!

Sócrates dizia que o conhecimento não é tanto aquilo que sabemos, mas a posse de uma consciência profunda dos limites do nosso conhecimento. A Atitude UAUme!® acredita que essa consciência também pode ser atingida através das interações com os outros.

Existe um provérbio senegalês que diz mais ou menos isto: "Conservaremos somente aquilo que apreciamos. Apreciaremos unicamente aquilo que compreendemos. Compreenderemos somente aquilo que aprendemos".

Se a mudança é um poderoso mecanismo de adaptação, na sociedade atual "Aprender a Aprender" é uma condição essencial para a mudança.

Na sociedade da informação e da comunicação o "Aprender a Ser" (saber interpretativo), o "Aprender a Conhecer" (saber cognitivo), o "Aprender a Fazer" (saber resolutivo) e o "Aprender a Viver Juntos" (saber relacional) assumem novas exigências, novas dimensões e novos formatos.

4. Mudança através da Integração Pessoal com Atitude UAUme!®

Promova a melhor integração possível em todos os níveis da sua vida. Essa integração deve se expressar através do entusiasmo pelo que é, pelo que faz, pelo que possui e pelo propósito de futuro que decidiu assumir.

Integre as suas ambições dentro das suas reais possibilidades. Decida o ritmo da sua MUDANÇA em função do contexto. Aumente-o ou diminua-o, sempre que o contexto se alterar.

Integre a MUDANÇA ao seu presente!

Integre os outros na sua dinâmica de MUDANÇA. Revele a sua MUDANÇA **COM** os outros.

Integre-se em espaços e/ou missões de natureza comunitária (podem ser intervenções tão simples como conversar com algum desconhecido com quem se cruza e contribuir para lhe tornar o dia mais agradável).

Ajudar os outros ou inspirá-los a MUDAR ajuda-nos a consolidar a nossa própria MUDANÇA. Integre-se com entusiasmo e empatia neste mundo plural e multicolorido.

Tome decisões. Seja decidido e corajoso no seu propósito de MUDANÇA.

Um pescador nunca se queixa
se ficar molhado na hora de recolher as suas redes.

5. Mudança através da Atitude UAUme!® "6 x 6"

Baseados num método simples e eficaz, desenvolvido por Bill Hybels, sugerimos o seguinte:

> Durante seis semanas, direcione sua energia e seu foco de mudança para seis coisas que você QUER MUDAR! Podem ser tanto grandes projetos, como coisas simples, como simples iniciativas, tarefas ou interações com pessoas.
>
> Registre diariamente os progressos. Reformule objetivos e metas, se for o caso, mas seja firme no propósito de canalizar o máximo da sua energia para o seu processo de MUDANÇA. Quando temos a nossa energia e o nosso tempo direcionados para fins preestabelecidos, possuímos muito mais hipóteses de permanecer motivados e estimulados para a MUDANÇA.

Querer é poder, e acertar é humano!

Este método aplica-se tanto à vida pessoal como profissional.

6. Mudança através da Atitude UAUme!® — Vencer os *NoNo*

John Kotter criou uma designação muito interessante para as pessoas que estão em conflito com a MUDANÇA: **os *NoNo***!

O *NoNo* é um ser resignado que se recusa, em qualquer circunstância, a mudar a sua mentalidade. É retrógrado e perigoso! Desvaloriza, critica e mina quem quer MUDAR.

Em Portugal apelidamos os personagens estilo *NoNo* como aqueles que *nem vão nem deixam ir.*

Uma certeza: ELES EXISTEM! Eles vão surgir seguramente na sua caminhada de **MUDANÇA**! Reconhecer esse fato já é meio caminho andado para poder ultrapassar esse difícil obstáculo.

A sua **MUDANÇA** pode incomodar alguém! Podem ser pessoas interesseiras com motivos inconfessados ou autoprotetores. Seja o que for que os motiva e mobiliza, eles vão aparecer. É inevitável!

Muitas vezes essa ameaça exterior até vem de pessoas que nos são próximas e gostam de nós! No entanto, gostam de nós assim como somos! Têm receio de que a nossa **MUDANÇA** altere a nossa relação com elas.

Em outros casos, essas pessoas até sofrem de um problema grave; como não são capazes de mudar, ficam tranquilas ao sentir que nós também não conseguimos, estilo solidariedade pela negativa: "Bem-vindo ao clube dos que não conseguem mudar" — também apelidados de companheiros da desgraça.

Uma situação muito comum, muito simples e ilustrativa dessa realidade acontece, por exemplo, quando queremos deixar de fumar, ou fazer uma dieta, e surgem logo os *amigos da não mudança*. Dizem coisas tão *lindas* como: "Deixe disso, divirta-se, é a vida!", "Você está tão bem assim, não precisa mudar!". Por vezes até reforçam a sua argumentação paralisante utilizando o seu próprio testemunho de falha: "Olhe o que aconteceu comigo! Deixei de fumar e engordei 8 quilos!".

Está rindo? Olhe que nós sabemos que todos já tiveram, ou têm por perto, personagens estilo *NoNo*. Eles estão invariavelmente presentes tanto na nossa vida pessoal como na nossa vida profissional.

A experiência nos mostra que os *NoNo* profissionais são muito perigosos, sofisticados e ardilosos! Existe uma razão objetiva para assim ser: na maioria dos casos, eles têm *intenções ocultas*. Esse fato impede-os de serem sinceros, dificultando a nossa tarefa de identificá-los ou, identificando-os, termos maior dificuldade de perceber o que está por trás das suas atitudes e do seu comportamento. Muitos deles utilizam a velha tática de "agir pelas costas"!

O mais curioso no meio disso tudo é que os *NoNo* possuem habilidades, estratégias e táticas incríveis para nos impedir ou atrasar no nosso processo de **MUDANÇA**! Às vezes até têm a *cara de pau* de nos darem *excelentes* conselhos.

A primeira etapa desta luta contra as resistências e obstáculos exteriores passa, necessariamente, pela IDENTIFICAÇÃO.

"Encontre-os!" Ignorá-los será um erro tremendo! Os chineses possuem um provérbio popular muito interessante para esse tipo de situação: **Quem o inimigo não mata, nas suas mãos morre"**. Claro que esta linguagem bélica é figurativa. Significa que você pode ter pela frente uma missão árdua, mas que tem de enfrentá-la.

A segunda etapa é: LIDAR COM ELES!

Cada caso é um caso. Não existem dois *NoNo* iguais. Em alguns casos, funciona apenas distraí-los. Quando realizam os seus *ataques* desmotivadores, mudamos de assunto a fim de lhes mostrar que "não jogamos esse jogo"!

Em outros casos, podemos utilizar mensagens positivas com efeito *bumerangue*. Ouvimos os argumentos desmotivadores que o *NoNo* nos transmite, agradecemos e os devolvemos *impregnados* de *transformação positiva* com Atitude UAUme!®

Um exemplo:

> — Se eu fosse você, não aceitaria essa promoção. Ele está tramando alguma! Aquele cara nunca gostou de você, porque iria promovê-lo se não tivesse algo na manga?
> Resposta com Atitude UAUme!®:
> — Boa! Obrigado pelas suas palavras. Como você sabe, sou determinado, e você acabou de me dar uma excelente ideia! Vou falar ainda hoje com ele e perguntar diretamente por que me escolheu para essa promoção. Digo mais: a minha motivação para aceitar a promoção está agora ainda mais reforçada. Depois eu conto.

Sempre que se confrontar com esse tipo de situação, costuma funcionar se pensar nos degraus de uma escada, isto é, "sempre que me diz algo desmobilizador, eu utilizo aquilo que me diz e subo em cima".

Outro tipo comum de *NoNo* é aquele que nos quer *contaminar* com a sua própria *vitimização*. Queixa-se de tudo e de todos na tentativa de nos distrair do nosso propósito de MUDANÇA. São os especialistas na utilização dos "SE" e dos "MAS"!

A melhor tática que conhecemos para os enfrentar é utilizar a argumentação deles contra eles mesmos.

Um exemplo:

— Vou fazer ioga!
O *NoNo* ataca e diz:
— Que inveja! **SE** eu tivesse esse tempo livre, também adoraria fazer ioga, **MAS,** como você sabe, não é fácil quando se tem dois filhos para criar.
E nós respondemos:
— Fico tão feliz por saber que você também gostaria de praticar ioga que até proponho o seguinte: que tal irmos nós duas convencer o seu marido a ficar apenas duas vezes por semana sozinho com as crianças, depois de jantar, enquanto vamos à ioga? Vai que conseguimos entusiasmá-lo com a ideia. Vai ser ótimo!

Este tipo de tática operacionaliza-se substituindo os **SE** e os **MAS** por algo gerador de ação, como, por exemplo, o **E**.

O exemplo apresentado também nos permite avaliar se existem *desculpas esfarrapadas* ou objeções reais e objetivas. Caso a intenção fosse apenas de nos desmobilizar de ir à ioga fazendo-se de vítima, isso irá acabar por se evidenciar com a recusa da solução que propusemos, ou com a aprovação, acabando por contribuir também para aumentar a nossa motivação para ir à ioga.

A multiplicidade de estilos de *NoNo* e a enormidade de situações em que podem ocorrer as suas investidas não nos permitem criar aqui sugestões para lidar com todas elas. O bom senso será sempre a nota dominante. Não fazer juízo de valor é fundamental e, em alguns casos, o melhor mesmo é encarar o *NoNo* de forma objetiva e incisiva!

Nestes casos extremos, a Atitude UAUme!® recomenda que a interação:

- Inicie-se com a revelação do objetivo em mente (liderar a conversa, abrindo o jogo), como: "Quero falar sobre aquilo que me disse sobre...".
- Seja íntegra e verdadeira.
- Seja valorizadora pelo outro.
- Utilize o tom adequado.
- Não permita desvios.
- Seja firme e objetiva.
- Em alguns casos pode ser vantajoso se preparar para as reações do outro, encenando e treinando previamente a conversa.

Grande é arte de começar,
mas maior é a arte de finalizar.

7. Mudança através da Ambição Atitude UAUme!®

"O pessimista queixa-se do vento;
o otimista espera que o vento mude;
o realista ajusta as velas."

Nicolas Sebastian Chamfort

Tenha grandes expectativas! A natureza premia os realistas!
Um dos maiores problemas de muitas pessoas é o fato de viverem com expectativas baixas, e acertarem!

Uma verdade científica: você falhará exatamente 100% daquilo que não tentar!

Para saber se um vinho é bom, temos de o provar. A prova da mudança está na vida!

Um passo à frente é fácil! Não é suficiente.
Dois passos à frente já são tentadores! Já cheira a MUDANÇA. Três passos à frente já são decerto a MUDANÇA em ação!

A fórmula da mudança

Criamos uma fórmula para sintetizar as variáveis que interferem na mudança:

$$\mathbf{M = (I + P + A^2) > C}$$

Legenda:
M = Mudança
I = Nível de INSATISFAÇÃO com a situação atual
P = Nível de definição do PROPÓSITO a atingir com a mudança; A^2 = ATITUDE ante à mudança e AÇÃO efetivamente tomada
C = CUSTOS da mudança (psicológicos, sociais, físicos, financeiros, e outros)

Esta fórmula significa que a mudança acontece quando a soma (do nível de insatisfação do indivíduo com a sua situação atual, com o nível de definição do propósito que se propõe atingir com a sua atitude ante à mudança e com a ação efetivamente tomada) é maior do que os custos da mudança que o indivíduo observa.

Conclusão:
A Atitude UAUme!® favorece a nossa autonomia racional e emocional.

A Atitude UAUme!® ajuda a realizar o *upgrade* do nosso *software* interno, tornando-nos mais positivos.

A Atitude UAUme!® facilita a abertura à MUDANÇA, porque nos desafia a PENSAR e a AGIR através do atrativo desafio que é a experiência riquíssima de viver COM OS OUTROS e PARA OS OUTROS, respeitando a sua identidade, suas crenças e seus valores.

A Atitude UAUme!® convida você a *ver* o mundo de diferentes perspectivas. Esse mundo que oferece a cada um de nós inesgotáveis possibilidades de crescimento, felicidade e partilha! Saibamos merecê-las, aproveitá-las e compartilhá-las!

Afinal, tudo passa por uma questão de ATITUDE individual e coletiva!

Como diz o poema de Fernando Pessoa:

"Valeu a pena?
Tudo vale a pena
se a alma não é pequena".

A Atitude UAUme!®, a Criatividade e a Inovação

"O homem criativo não é um homem comum
ao qual algo foi acrescentado,
mas sim um homem comum ao qual nada foi retirado."

Abraham Maslow

Estar vivo é sinal de que somos seres criativos. Ninguém seria capaz de sobreviver se não fosse criativo! Até quando amontoamos tralhas, jornais e revistas velhas, para *mais tarde* utilizar, somos criativos em dar a nós mesmos as desculpas para continuar a acumular.

Um fato:
o nosso cérebro cria diariamente milhares de pensamentos
e tomamos várias centenas de decisões por dia, logo:
TODOS somos naturalmente seres criativos!

A criatividade constitui um dos traços que mais nos distingue das outras espécies. Somos seres que possuem a capacidade de conectar o não conectado. A criatividade tem um papel positivo na nossa vida cotidiana, tornando-se particularmente importante como meio de melhorar a *performance* profissional e relacional. A criatividade facilita a nossa adaptação à evolução do mundo e aos desafios que daí decorrem.

Segundo Maslow (1968): **a criatividade está de acordo com uma realização natural do ser humano.**

Osho (1999), por seu turno, considera que **a criatividade é a "fragrância da liberdade individual".**

Subamos um pouco a meta: falemos de **inteligência criativa**, enquanto capacidade natural (que todos possuímos) de conceber ideias novas; de decidir e de atuar de forma diferenciada; de vermos e ouvirmos o mesmo que os outros, mas de sermos capazes de agir de forma diferente.

O nosso cérebro é, assumidamente, uma *máquina de associações* com elevada capacidade de expansão e interconexão. Para entender mais facilmente esta *plasticidade*, imagine o cérebro humano como um canivete suíço!

O grau de inteligência criativa de cada pessoa é determinado pela quantidade de novas ideias que ela consegue criar, em determinado período de tempo.

Vamos contar uma história verdadeira acontecida com Abraham Lincoln, primeiro presidente dos EUA, filho de um sapateiro.

> No dia em que entrou pela primeira vez no Senado, na qualidade de presidente dos EUA, um senador aristocrata acolheu-o, dizendo-lhe que se recordava do tempo em que ele (Lincoln) ia a sua casa, acompanhando o pai (sapateiro), quando este ia tirar medidas para fazer os sapatos para o senador e seus familiares. Mencionou ainda que havia no Senado muitos clientes do seu pai, pelo que era importante que ele não se esquecesse das suas humildes origens!
>
> Perante esta tentativa de humilhação, Lincoln, como grande homem que foi e utilizando oficazmente a criatividade, respondeu agradecendo-lhe o fato de o senador ter evocado o nome do seu pai num espaço tão nobre como o do Senado.
>
> Agradeceu-lhe também por ter lhe lembrado quão extraordinário, habilidoso e singular era o seu pai, dizendo-lhe ainda que tinha pena de saber que nunca seria certamente tão bom presidente quanto o seu pai havia sido como sapateiro.
>
> Por último afirmou que, como sabia que muitos dos senadores tinham a sorte de possuir sapatos fabricados pela arte do seu pai, e ele (Lincoln)

tinha aprendido algo com ele, se disponibilizava, desde já, a ir à casa dos senadores reparar os seus sapatos se eventualmente viesse a ser o caso!

Brilhante!
Este fato histórico evidencia o respeito que devemos ter pelo poder e pela eficácia da inteligência criativa, desde logo, a serviço da comunicação interpessoal assertiva!

Estamos sempre envolvidos numa espécie de dança da comunicação com as pessoas com quem vivemos, nos divertimos ou trabalhamos. Normalmente uma dança que subentende jogos de poder invisíveis. Em quase todas as interações, uma pessoa assume a liderança, por vezes uma liderança negativa, e a outra segue-a, quer tenha intenção quer não.

Nós dizemos:
Quando um não quer, dois não brigam!

Lembre que, independentemente da forma como qualquer pessoa interaja com você, a escolha da interpretação e da resposta é sempre sua!

É fato que um problema concreto, definido e mensurável constitui uma excelente matéria-prima e uma excelente oportunidade para que possamos aplicar e demonstrar a nossa inteligência criativa!

A Atitude UAUme!® vai mais longe:
quem a possui assume-se como ator,
não como receptor de interações.

Isso significa que a Atitude UAUme!® nos convida a encarar cada interação com o nosso interlocutor como inicial e única, promotora da capacidade de o surpreender, não dando seguimento a eventuais jogos de poder.

Analisemos o que poderia ter acontecido na interação entre o senador e o presidente Lincoln:

ESQUEMA CLÁSSICO DE INTERAÇÃO REATIVA

Emissor da mensagem A (Senador) ▶ Receptor da mensagem B (Lincoln)

Feedback Reativo

No entanto, o presidente Lincoln não se deixou envolver num *feedback* reativo em sintonia com o tom negativo com que foi abordado pelo senador. Ele respondeu com criatividade positiva UAUme!®.

ESQUEMA DE INTERAÇÃO CRIATIVA COM ATITUDE UAUme!®

NOVO PATAMAR MORAL DE INTERAÇÃO
(através da criatividade da interação, com Atitude UAUme!®, ao assumir-se como Emissor, Lincoln age em vez de reagir, surpreendendo e projetando o diálogo para um patamar moral mais elevado)

Emissor A (Senador) ▶ Receptor B (Lincoln)

Em uma interação criativa com Atitude UAUme!®

- Estamos imbuídos da Atitude Positiva UAUme!®.
- Consideramos que cada interação é única e que isso nos dá a capacidade de nos reposicionar num patamar inicial de definição do tom e do conteúdo, independente do tom e conteúdo utilizados inicialmente pelo interlocutor para conosco.
- A interação tem a possibilidade de assumir o tom positivo e surpreendente que lhe quisermos dar.
- A forma surpreendente do que dizemos e como dizemos, ou da nossa comunicação não verbal, projeta a interação em curso para um patamar superior, ou seja, para aquele patamar em que se encontrava antes de falarmos ou agirmos.
- Surpreendido, o nosso interlocutor ou embarca na dinâmica positiva motivada pela comunicação criativa UAUme!®, ou se retira/anula.

Nota: caso o interlocutor insista numa dinâmica de comunicação agressiva ou de superioridade, e após diversas tentativas de comunicação criativa UAUme!® (sustentada pela resiliência que caracteriza os indivíduos UAUme!®), pode ser atitude UAUme!® tomarmos a iniciativa de dar a interação por concluída.

Os problemas são o preço do progresso.

Um **problema** é normalmente visto como um obstáculo ou uma dificuldade com que deparamos quando visamos atingir determinado objetivo. Um problema é, por isso, normalmente encarado como algo negativo, que é preciso resolver para atingir os nossos objetivos.

No entanto, também podemos encarar os problemas como desafios em vez de obstáculos ou dificuldades. Se o fizermos, a situação torna-se mais positiva e, por isso, também mais estimulante para a nossa criatividade.

É muito interessante a forma como a matemática define um problema: uma questão proposta em busca de uma solução.

John Dewey (*Lógica*, 1939, cap. VI) definia problema como "a situação indeterminada que constitui o ponto de partida de qualquer questão. A enunciação de um problema permite a antecipação de uma ideia sobre a sua solução. A sistematização da ideia gera o raciocínio, que procede ao desenvolvimento das questões que lhe são inerentes. A solução real de um problema é a determinação da situação embaraçosa inicial".

Quando tudo flui normalmente, achamos que não há problema. Por isso, um problema pode também ser considerado como tudo aquilo que não se resolve através dos meios disponíveis e tradicionais.

Alguém criativo na resolução de problemas ou de desafios é alguém que pensa e age *fora da caixa*.

O exemplo mais antigo de inteligência criativa que encontramos remete-nos ao *Antigo Testamento*:

> Gideão, chefe dos hebreus, viveu cerca de 1100 a.C.
>
> Certo dia, com apenas trezentos homens no seu exército, Gideão teve que enfrentar os midianitas, concentrados num vale, e "cobriam o vale como gafanhotos em multidão". Gideão ordenou aos seus soldados que levassem várias tochas acesas escondidas dentro de cântaros. Durante a noite, acercaram-se sorrateiramente do acampamento do inimigo. Ao sinal de Gideão, todos quebraram os cântaros, e os midianitas viram-se cercados por um oceano de tochas, que surgiram misteriosamente. "Então todo o exército deitou a correr, e a gritar e a fugir" (Jz 7.12-23).

As grandes ideias sempre encontram o homem que as procura.

Por que há então pessoas que revelam muito mais criatividade do que outras?

A forma como fomos educados, o contexto em que vivemos e as solicitações que nos são feitas condicionam, em grande parte, a qualidade e o grau da nossa inteligência criativa.

A maioria de nós vem acumulando, ao longo da vida, milhares de instruções, regras e disposições, geradoras de um alinhamento de pensamento básico e rotineiro! Resultado: Muitos de nós fazemos como sempre fizemos, pensamos como sempre pensamos, decidimos utilizando os mesmos métodos, caminhamos pelos mesmos caminhos.

A espontaneidade e a criatividade que nascem conosco e que são responsáveis pela grande criatividade que temos enquanto somos crianças vão sendo *naturalmente adestradas* ao longo da vida porque o *sistema*, em certa medida, nos treina para nos *acalmarmos*, para mantermos a boca fechada, para não chamarmos a atenção e assim evitar problemas.

Desafiar o *sistema* é o primeiro passo para ser criativo.

Assim que somos capazes de *despedir* o *porteiro do sistema*, escancaram-se as portas da energia positiva, da inspiração, da interação e do entusiasmo!

A opção é simples:
ou controlamos a nossa mente,
ou ela nos controla!

O pensamento é memória, é passado, é repetitivo, não cria!
A velocidade com que o mundo evolui raramente é acompanhada por nós!

"Penso, logo me engano!"
Sem inteligência criativa não existe *eureka*;
abre-se espaço para a rotina e ou para a *erroreka*!

A inteligência criativa é totalmente diferente do pensamento simples!

Inteligência criativa é aventura! Requer coragem para seguir em frente, para desenvolver, para arriscar, para desafiar o desconhecido, para fazer acontecer.

Como se verificará, a Atitude UAUme!® favorece a inteligência criativa porque ajuda a:

- conectar o ainda não conectado;
- trazer o novo ao já existente;
- potencializar o número de novas associações entre pensamentos e ideias;
- conscientizar de que o surgimento de ideias novas decorre essencialmente da predisposição e do propósito de cada um de nós.

A inteligência criativa da Atitude UAUme!® é humilde, receptiva e compartilhada. Através dela você não atinge nada — **você é atingido**!

Acreditamos sinceramente que uma sociedade de atores criativos proporciona respostas melhores e mais eficazes, tanto em nível afetivo como em nível profissional.

O mundo somos todos nós. Portanto, devemos dar significado à nossa vida e revelar o nosso valor através da partilha das nossas realizações criativas. A forma positiva com que encaramos a criatividade amplia o que de positivo existe no mundo. Acrescenta valor ao mundo!

Um gesto tão simples como contagiar positivamente alguém
através de um sorriso genuíno
é um ato criativo com Atitude UAUme!®.

Aristóteles defendeu a ideia de que a criatividade tem as suas origens no interior do indivíduo.

> A imaginação foi dada ao homem
> para compensar aquilo que ele não é,
> e o humor para o consolar daquilo que ele é.

Segundo Carl Rogers (1961), a criatividade é um meio de realizar potenciais (***self-atualization***), implicando certos traços como a aceitação de si, a coragem e a liberdade de espírito.

> Genialidade é a capacidade
> de transformar o complicado em simples.

Vejamos o exemplo ilustrativo de **Thomas Edison**:

> Quando um assistente de Edison lhe perguntou por que ele insistia na tentativa de descobrir um filamento que permitisse acender a lâmpada, tendo já falhado em centenas de tentativas, Edison reforçou o seu propósito e automotivação, respondendo-lhe que ainda não tinha falhado nenhuma vez!
>
> Ante o espanto do seu assistente, Edison explicou-lhe que o que tinha acontecido era o fato de ele já ter descoberto milhares de coisas que não funcionavam. Portanto, SÓ faltava descobrir a ÚNICA coisa que funcionaria.

> O rio só atinge os seus objetivos
> porque aprendeu a contornar os obstáculos.

Na década de 1970, um cientista de nome Roger Sperry revolucionou o tema das pesquisas sobre o funcionamento do cérebro (neurociências), ao descobrir que TODOS os seres humanos saudáveis, tanto em nível físico, fisiológico e de potencial básico, possuem uma grande variedade de capacidades intelectuais, de pensamento e criatividade, **mas que normalmente só as utilizam de forma parcial!**

Conclusão: O cérebro potencialmente criativo é um *cérebro inteiro*.

Um *cérebro inteiro* ajuda o homem a se realizar para se tornar no que tem de potencial.

O especialista em criatividade Arthur Koestler (1996) considera que existem três domínios da criatividade: o humor, a descoberta e a arte, os quais podem ser descritos com: **Hahaha!**, **Aha!** e **Aaahh.**

Gostamos deste conceito sobre os três domínios da criatividade, porque integra e ilustra muito bem alguns dos principais ativos da Atitude UAUme!®:

- **Hahaha! simboliza o humor**

  O humor é uma área muito importante, e por vezes esquecida, quando se fala de criatividade.
  O humor ativa o *absurdo*, favorecendo a associação de ideias familiares. O divertido favorece e potencializa o pensamento inovador.

  Segundo Ashby, Isen e Turken (1999), o humor provoca emoções positivas e estas favorecem a criatividade, graças à secreção de dopamina. A liberação desse neurotransmissor facilita o desvio da atenção e a seleção para diferentes perspectivas cognitivas. Essa influência na interpretação e na organização dos estímulos favorece naturalmente as respostas criativas.

  Pode ser necessário estar sério na avaliação de novas ideias, mas não é boa ideia estar sério na fase de concepção delas.

Uma anedota:

Uma senhora cujo marido apresentava sinais de cansaço sexual ouviu dizer que um curandeiro muito criativo resolvia todos os males. Marcou uma consulta para o marido e o convenceu a ir se tratar.

Após duas semanas de *tratamento criativo*, o marido dava sinais de um renovado vigor sexual! A senhora estava feliz, mas intrigada: por que será que ele, antes de vir ter comigo, se tranca no banheiro?

Curiosa, aproveitou uma dessas habituais idas do marido ao banheiro para espiar pelo buraco da fechadura e ver o que se passava. O mistério estava revelado! O marido estava em frente ao espelho, repetindo várias vezes: "Ela não é sua mulher! Ela não é a sua mulher...".

- **Aha! simboliza a descoberta da nova solução**

  Este é o padrão que Koestler considera mais ligado ao pensamento criativo no mundo empresarial. Associa-o à resolução de problemas. É a *ponte* entre algo que está falhando, entre o modo como queremos que as coisas aconteçam e o modo como as coisas são na realidade. A solução Aha! preenche a falha. Descreve-a como *a lâmpada que se acende*.

- **Aaahh! simboliza a área da criatividade artística do indivíduo**

  O paradoxo da arte reside no fato de o artista precisar aprender o abc da sua arte, mas, ao mesmo tempo, precisar não se manter refém dessa mesma aprendizagem. A diferença entre um técnico e um artista criativo é que o técnico sabe como fazer as coisas, mas não consegue ter *insights*! O artista criativo é aquele que é capaz de ter *insights* — ver, ouvir, dizer e fazer coisas que os outros não conseguem.

A Atitude UAUme!® aplicada ao processo criativo favorece naturalmente a eficiência integradora do potencial de expansão e de interconexão criativa, ao colocar o foco nas soluções, não nos problemas e na vontade implícita de surpreender os outros (aquilo que designamos de criatividade social).

A criatividade é também um meio de exprimir as experiências afetivas e as características emocionais individuais.

Criatividade é ação!

As boas ideias não têm idade,
apenas têm futuro.

Utilizando o conceito de Koestler, definimos equação da Atitude Criativa UAUme!®:

Hahaha! + Aha! + Aaahh! = UAUme!®

Ferramentas para a Atitude Criativa UAUme!®

Crie o seu *grupo mentor*.

O ser humano inicia todo o seu processo de aprendizagem por imitação. É através da imitação que o nosso cérebro vai também criando blocos de construção do conhecimento.

Muitas vezes, a criatividade nasce, simplesmente, da nossa capacidade de dar novas aplicações a velhas ideias. Um exemplo interessante é o caso do *design* do balcão da assistência técnica das lojas Apple (que a marca intitula de *Genius Bar*) ter sido inspirado a partir do balcão do bar dos hotéis Ritz-Carlton.

Horace Walpole (1754) inventou o termo **serendipidade** (*serendipity*), para definir a criatividade que acontece quando não se anda à procura dela (criatividade na direção SOLUÇÃO/PROBLEMA). São bons exemplos dessas descobertas felizes produtos como o refrigerante a Coca-Cola, o *post-it*, o fonógrafo, o telefone, a insulina, entre tantos outros.

Recomendamos que assista:

- O filme *The Edge — No limite* (*The Edge*, 1997), dirigido por Lee Tamahori, protagonizado por Anthony Hopkins e Alec Baldwin. As cenas na floresta após a queda do avião, quando os protagonistas procuram uma forma de se orientar para prosseguir a sua caminhada, são deliciosas!
- Os filmes da série MacGyver, tão bem protagonizados por Richard Dean Anderson. Vale a pena vê-los e revê-los! É muito bom poder nos divertir, apreciar e nos inspirar com a *eficiência criativa* do precioso recurso que possuímos entre as nossas orelhas.

Criatividade é trazer qualidade àquilo que estamos pensando, dizendo ou fazendo! Criatividade é, acima de tudo, uma atitude. É uma abordagem interior à forma como vemos as coisas. É aprender. É refletir. É curiosidade. É abertura ao mundo que nos rodeia.

Viajar é também uma potencial e rica fonte de inspiração. Muitas das marcas, dos logotipos e dos conceitos de negócio que temos criado ao longo da nossa atividade profissional *nasceram* durante as diversas viagens que realizamos. Culturas diferentes, hábitos e ambientes diferentes são um excelente *elixir inspirativo*.

Uma ideia inteligente para desenvolver a nossa própria criatividade é a utilização de variadas e reconhecidas fontes de inspiração. Em muitos casos de sucesso, a criatividade surge apenas da justaposição de ideias e da interação com os outros. Equipe-se convenientemente.

Algumas sugestões:

- Identifique as pessoas e autores que o inspiram e que merecem o seu respeito intelectual, para assim poder dedicar mais tempo a escutá-las, lê-las ou interagir com elas;
- Saia da sua zona de conforto. Faça coisas diferentes. Saia do seu *território familiar*. Leia, ouça, frequente e pratique coisas diferentes. Viaje. Esforce-se por alargar a sua visão periférica. Seja curioso. Quando vir algo diferente e interessante, anote. Utilize a câmera fotográfica do seu celular para registrar detalhes que podem inspirá-lo;

- Reveja filmes que o inspiraram. Tente descobrir interpretações diferentes. Estude atitudes e comportamentos. Decodifique interações, expressões e enredos. Os filmes são uma ótima fonte de inspiração.
- Selecione os autores que possuem um estilo de escrita/temas que contribuam para aumentar a sua inteligência criativa. Evite tudo o que for demasiado complicado e enfadonho.
- Leia biografias, frases e pensamentos de gênios criativos ou de personalidades reconhecidamente inspiradoras. Através delas, você descobrirá uma realidade maravilhosa.

A qualidade, a fluência e o número de novas ideias AUMENTAM quando aceleramos o nosso propósito de *ativação de pensamentos criativos*!

São excelentes exemplos: Thomas Edison, Fernando Pessoa, Nelson Mandela, Einstein, Leonardo da Vinci, Picasso, Beethoven, Michelangelo, Buda, Bach, Mozart, Alfred Hitchcock, Marie Curie, Thomas Jefferson, Peter Drucker, João Paulo II, Sêneca, Mark Twain, Aristóteles, Platão, Sócrates, Cícero, Alexander Bell, Bocage, S. Tomás de Aquino, Isaac Newton, Alfred Nobel, Sebastião da Gama, Friedrich Nietzsche, Rudyard Kipling, Galileu Galilei, Rembrandt, Agostinho da Silva, Mahatma Gandhi, Confúcio, Tom Peters, William Shakespeare, Ralph Waldo Emerson, Lao-Tsé, Walter Disney e muitos outros.

A Criatividade e os Mapas Mentais UAUme!®

O fato de ainda hoje muitos de nós usarmos a cor preta ou azul na escrita é sinônimo de uma educação muito marcada pela pouca utilização da cor.

As cores estimulam o Pensamento Criativo!

O mesmo acontece com as formas não lineares. As linhas retas *cansam* o cérebro! Ele prefere formas redondas e coloridas. Pense na palavra *monótono*. Consegue traduzi-la facilmente por aborrecido ou chato! Concorda? Então decomponha-a e veja o que encontra: mono + tom (tom único)!

O que você faz naturalmente perante algo monótono? Evita, desliga, adormece, ou algo semelhante. A vida é para ser vivida de forma criativa e multidimensional, não num único tom.

Integrando os pressupostos enunciados e com a Atitude UAUme!®, mobilizadora de interações surpreendentes e, por isso, criativas, numa dinâmica de criatividade relacional, potenciamos aquilo que é o nosso cérebro: uma *máquina* com uma capacidade fantástica de criar, maximizada, quando lhe proporcionamos emoções positivas e ambientes *fora da caixa*.

Convém lembrar que aquilo que se pensa cria a sua realidade e define os seus limites.

Faça um simples teste do seu potencial criativo:

O teste do garfo!

Coloque um garfo na mesa no seu lado direito. Olhe para ele e, em uma folha de papel em branco, comece a escrever utilidades que pode dar a um simples garfo. Pare ao fim de três minutos.

Em seguida, em uma outra folha, e também durante três minutos, pense e escreva aquilo que considera não ser possível fazer com um garfo.

Coloque as folhas lado a lado e confira os resultados.

Se você é uma pessoa *normal*, a segunda etapa foi muito mais produtiva.

Isso é natural! Não desanime. Foi um *produtor*. Utilizou a lógica. Fez e pensou de forma certa. Foi inteligente, fez como lhe ensinaram, repetiu, reproduziu o que a sua mente tinha na memória. Parabéns! Como produtor teria decerto boa nota.

Volte à folha onde escreveu as coisas que um garfo NÃO pode fazer. Confira o que escreveu.

Agora o desafiamos a pensar como um *criador*. **Abra-se à experiência!**

Ignore o seu ego. Pense de forma *errada*. Pense "E SE..." (no futuro).

Seja corajoso e desafie a lógica! Como não há coragem triste,[8] isso lhe será útil.

Pense num garfo no formato que entender, fabricado no material que entender, no tamanho que entender, e tente encontrar soluções criativas para o maior número de coisas que referiu como não sendo possíveis de fazer com um garfo. Viva o momento no contexto do momento! Liberte o *criador* que há em você! Conecte o seu *centro interior* de apreciação!

Encontrou algumas? É tudo uma questão de pressupostos! O *normal* é limitarmos o nosso espaço criativo colocando pressupostos desnecessários. Criar também é quebrar regras. Criar é desafiar pressupostos. Vencer velhos hábitos. Romper barreiras. Ativar a coragem!

Compartilhe a suas ideias criativas no *site* www.uaume.com.

A desobediência é uma virtude necessária à criatividade!

Conclusão:
Acabamos de constatar que a maioria das pessoas pensa de uma forma e a um ritmo *normal*. É um fato!

Produzem replicando o que têm armazenado na memória! Essa normalidade não permite a muita gente potencializar a sua capacidade criativa de ser criador.

Segundo Koestler (1999), a criatividade é um ato de biassociação — fusão de duas ou mais maneiras de pensar que são habitualmente consideradas incompatíveis ou sem relação. Convencido?

Propomos então que experimente utilizar uma excelente e eficaz *ferramenta* promotora de pensamento criativo:

Mapas Mentais da Atitude UAUme!®

Inspirados no modelo dos *Mind Maps* de Tony Buzan (2001), e integrando-os com a dinâmica da Atitude UAUme!®, queremos desafiá-lo a experimentar construir o seu primeiro Mapa Mental com Atitude UAUme!®

Por quê? Porque os Mapas Mentais:

- estimulam o cérebro todo;
- ajudam a identificar, definir e redefinir problemas ou tarefas;
- favorecem a mobilidade e maleabilidade do pensamento;
- permitem agrupar e reagrupar novos conceitos;
- focalizam;
- favorecem a descoberta de detalhes;
- permitem observar semelhanças;
- permitem representações gráficas que ajudam a revelar conexões e a memorizar;
- estimulam comparações;
- favorecem a liberdade para o pensamento livre;
- ajudam-nos a nos libertar de ideias preconcebidas, favorecendo a flexibilidade para explorar novas pistas;
- utilizam vários ângulos de pensamento;
- rejuvenescem a nossa forma de pensar e agir;

- transferem informações da memória de curto prazo para a memória de longo prazo;
- identificam brechas de informação;
- ajudam-nos a encontrar soluções.

Os Mapas Mentais UAUme!® são uma alternativa ao pensamento linear (limitativo da criatividade).

Segundo S. H. Kim (1990), a *visualização* do pensamento pode ser particularmente útil à criatividade, porque as imagens são facilmente alteráveis, podendo representar múltiplos aspectos de um problema/tarefa, ser manipuladas rapidamente e não representar os limites bem definidos das representações verbais.

18 Etapas para construir um Mapa Mental UAUme!®:

1. **Selecione o MOMENTO.** Estou bem? Sinto em mim um discurso e uma energia positiva?

2. **Selecione um PROPÓSITO?** Quem quero surpreender?

3. **Selecione o conceito inicial do seu Mapa Mental UAUme!®.** Você pode escolher o nome de uma pessoa ou pode selecionar apenas uma palavra, como por exemplo: presente, aniversário, reunião, almoço, festa, *e-mail*, telefonema, filho, avô, férias, casamento, chefe, colega, marido, vizinho, viagem, congresso, relatório etc. Coloque essa palavra no centro de uma folha de papel.

   Agora desenhe um círculo em volta dessa palavra e faça sair desse círculo cinco ou seis linhas (ramos), nas mais diversas direções. Use cores diferentes e evite desenhar linhas retas. Na extremidade de cada uma dessas linhas escreva uma palavra que esteja relacionada com o conceito inicial que colocou no círculo. Tudo serve! Escreva as palavras que lhe vierem à mente. Não se limite.

   Quando terminar, escolha uma dessas palavras que colocou nas extremidades das cinco ou seis linhas (ramos), que derivaram do círculo central inicial, e faça, a partir dela, duas ou três novas linhas (galhos). Na extremidade de cada uma coloque novas palavras relacionadas com a palavra que está no início dessas novas linhas. Continue até sentir que não tem mais conexões a fazer.

O aspecto do seu Mapa Mental deve ficar parecido com uma árvore com os seus ramos e galhos.

4. **Anime e decore o Mapa Mental UAUme!®** utilizando várias cores, ritmos, imagens e figuras etc.

5. **Faça interconexões entre os diversos ramos e galhos.** O seu cérebro está pensando criativamente. Você está começando a construir um excelente auxiliar de criatividade. Você está conseguindo algo extraordinário: viver o aqui e o agora!

   O seu presente contém todo o seu passado. Divertir-se com conectar o ainda não conectado ajuda imensamente. Quanto mais criança se sentir, melhores resultados vai atingir. Este é o momento ideal para brincar com você mesmo. Liberte-se de ideias preconcebidas. Saia do seu quadro de referências!

6. **Sonhe acordado!** De fato, a criatividade é também um subproduto do sonho. Sinta o prazer e a liberdade do pensamento livre.

7. **Faça um intervalo. Conceda-se um prazer simples.** Deixe o seu cérebro pensar sobre a sua *caminhada de pensamento criativo*. Dê um passeio. Utilize a técnica do MBWA (***M**anaging **B**y **W**andering **A**round* ou ***M**anaging **B**y **W**alking **A**round*). Os romanos tinham uma frase muito interessante: *solvitas perambutum* (resolva enquanto caminha). Descontraia fazendo algo que lhe dê prazer. Há também quem goste de descontrair tirando fotografias, cozinhando, fazendo bricolagem, cuidando de animais, praticando esportes, fazendo compras, jardinagem. A escolha é sua.

8. **Volte ao Mapa Mental UAUme!® e acrescente o que lhe ocorrer.** Seja flexível e original. Seja *excêntrico* (fora do centro). Faça novas associações. Use a *engenharia reversa do pensamento* (ver e pensar ao contrário). Imagine cenários. Imagine causas e pense nos respectivos efeitos. Rejuvenesça o seu pensamento, continue a pensar como uma criança. Use também o humor.

9. **Faça novas conexões.** Una, cruze e relacione aquilo que entender. Agora o importante é pensar no impacto que o que está construindo no presente vai ter no seu futuro e naqueles que o rodeiam. Ajuda pensar assim.

10. **Faça e desfaça na procura de novas ideias!** Coloque toda a sua paixão e a sua resiliência em ação. Está quase lá.

11. **Observe o seu Mapa Mental Atitude UAUme!® panoramicamente**. Sinta a energia que já emana da sua atividade criativa.

12. **Relaxe. Reduza para acelerar.** Faça mais uma pausa.

13. **Confirme! Nada a acrescentar?** Já deu os últimos retoques?

14. **Agora sim! O seu Mapa Mental Atitude UAUme!® já tem respostas para lhe proporcionar uma boa dose de criatividade social/relacional.**

15. **Interprete o SEU Mapa Mental Atitude UAUme!®**. Olhe para ele decidindo o seu plano de ação: O quê? Por quê? Para quê? Onde? Quando? Quem? Como?

16. **Implemente. Sem aplicação não há criatividade!** Essa é uma das fases que mais requer energia e determinação.

17. **Desfrute do SEU Mapa Mental Atitude UAUme!®** surpreendendo.

18. **Seja, contagie e celebre a Atitude UAUme!®.**

A Atitude UAUme!® é também
desfrutar da alegria de sermos descobertos por aquilo
que procurávamos!

Exemplos de Criatividade e Inovação em Ação

A invenção dos óculos

Conta-se que o filósofo chinês Confúcio, em 500 a.C., já citava a existência de um objeto com características de óculos!

Na Antiguidade, são relatados casos de pessoas que não viam bem as quais "usavam objetos transparentes para ver melhor".

Conta-se que o imperador romano Nero assistia aos espetáculos públicos com uma joia de facetas curvas diante dos olhos!

As lentes, como as conhecemos nos dias de hoje, aparecem referenciadas como "descobertas no final do século 13 por um vidraceiro italiano de nome Salvino Degli Armati, o qual percebeu que duas lentes, de certa espessura e curvatura, aumentavam os objetos".

A história do Google

Foram dois alunos da Universidade Stanford que, em 1998, como resultado de um projeto de investigação, criaram as bases que permitiram o nascimento do Google.

O projeto de investigação de Larry Page e Sergey Brin tinha inicialmente o nome *BackRub*. O nome Google resulta da inspiração obtida através do termo matemático *googol*.

O resto da história do Google é bastante conhecida e demonstra que criatividade e propósito fazem uma excelente combinação rumo ao sucesso!

A invenção dos carros elétricos

Ao contrário da percepção da maior parte de nós, os carros elétricos foram inventados ANTES dos carros movidos a gasolina.

Há registos datados do final do século 19, mais precisamente no ano de 1881, portanto cinco anos antes de o alemão Karl Benz registrar a patente do motor a combustível, ter sido criado um veículo de transporte de passageiros movido a baterias de chumbo. Em 1899, Camille Jenatzy (belga) desenvolveu algo verdadeiramente revolucionário: o primeiro veículo elétrico, capaz de ultrapassar a velocidade de 100 km por hora!

Curiosamente, em 1904, um terço dos carros que circulavam nas principais cidades dos EUA eram movidos a baterias. Os seus motoristas os consideravam mais fáceis de dirigir e menos barulhentos! As mulheres os apreciavam de forma particular. Conta-se que Clara Ford, mulher de Henry Ford, era uma delas! Ironicamente seria o seu marido, Henry Ford, o criador do conceito de linha de montagem de veículos automotivos, o célebre Ford modelo T (1913), provocando a vitória dos veículos a gasolina sobre os carros elétricos. Um dos fatores mais relevantes para que isso tenha acontecido deveu-se ao fato de os carros a gasolina custarem três vezes menos que os carros elétricos.

A invenção do pijama

Sabe-se que no final do século 16, quando a moda impunha às pessoas ricas o uso de muita roupa durante o dia, constituía um prazer poder chegar ao fim do dia e vestir algo confortável. Como muitas casas não possuíam lareira, nasceram as camisolas, que eram usadas por homens e por mulheres. Feitas de lã, iam do pescoço aos pés, eram abertas na frente e tinham mangas compridas. Dois séculos depois surge o *négligée*, só para mulheres! Feitos com tecidos mais sofisticados, como a seda, eram muito confortáveis. O *négligée* era uma peça de roupa para ser usada à noite e para relaxar em casa, ou seja, uma roupa para não fazer nada (em latim, *neglegere* significa descuidar). Curiosamente, a palavra *pijama* vem do persa e significa "roupa para as pernas".

A invenção do forno micro-ondas

Descoberto por acaso, a ideia de usar micro-ondas para cozinhar alimentos foi descoberta por Percy Spencer. O inventor trabalhava num aparelho de radar, quando sentiu algo estranho no seu bolso! A barra de chocolate que ali colocara tinha subitamente derretido!

Fatos curiosos, relacionados com o micro-ondas: O primeiro alimento a ser cozinhado no micro-ondas foi a pipoca; o segundo, foi um ovo que explodiu na cara do cientista!

A invenção do cigarro

Das duas versões conhecidas sobre o surgimento dos cigarros, uma se passa em **Portugal!**

Diz-se que no século 16 os mendigos de Sevilha utilizavam os tocos dos charutos para enfiar os restos de tabaco em pequenos canudos de papel. Rapidamente o cigarro chegou a Portugal e à Itália! Conta-se que foi por intermédio de marinheiros portugueses que os cigarros chegaram aos portos de comércio do Mediterrâneo e à Rússia, e assim se difundiram por esse mundo fora.

A invenção da música de entrada do Windows

Após testar 84 sons diferentes, Brian Eno viu aprovada a música de abertura adotada pelo Windows. Os 3,25 segundos que a compõem pretendem responder ao objetivo do *briefing* transmitido à Agência Criativa: um som inspirador, universal, otimista, futurista e sentimental.

A invenção da escova de dentes

A escova mais antiga de que há notícia foi encontrada numa tumba egípcia, datada de 3000 a.C., e era constituída por um pequeno ramo com ponta desfiada! A primeira escova de cerdas, parecida com as atuais, surgiu na China no fim do século 15.

A invenção do desodorante

Foi na época do Império Romano a primeira vez que se tentou controlar o suor e odor produzidos pelas axilas. Há relatos de que os homens dessa época usavam pequenas almofadas aromatizadas sobre as axilas para diminuir o odor provocado pelo suor.

A invenção do telefone

Sabia que a frase-teste que confirmou a invenção do telefone foi: "O cavalo não come salada de pepino"?

Estas curiosas palavras, pronunciadas em 1861 pelo professor alemão e físico Johann Phillip Reis, pretendiam confirmar que a frase fosse entendida, sem que o ouvinte pudesse tentar adivinhar o significado dela.

O mais espantoso foi o inventor ter sido considerado um louco; foi só dez anos depois que o inventor escocês e professor Alexander Graham Bell construiu o telefone, em Boston, através do qual a fala podia ser transmitida a longa distância. Foi através do seu trabalho com surdos que Bell se inspirou para investigar a criação física do som. O dia 10 de março de 1876 é tido como a data oficial da invenção da *caixa de telefone* de Alexander Bell.

A invenção do primeiro celular

Precisamente no dia 16 de outubro de 1956 foi criado o primeiro celular! Inventado pela Ericsson, o MTA pesava nada mais, nada menos, que 40 quilos.

A invenção dos aparelhos de ginástica

Foi a revista *Cabinet* que revelou ter descoberto o precursor do primeiro equipamento de ginástica do mundo. Tal fato teria ocorrido no final do século 19, e o nome do seu inventor seria o sueco Gustav Zander. O inventor promovia a sua ideia através do seguinte *slogan* comercial: "Um remédio que previne os males criados pela vida sedentária e pelo isolamento do trabalho".

A invenção da televisão

A televisão, como a conhecemos, foi uma invenção europeia. Foi em 1935 que a televisão teve a sua primeira transmissão oficial, na Alemanha. A TV chegou à França em novembro do mesmo ano, e, em 1936, é inaugurada a BBC em Londres. A TV é inaugurada na Rússia em 1938. A transmissão regular de televisão chega aos EUA em 1939 (NBC) e a Portugal em 7 de março de 1957.

A Atitude UAUme!® e o Pensamento Alternativo

Um fato: as sociedades modernas têm muitos contraditórios e paradoxos:

- Casas melhores, famílias menores!
- Gasta-se mais, desfruta-se menos!
- Mais conveniências, mais falta de tempo!
- Querer ser único e especial, sorrir pouco!
- Há mais estresse, dorme-se menos e acorda-se cansado!
- Reclama-se muito, faz-se pouco!
- Exige-se muito, agradece-se pouco!
- Critica-se muito, elogia-se pouco!
- Querer ser amado, ama-se pouco!
- Vai-se à Lua e pretende-se ir a Marte; há dificuldade em atravessar a rua para conversar e conviver com os vizinhos!

Em suma:

- É-se ambicioso na conquista de espaço exterior, mas nem sempre há a mesma ambição em relação ao espaço interior.
- Adicionam-se anos à extensão da vida, mas nem sempre vida à extensão dos anos.

> O homem está sempre mais descontente com os outros quando se acha menos contente consigo.

A resposta também passa por possuir uma Atitude UAUme!®, a qual pode ser traduzida como um estado emocional prazeroso resultante da nossa própria apreciação e/ou dos outros sobre algo. A Atitude UAUme!® também deve estar presente no esforço, não apenas no resultado final.

O Pensamento Alternativo é um modelo que nos encoraja a avaliar e a escolher opções diferentes daquilo que muitas vezes é a resposta automática e rotineira, a resposta imbuída de mentalidade derrotista, a resposta motivada pela pressão social dos grupos que integramos ou a resposta politicamente correta.

O Pensamento Alternativo, por se apoiar nos pontos fortes de quem tem Atitude UAUme!®, contribui para encontrar mais caminhos e novas soluções.

Pressupostos e estratégias que favorecem o Pensamento Alternativo e os seus benefícios para quem quer possuir uma Atitude UAUme!®:

1. **Atue para ganhar!** Pense e atue focado em ganhos, nunca em perdas. O seu pensamento deve partir deste simples mas eficaz pressuposto: Na vida pessoal e profissional NÃO há fracassos, apenas RESULTADOS! Se os resultados de algo em que se envolveu não foram AINDA os desejados, identifique os resultados que JÁ conseguiu e redefina os passos seguintes. Com Atitude UAUme!® pensa-se desta forma: Um SIM é um SIM, um NÃO é apenas um TALVEZ.

2. **Diante de problemas, em primeiro lugar lembre-se que "um problema é uma situação para a qual não possui AINDA solução".** Experimente o seguinte:
   - Divida o problema em subproblemas. Comece a resolver esses subproblemas.
   - Se não encontrou **AINDA** a solução, experimente aplicar a engenharia reversa ao problema. Experimente ver o problema ao contrário. Exemplo: Não tenho dinheiro para X. Aplicando a engenharia reversa: Se tivesse dinheiro, compraria X? Muitas vezes os problemas existem apenas porque damos demasiada importância a algo que, visto e pensado de forma diferenciada, assume outra dimensão.
   - Faça analogias com outras situações que já viveu. Ter a habilidade de fazer conexões entre as várias coisas que vivemos ou observamos permite-nos ter a capacidade intuitiva de resolvermos muitas situações, apenas porque já vimos esse filme.
   - Arrisque! Recorde que, se não fizer NADA, já errou com certeza. Concentre a sua energia na procura da solução, não no problema. **A questão é simples: SE QUISERMOS a SOLUÇÃO, ela acabará surgindo! Se NÃO QUISERMOS,**

decerto encontraremos uma boa desculpa. Recorde: Tanto na vida pessoal como na vida profissional, o que conta são os resultados! Intenções, desculpas e escusas não produzem qualquer tipo de Atitude UAUme!®.

3. **Cerque-se de boas companhias.** Tenha sempre presente a máxima popular: *Diga-me com quem andas, e eu te direi quem és.* Escolha bem com quem compartilha suas ideias e seus objetivos, anseios, problemas, desafios. Lembre-se que para obter sucesso são necessários os outros.

   Evite os chamados companheiros da desgraça, os chatos, os mal-humorados, os desmotivados, os *NoNo* e os resignados! Pela sua Atitude UAUme!®, não se deixe contaminar por essas espécies que infelizmente têm de sobra por aí.

4. **Procure informação!** Vivemos num mundo onde a informação é excessiva. O *segredo* está na seleção e na capacidade de a utilizar de forma eficaz. O mundo é estranho! Muitas vezes não é o que sabemos que conta, mas sim aquilo que AINDA não sabemos! Recorde sempre que informação é poder.

5. **Tenha coragem!** Sem coragem não existe Atitude UAUme!®. Enfrente com determinação as chamadas *vacas sagradas*. O seu sucesso depende em muito da sua coragem em fazer acontecer aquilo que ainda não foi feito. Desenvolvemos Atitude UAUme!® sempre que realizamos algo que alguém achou que não éramos capazes de concretizar. Esses são momentos especiais de SURPRESA, para nós e para os outros. Atreva-se a pensar e agir de forma diferente. Ouse! Não há coragem triste! Coragem é simplesmente o medo controlado.

6. **Saiba optar entre estar focado ou ser flexível!** O mundo muda a uma velocidade vertiginosa. O ser humano normalmente não sabe acompanhar essa velocidade de mudança. O que hoje é verdade, amanhã pode ser mentira. Saber alternar entre estar focado em algo ou ser flexível depende muito das circunstâncias. No atual contexto a capacidade de saber optar é uma importante competência de Atitude UAUme!®.

7. **Paixão! Atitude UAUme!®** e paixão estão de mãos dadas, favorecendo o Pensamento Alternativo.

8. **A vida é feita de escolhas!** Lidere as suas escolhas que favorecem o Pensamento Alternativo:
   - Escolha SORRIR.
   - Escolha COMPARTILHAR.
   - Escolha APRENDER.
   - Escolha dizer SIM.
   - Escolha Atitude UAUme!®.

> "O primeiro passo para conseguir o que queremos na vida é decidir o que queremos."
>
> Ben Stein

Escolher ter SUCESSO através da Atitude UAUme!® e do Pensamento Alternativo é fácil. Decida o que quer! Verifique o preço! Pague o preço com sabedoria e criatividade!

A Atitude UAUme!® e o *Networking*

Networking é uma palavra gerada a partir de duas palavras inglesas que significam respectivamente REDE (*net*) e TRABALHANDO (*working*).

> Para a Atitude UAUme!® *networking* é uma rede de relações que as pessoas, de forma voluntária e espontânea, vão construindo, alimentando e trabalhando entre si, através de interações diversas como informações, conhecimentos e outro tipo de contribuições.

Trata-se, por isso, de um conceito que se aplica a qualquer contexto de vida, não exclusivamente ao contexto profissional, onde normalmente é mais explorado, ainda que muitas vezes aquém daquilo que é a sua verdadeira essência e o seu verdadeiro potencial (*networking* não é distribuir cartões de visita a recém-conhecidos, em eventos formais ou ocasionais. Está muito além disso!).

> A construção do seu *networking* deve estar em sintonia com o seu propósito de vida e determina o seu rótulo de visibilidade, interatividade e diferenciação.

A Atitude UAUme!® favorece fortemente a construção e a manutenção de um eficaz *networking*.

Por quê?

Em primeiro lugar, porque se trata de uma *ferramenta bidirecional* de relacionamentos e crescimento pessoal e profissional. O *networking* consegue estabelecer e reforçar o compromisso entre duas ou mais partes. No *networking* é esperado existir vínculos de reciprocidade e até de gratuidade.

A lógica de compartilhar, operacionalizada através da Atitude UAUme!®, favorece a construção e manutenção do *networking* nos seus principais objetivos de participação, atualização e multiplicação de possibilidades.

Por outro lado, quando os interlocutores se consideram mutuamente como únicos e especiais, as suas interações saem favorecidas e potencializam um retorno acrescido e sinergia.

Imagine o seu *networking* como uma roda de relações.

Quantos mais contatos proporcionar aos membros da sua rede, mais possibilidades tem de que algo interessante lhe aconteça no futuro.

> O *networking* deve ser considerado uma via de mão dupla, tripla ou mesmo infinita.

Para ser eficaz, um *networking* com Atitude UAUme!® deve começar sendo organizado. Este prerrequisito destina-se a facilitar o direcionamento das estratégias de gestão e manutenção da rede.

Sugerimos que organize o seu *networking* em categorias:

- **Familiares e Amigos**

  A maioria dos membros que integram esta categoria assume um papel muitíssimo importante no desenvolvimento saudável da nossa vida. No entanto, muitas vezes não os vemos como alvo do nosso *networking*. Achamos que estão sempre lá (e até estão!) e que por isso não é preciso ir trabalhando e alimentando essa rede, nem sentimos a *obrigação* ou nos lembramos conscientemente de fazê-lo. Há mesmo pessoas que estão tão ocupadas trabalhando em outras redes ou causas *longínquas* que *passam* por cima da sua rede primária de relações, ou descuidam dela. Também há o contrário: quem não é capaz de ir além e trabalhar outras redes de relações, fora de sua rede primária.

A Atitude UAUme!® reforça a nossa consciência da importância de ir trabalhando ativamente essa dimensão primária na nossa rede global.

- **Profissional (clientes, fornecedores, colegas, concorrentes...)**

  Um fato curioso: existem cada vez mais empresas com **Cultura de *Networking*** e com **Cultura de *Networking* Interno**.

  Um exemplo prático: a maioria dos novos cargos disponíveis são preenchidos privilegiando o recrutamento interno. Temos conhecimento de empresas onde, inclusive, se premiam colaboradores que indicam pessoas para os lugares em aberto.

  Outro exemplo: há empresas que possuem nos seus quadros reconhecidos talentos. Ao perceberem que não vão ser capazes de retê-los por muito tempo, porque não possuem espaços de progressão condizentes com a ambição/talento do colaborador, optam por tratá-los de forma estratégica, tendo em vista o retorno de *networking* que, decerto, resultará desse colaborador quando integrar outra(s) empresa(s).

A Atitude UAUme!®
na gestão da rede interna da empresa
reforça a capacidade de ver e investir mais além.

No que se refere ao *networking* externo e global, as empresas não só têm cada vez mais consciência da importância dele, como investem cada vez mais em recursos humanos e tecnológicos (Bases de Dados, CRM, presença nas redes sociais etc.) que permitam potencializá-lo.

Na gestão da rede externa da empresa,
a Atitude UAUme!®
reforça o foco e as competências para o estabelecimento
e manutenção de relações genuínas, não mecânicas;
de relações que permitam encarar e tratar CADA outro
como único e especial;
de relações que criam laços que não se esgotam no imediato
e cujo ROI (*return on investment*) nem sempre é visto
exatamente a olho nu!

- **Associações e Instituições**. Enquadramos aqui as organizações com o propósito e missão do bem coletivo (mais ou menos extensivo). Na gestão deste *networking* convém que sejam avaliadas em função do grau de envolvimento que se possui com elas. Separe e trate de forma diferenciada as organizações, associações e instituições em que participa regularmente daquelas em que é apenas membro ou simpatizante. **A Atitude UAUme!® reforça a importância do valor da gratuidade no envolvimento com estas redes.**

Porque um *networking,* se não estiver dinamizado, é inútil. Para que seja possível aplicar a Atitude UAUme!® a cada uma destas categorias de *networking*, separe os contatos que possui na sua rede em três sub-redes:

- **Sub-rede de Prioridades** (contatos capazes de gerar acontecimentos imediatos e relevantes). Como se sabe, a prioridade de algo deve ser determinada a partir da análise da sua importância e urgência, ou da importância e urgência das consequências que causará.

- **Sub-rede de Oportunidades** (contatos com pessoas de outras culturas, gerações, interesses etc.). A diversidade nos enriquece. Ninguém aprende nem se desenvolve com mais do mesmo. Avaliar novas oportunidades, por vezes, obriga-nos a sair da zona de conforto, a superar receios, a tomar decisões, a ter de voltar atrás para dar dois passos adiante. Alargue a sua visão quando estiver avaliando a sua sub-rede de oportunidades. A Atitude UAUme!® é muito útil neste nível.

- **Sub-rede de Conversas**. Conversar com os outros é uma habilidade importante! Uma habilidade que muitos têm grande dificuldade de aplicar na relação com pessoas fora do grupo dos seus familiares e amigos. Essa realidade, por vezes, limita o âmbito da sua rede de *networking*. A base fundamental para um sentimento de *flow* (experiência pessoal ótima entre a percepção do grau do desafio que enfrentamos e o grau de competência que julgamos ter para enfrentá-lo) também passa pela repetição do(s) comportamento(s) que lhe é(são) inerente(s). Neste caso, a frequência com que for capaz de estabelecer conversas com estranhos favorecerá o comportamento automático de comunicação, indispensável como suporte à dinamização do *networking*, que o fará também sentir-se mais confortável nas interações.

O *networking* também serve para obter ajuda

Parta do princípio de que muitas pessoas evitam interagir ou pedir ajuda por várias razões. As mais comuns são:

- a "vergonha" que sentem pela necessidade que vivem;
- o fato de acharem que conseguem atingir sozinhas o que pretendem;
- o fato de não querer dar a impressão de que podem estar se aproveitando dos outros;
- o fato de desconhecerem a melhor e eficaz forma de o fazer! Este tipo de timidez social é um fato!

A Atitude UAUme!® favorece as suas interações com os outros e lhe permite ser agente do *rompimento* da típica timidez comunicacional.

O *networking* exige uma comunicação regular

Alimente seu *networking* através de informação regular. Ofereça ajuda. Compartilhe informação. Enuncie as suas áreas de atuação/interesses. Tenha visibilidade. Esteja presente em eventos e iniciativas que o aproximem de outras pessoas. Para que isso aconteça, é preciso controlar a sua agenda.

Defina antecipadamente as metas e os objetivos. Reserve momentos para dinamizar e manter seu *networking*.

Alguns exemplos simples com resultados surpreendentes:

- Enviar semanalmente (ou com outra periodicidade, adequada ao seu interlocutor), um ou dois *e-mails* de *mantenha contato*.
- Tomar o café da manhã ou almoçar, pelo menos uma vez por mês, com um dos elementos de seu *networking*.
- Programar o aviso das datas de aniversários no seu celular e utilizar o aviso para felicitar os aniversariantes com uma mensagem ou conversa fora do habitual.
- Anotar em cada cartão de visita que recebe alguns elementos/palavras-chave que lhe permitam localizar facilmente o novo membro de seu *networking*, tendo em vista a dinamização/manutenção do novo contato.
- Participar de pelo menos um fórum de discussão.
- Integrar uma rede social.
- Participar, todos os meses, de pelo menos um evento profissional e ou social/cultural.
- Mostrar interesse pelos outros e manifestar apreço pelo que fazem. Elogiar genuinamente e com regularidade.
- Compartilhar com amigos, colegas, familiares, vizinhos e outros aquilo de que gosta, aquilo que faz, aquilo que pensa ou aquilo que gostava de fazer.
- Ser solidário com alguém que precisa.
- Participar pelo menos uma vez por ano de iniciativas de cidadania e de solidariedade social.
- ...

Quem pode viver sem os outros e ser feliz?

Quem pode viver sem os outros e ter sucesso?

Um fato: O mercado está imensamente competitivo e volátil. Tenha sempre presente o provérbio popular: *O que os olhos não veem, o coração não sente.*

Dinamizar seu *networking* deve ser interiorizado como uma dimensão estratégica e tática, incentivadora da qualidade do seu desenvolvimento pessoal e profissional.

Por outro lado, pode parecer cruel, mas lembre-se que na sociedade da comunicação em que vivemos a sua visibilidade pode ser tão ou mais importante do que a sua competência!

Encare seu *networking* como parte do *capital social* e dos *ativos* da sua carreira profissional e da sua relação com os outros.

***Compartilhar é a alma do negócio*!**

Possuir uma Atitude UAUme!® na gestão e dinamização de seu *networking* requer:

- Gostar e reconhecer a importância de compartilhar
- Adotar um discurso interno positivo
- Evidenciar energia
- Possuir uma visão positiva do mundo e dos outros
- Deter competências comunicacionais adequadas à sociedade da comunicação e informação
- Promover e integrar o *feedback*
- Coragem
- Organização

- Resiliência
- Atenção ao seu contexto e ao dos outros
- Humor e criatividade social

Conclusão:

- Dinamizar o *networking* através de interesses unilaterais é a antítese da Atitude UAUme!®.
- A Atitude UAUme!®, aplicada ao *networking*, ajudará você a lembrar e a ser lembrado. Para isso acontecer, encare, identifique, surpreenda e trate todos os membros de seu *networking* como merecem ser tratados: como ÚNICOS E ESPECIAIS...

A Atitude UAUme!® e o Humor

"Ludus est necessarius ad conversationem humanae vitae."
(O humor é necessário para a vida humana.)

S. Tomás de Aquino

Admiradores da sabedoria de S. Tomás de Aquino e conscientes dos benefícios que o humor tem na qualidade geral da nossa vida, temos como objetivo mobilizar a comunidade que compartilha a Atitude UAUme!® para os benefícios que decorrem do senso de humor e da utilização do humor na vida cotidiana.

"Um homem sério não tem ideias. Um homem de ideias nunca fica sério."

Paul Valéry

Percorrendo a história do humor, podemos encontrar diversas teorias, escritos e reflexões, oriundos tanto de sábios gregos como de diversos pensadores contemporâneos. Hoje em dia, várias ciências investigam e desenvolvem teorias e práticas relacionadas com os benefícios do humor. Só a ***International Society for Humor Studies*** (www.hnu.edu/ishs/) tem mais de quinhentos acadêmicos como membros!

A Medicina identifica diversos benefícios do riso — a manifestação física do senso de humor — para a saúde. Está provado o equilíbrio que rir traz aos componentes do sistema imunológico, ajudando o corpo a lutar naturalmente contra determinadas doenças.

Algumas curiosidades:

- Sabia que rir cem vezes é igual a andar quinze minutos de bicicleta?
- Sabia que o riso aumenta o número de células T (parte mais importante da resposta imunológica) e células B (que produzem os anticorpos)?
- Sabia que o riso ajuda a limpar o trato respiratório?
- Sabia que o riso mexe com muitos dos músculos do corpo, oxigenando-os e fortalecendo-os?
- Sabia que já existe uma especialidade da medicina — psiconeuroimunologia — que estuda a forma como as emoções interferem no sistema imunológico das pessoas?

A Psiquiatria e a Psicologia demonstram que o senso de humor e o riso favorecem os bons sentimentos, reduzem os hormônios que provocam estresse, combatem o nervosismo e as emoções negativas como, por exemplo, o medo, a timidez, a tristeza, a hostilidade e a raiva. O riso funciona como catarse. O filme interpretado por Robin Williams, *Patch Adams — O amor é contagioso*, é um excelente exemplo, que recomendamos assistir.
O humor assume-se também como uma resposta biológica ao perigo.

Nos Negócios, o humor permite desbloquear situações tensas, permite abordagens *fora da caixa* e facilita o diálogo entre negociadores. Os americanos têm uma frase muito ilustrativa: ***Quem não sabe sorrir, não pode ser alguém sério.***

Possuir uma Atitude UAUme!® é estar além das expectativas. É saber criar e desenvolver momentos memoráveis para si e para os outros.

Nas relações afetivas, o humor aproxima, favorece a interação e cria intimidade. O humor é o caminho mais curto entre duas pessoas.

Um fato:
a ação de produzir humor provoca em nós uma pausa mental e aumenta a nossa objetividade nas interações com os outros.

Dicas para *produzir* humor:

- Descubra o que o faz rir. Faça, leia, pratique ou assista com maior frequência tudo o que o faz rir.
- Junte-se às pessoas que fazem você sentir-se bem. Deixe-se contagiar humoristicamente.
- Desenvolva o seu próprio *nonsense*. Crie e desenvolva uma série de frases e anedotas, capazes de fazerem você e os que o rodeiam sentir-se bem. Inspire-se lendo livros e revistas de humor, visitando páginas de humor na internet, *blogs*, assistindo a espetáculos de *stand up comedy*, vendo filmes e por aí adiante.
- Fuja dos *chatos* e dos *companheiros da desgraça*.

> "O bom humor tem algo de generoso, dá mais do que recebe."
>
> Émile-Auguste Chartier

Afinal o que é o humor?

O humor, assim como a beleza, é fácil de identificar, mas difícil de definir.

O senso de humor é uma atitude que nos permite enfrentar a realidade, fazendo sobressair os seus aspectos cômicos ou pitorescos. As manifestações de humor revelam a agilidade e a lucidez da inteligência de quem o possui.

O humor, enquanto forma de entretenimento e de comunicação humana, para fazer com que as pessoas riam e se sintam felizes, é essencialmente determinado pela atitude e personalidade de quem ri.

A produção de humor é uma capacidade que distingue o ser humano dos outros seres desde o começo, porque é baseado na linguagem, mas também porque se relaciona com sistemas de crenças e sistemas de interações de linguagem dentro dos vários grupos sociais. O humor é muito apreciado pela sua capacidade de transformar a percepção dos fenômenos sérios, das adversidades e dos grotescos da vida em algo que nos é mais fácil de aceitar.

"O humor alivia-nos das vicissitudes da vida,
ativando o nosso sentido de proporção
e revelando-nos que a seriedade exagerada tende ao absurdo."

Charles Chaplin

James Thurber definiu o humor desta forma: **"O humor é o caos emocional lembrado em tranquilidade".**

Era uma vez uma moça vinda de um país oriental que casou com um português. Foram morar no Porto.

Natasha não sabia falar português, nem mesmo o básico, mas ia se entendendo com o marido. O problema maior era quando ela tinha de ir às compras.

Um dia foi ao açougue para comprar pés de porco. Não sabendo como pedir, resolveu descalçar-se, mostrar os pés e roncar ao mesmo tempo. O homem do açougue entendeu, e Natasha conseguiu levar os pés de porco para casa.

No dia seguinte voltou ao açougue com a intenção de comprar peito de frango. Mais uma vez não foi fácil! Natasha era muito criativa: desabotoou a blusa e mostrou o peito enquanto cacarejava. Uau! Mais uma vez Natasha conseguiu se fazer entender e comprou o peito de frango.

No terceiro dia pretendia comprar salsichas frescas. Pensou, pensou, como podia fazer o pedido... Como não encontrou solução para se explicar por si própria, resolveu convidar o marido para ir com ela comprar as salsichas.

Já imaginam a cena, não é?

Hummmm! Mentes perversas! É óbvio que não aconteceu nada. O marido sabe falar português!!!!!!!

Freud escreveu que o humor é o maior mecanismo de defesa do ser humano, um instrumento que permite equilibrar as emoções e superar as frustrações. Hoje, a psicologia prefere encarar o humor menos sob a ótica individual e mais à luz da sua capacidade de interferir nos relacionamentos.

O filósofo John Morreall considera que as pessoas que possuem um apurado senso de humor possuem também maior controle emocional, ante o imprevisto e o estresse. São mais resistente à rotina e à depressão. Apresentam maior potencial de autoconfiança, imaginação, flexibilidade, aceitação e criatividade. Possuem maior capacidade de aproximação e de interação com os outros, criando com facilidade laços de amizade. Desfrutam, vivem mais e melhor!

Rod Martin, autor do livro *The Psychology of Humor* [Psicologia do humor] (2007) identifica quatro tipos de humor:

- **O humor autodepreciativo:** o tipo de humor que alguém faz a partir dos seus próprios defeitos ou imperfeições.
- **O humor corrosivo:** praticado por quem faz observações jocosas que não poupam ninguém.
- **O humor agregador:** característico das pessoas que são populares, que se dão bem com toda gente e que têm sempre capacidade de surpreender os outros com as suas tiradas.
- **O humor de "bem com a vida":** praticado por quem passa por dificuldades, mas tem sempre a capacidade de ver um lado positivo em tudo. Quem não pratica o humor do tipo de bem com a vida não precisa se preocupar. Ter qualquer tipo de humor é melhor do que não ter humor algum.

Por ter fortes reflexos no bem-estar físico e emocional de cada indivíduo, por interferir nas interações e nos relacionamentos humanos, e por derivar em grande parte do efeito causado pela surpresa, o humor é uma dimensão especialmente relevante na dinâmica da Atitude UAUme!®.

A Atitude UAUme!® considera que humor é surpresa sem ameaça ou promessa.

Consideramos que o humor é composto de três elementos:

1. **Inteligência** (experiência cognitiva)
2. **Alegria** (experiência emocional)
3. **Riso** (experiência fisiológica)

Existem diversas teorias explicativas da dinâmica do humor. Dentre elas selecionamos três que nos pareceram bastante ilustrativas:

- **Teoria da incongruência**

  Baseia-se na ideia de que o humor surge quando aquilo que é lógico e normal para nós é apresentado de forma diferenciada (*nonsense).* O humor começa quando a nossa mente e o nosso corpo antecipam algo que vai acontecer e fazem uma previsão de como vai terminar. Esta antecipação tem a forma de pensamento lógico, interligado com a emoção, e é influenciado pelos nossos conhecimentos, experiências anteriores, cultura e processos habituais de pensamento. Ao nos confrontar com o inesperado provocado pelo *nonsense*, os nossos pensamentos e as nossas emoções mudam repentinamente. Ficam embaralhados! Surgem emoções novas, apoiadas por novas linhas de pensamento. Esta incompatibilidade momentânea motivada pelo inesperado provoca a experiência incongruente: acontece o humor!

— Como se diz *topless* em chinês?
— Xem-chu-tian!

Se acordar e não vir o sol,
experimente abrir as persianas!

Se algum dia sentir um vazio na sua vida,
coma, isso é fome!

- **Teoria da superioridade**

O humor decorre da percepção da desgraça alheia, de estereótipos, da estupidez ou do azar dos outros. Na generalidade dos países, o humor alimenta-se de *vítimas* provenientes de outras nacionalidades ou culturas, símbolos, tipos ou características de pessoas. Os brasileiros criam humor à custa dos portugueses. Os franceses humoristas têm os belgas como alvo. Os portugueses criam humor com os seus compatriotas alentejanos,[9] com as loiras, e assim sucessivamente.

O fato de nos colocarmos num plano superior e de estarmos totalmente desligados da situação nos dá a capacidade de sentir o humor.

Por que é que os bolsos das calças dos alentejanos são de plástico?
É para guardarem o salário líquido.

O que é uma loira numa instituição de cientistas?
Visitante.

— Alô, alô! Ajude-me, por favor! A minha sogra quer se atirar pela janela!
— Desculpe, mas você ligou errado! Aqui é uma carpintaria!
— Eu sei! O problema é que a janela não abre!

Um amigo pergunta ao outro:
— Como é que se consegue saber a idade das galinhas?
— Pelos dentes.
— Ah, essa não serve! As galinhas não têm dentes.
— Mas eu tenho!

- **Teoria do alívio**

A situação começa com a descrição verbal ou apresentação visual de cenas de ação ou de *suspense*, de elevada tensão. Subitamente surge uma situação totalmente inesperada e de *nonsense*. Essa surpresa permite ao espectador aliviar-se das emoções que reprimiu até o momento. Este tipo de humor é muito utilizado no cinema e também no chamado *humor negro*.

Uma família de sádicos vai dar uma volta de carro. No automóvel vão o marido, a mulher, o filho, o avô e a avó. De repente, o pai abre a porta e empurra a avó, que se esborracha no chão. O resto da família começa a bater palmas, todos contentes.

Passados alguns instantes, o filho abre a porta e empurra o avô, que fica debaixo de um caminhão. O jovem delira, assim como o resto da família.

Mais à frente, a porta do carro abre-se e fecha-se. Logo a seguir o filho pergunta:
— Pai, o que foi isso?
— Fui eu que empurrei a sua mãe. O jovem começa a chorar.
— Está chorando por que, meu filho?
— É que eu não vi!

Uma senhora conversava com uma criança magra e esfarrapada que brincava à beira da estrada.
— Pobre criança. O que o seu pai faz?
— O meu pai? Bebe!
— Percebi. E a sua mãe?
— Também bebe!
— Lamentável! Você tem irmãos?
— Só um... Os outros morreram quando eram pequenos...
— Não me admira! E o que faz esse seu irmão?
— O meu irmão está na Faculdade de Medicina.
— Na Faculdade de Medicina!? Mas isso é formidável! E o que é que ele faz lá?
— Está num frasco de álcool.

A mulher estava do outro lado da rua, fofocando com uma amiga, e o marido estava em casa, conferindo o Euromilhões. Quando viu que tinha acertado nos 80 milhões, enlouqueceu e começou a gritar:
— Isabel, Isabel!!!!!!! Ganhei, ganhei o Jackpot!!!!!

A mulher atravessa a rua como louca, um ônibus a atropela — e ela morre imediatamente! Ouve-se o marido dizer:
— Quando um homem está com sorte, está mesmo com sorte!!!

Vários investigadores consideram que o propósito do humor está relacionado com o desejo de fortalecimento das conexões humanas. Quando o humor acontece, as pessoas sentem-se mais abertas, mais livres de preconceitos, mais receptivas ao diálogo.

O antropólogo Mahadev Apte considera que o vínculo entre pessoas de um mesmo grupo aumenta em função da quantidade de humor que estiver presente. A união, vínculo — humor — maior vínculo, combinada com a vontade de não ser excluído do grupo, pode ser uma das razões que faz com que o humor seja considerado contagiante. Apte considera o humor como um *sinal social*. Estudos demonstram que somos trinta vezes mais propensos aos efeitos benéficos do humor quando participamos em eventos sociais do que quando estamos sozinhos.

Em 1995, o médico indiano Madan Kataria fundou em Bombaim o primeiro Clube do Riso para a prática da Ioga do Riso. A sua terapia consiste numa combinação entre ioga e os mais recentes conhecimentos de gelotologia (estudo do humor). Hoje em dia, Kataria possui seguidores em todo o mundo (inclusive em Portugal).

Os autores da Atitude UAUme!® são também os criadores e dinamizadores do conceito **Risodinâmica®**. Baseado na abordagem científica da psicologia positiva, a Risodinâmica® explora a dinâmica do senso de humor e os benefícios da utilização do humor, tanto no contexto pessoal como profissional. Foi intenção deste conceito afastar-se do conceito de Risoterapia ou de Terapia do Riso, na medida em que o âmbito de utilização, quer no *Coaching* Executivo, no Desenvolvimento de Competências de Liderança, de

Negociação, de Comunicação, Comerciais ou de Motivação, requer abordagens e atitudes focadas na ação e no futuro, não em perspectivas que possam ser interpretadas como tratamento ou mediação de problemas.

Baseando-se a Atitude UAUme!® em investigação e constatações científicas da psicologia positiva, é importante referir que o *senso de humor* é, exatamente, uma variável multidimensional e uma das *forças da personalidade* definidas e mais valorizadas pela psicologia positiva.

O humor é uma das formas utilizadas para estudar e compreender os hábitos e costumes das sociedades. Em Portugal existem já muitos trabalhos acadêmicos nesta área.

Falando de trabalhos acadêmicos, eis uma história acadêmica com humor.

Certa noite, três estudantes universitários beberam até altas horas da madrugada e, consequentemente, não conseguiram estudar para a prova do outro dia.

Na manhã seguinte, conceberam um plano para tentar se safar. Sujaram-se o mais que puderam com cinza, areia e lixo e foram falar com o professor da disciplina. Contaram que na noite anterior tinham ido a um casamento e que, na volta, um pneu do carro tinha furado. Tiveram de empurrar o carro durante vários quilômetros; ficaram extenuados e, por isso, não estavam em condições de fazer aquela prova.

Compreensivo, o professor disse que aceitava que eles realizassem uma prova substitutiva dentro de três dias. Contentes, prometeram se preparar convenientemente!

Assim aconteceu. No dia e hora combinados, os três estudantes apresentaram-se na universidade para realizar a prova. O professor informou-os que, devido às características do teste, teriam de ficar em salas separadas. Como todos tinham estudado bastante para o teste, não manifestaram nenhum constrangimento.

O teste era composto das seguintes seis perguntas, para um total de 20 pontos:

P. 1: Escreva o seu nome (0,5 ponto).

P. 2: Escreva o nome da noiva e do noivo do casamento onde esteve há quatro dias (5 pontos).

P. 3: Qual era a marca e a cor do carro em que vocês foram ao casamento? (5 pontos).

P. 4: Qual foi o pneu que furou? (5 pontos).

P. 5: Qual era a marca do pneu que furou? (2 pontos).

P. 6: Quem estava dirigindo? (2,5 pontos).

Pensamos ter ilustrado suficientemente bem os imensos benefícios do humor na nossa vida e na nossa interação com o mundo.

Quando se reflete sobre o humor, é fácil identificar e perceber as vantagens e o poder da utilização correta do humor. Dizemos correta utilização do humor porque, como tudo na vida, quando utilizado sem bom senso, inteligência ou de forma inapropriada, o humor pode causar o efeito contrário do pretendido ou fazer com que não nos levem a sério.

Assentando a Atitude UAUme!® na capacidade de surpreender o outro positivamente, e sendo o humor intrínseca e basicamente um processo de surpreender o outro, a Atitude UAUme!® e o humor estão indissociavelmente ligados.

Assim, o humor é uma ferramenta ao serviço da aplicação prática da Atitude UAUme!® nas interações pessoais e profissionais.

Baseando-se ambos na capacidade de surpreender, **a Atitude UAUme!® e o humor são suportados pela dinâmica comum da criatividade**, à qual também damos particular atenção neste livro.

O humor genuíno é criação, quimicamente pura, aplicada a uma área específica da condição humana.

Além disso, como um dos principais objetivos da Atitude UAUme!® é promover a **criatividade relacional,** a qual pode ser sustentada, em grande parte, pelo senso de humor próprio e pela capacidade de aplicação do humor na relação com os outros, recomendamos que recorra ao humor nas seguintes situações:

- Para iniciar interações dentro de uma atmosfera positiva e participativa.
- Quando quiser surpreender os outros (em situações socialmente apropriadas e tendo em atenção o contexto).
- Para alterar positivamente o seu estado fisiológico ou o dos outros (de estados de prostração a estados de energia; de estados de contração a estados de relaxamento).
- Para predispor você ou outros a ver o mundo de forma positiva e a munir-se da energia necessária para a ação e a realização de objetivos.
- Em reposta ao humor dos outros que interagem com você.
- Quando quiser potencializar a qualidade do momento e da interação.
- Para favorecer o diálogo dentro de um grupo.
- Quando desejar desbloquear tensões, combater constrangimentos ou quebrar um silêncio.
- Para apoiar processos de avaliação e *feedback*.
- Para conseguir dizer não de forma assertiva.
- Quando quiser estar com e dar-se genuinamente aos outros.

Seja o que for, faça o que quiser, mas, antes de tudo, seja alguém que quer participar.

A vida é mais do que lógica: a vida é um paradoxo,
a vida é um mistério!
A vida é uma oportunidade para criar significado!
O humor é também uma forma sofisticada de exprimir a verdade.

A palavra graça tem sempre dois significados!

Ter e cultivar o senso de humor é uma Atitude UAUme!®.

Friedrich Nietzsche dizia: **"Em todos os homens adultos esconde-se uma criança louca para brincar".**

A Atitude UAUme!® e a Comunicação

Por que a Atitude UAUme!® na Comunicação?

- Quantas vezes você já disse sim com a vontade de dizer não?
- Quantas vezes você já fez um trabalho que, em princípio, devia ser realizado por outra pessoa?
- Quantas vezes, numa discussão, numa reunião ou num debate, você não teve a coragem de se posicionar como gostaria?
- Quantas vezes você já se sentiu desconfortável em pedir ajuda a alguém? Ou em fazer uma crítica? Expressar uma opinião diferente da do seu interlocutor? Dizer a alguém que ficou ofendido com um comentário ou uma brincadeira?

A comunicação UAUme!® está estreitamente ligada ao respeito que temos por nós mesmos e pelos outros, à capacidade de fazer acontecer com sucesso no presente e de gerar melhores interações no futuro.

Por tudo isto, e muito mais, ousemos então melhorar a qualidade das nossas interações.

Imagine a seguinte situação profissional:

Hoje é sexta-feira!

De manhã cheguei à empresa ainda com sono e cansado da noite de ontem, em que tive de ir a um evento que acabou tarde. Detesto deitar depois da meia-noite. A minha agenda está muito cheia. Não gosto quando isso acontece no fim da semana.

Também já tenho tudo planejado para o fim de semana. Combinei com uns amigos de ir a um monte no Alentejo (Amareleja). Está tudo certo. Logo à tarde, por volta das 18 horas, sairemos de viagem. Em cerca de duas horas estaremos na Amareleja, ainda a tempo de jantar.

Depois do almoço, a minha chefe, que tem um estilo bastante determinado, veio falar comigo, com ar bastante preocupado e apressado, e pediu-me a solução de um problema que sei que vai exigir, no mínimo, duas horas do meu já escasso tempo da tarde de sexta-feira. Ela não está nem aí para o impacto que isso vai causar na minha agenda. Sei perfeitamente que isso acontece porque ela não planeja a agenda dela. Esta cena já aconteceu antes.

Questão:
Como devo interagir com ela quando se dirige a mim com um pedido de solução do problema?

Hipótese A:
Com voz hesitante, e sem olhar diretamente para ela, digo que vai ser difícil executar o que me pede, pois não vou ter tempo durante a tarde de sexta-feira. Diante da minha desculpa, ela insiste, e eu cedo facilmente, ou então digo que vou tentar, mesmo que isso vá causar o que eu mais detesto: me atrasar. Não argumento nada. Retraio-me e vou remendar a minha agenda a fim de me safar da situação.

Conclusão:
Escolhi um padrão de comunicação tipicamente PASSIVO.

Esse tipo de comportamento caracteriza-se pela necessidade de não desagradar aos outros, ou medo de o fazer. É um comportamento tipicamente defensivo, tímido, submisso e desvalorizador para quem o assume. Normalmente é praticado por pessoas inseguras que raramente dão opiniões e falsamente simpáticas. São normalmente personagens que escolhem viver a vida em cima do muro — sentem-se tranquilas por não se incompatibilizarem com ninguém.

Hipótese B:
Olho para o chão e suspiro impacientemente, enquanto a minha chefe fala. A minha vontade é virar as costas, mas eu preciso deste trabalho. Contrariado, sinto-me obrigado a obedecer às ordens dela! Intimamente sei que a minha vingança vai acontecer um dia, de uma forma ou de outra.

Conclusão:

Escolhi um padrão de comunicação tipicamente PASSIVO-AGRESSIVO.

Esse tipo de comportamento é normalmente assumido por falsos passivos. Pessoas que não são capazes de exteriorizar o que sentem, de forma equilibrada, mas que também não ficam bem consigo mesmas. Essas pessoas vão acumulando tensão dentro delas e na relação com os outros. Um dia explodem! Ou explodem para dentro e a explosão manifesta-se através de depressão, ataque cardíaco etc.; ou explodem para fora, surpreendendo tudo e todos, pois apanham-nos de surpresa; ou explodem para dentro e para fora, causando destruição dos dois lados.

Hipótese C:

Digo diretamente à minha chefe que aquele problema não deriva de um erro meu e que ela deve exigir que quem o cometeu o corrija. Em alternativa, concordo em fazer esse trabalho, mas digo que quero algo em troca, como, por exemplo, chegar mais tarde na segunda-feira.

Conclusão:

Escolhi um padrão de comunicação tipicamente AGRESSIVO.

Este tipo de comportamento tem origem na necessidade de se sobrepor ao outro ou de o dominar. Tem base numa atitude de frustração ou de superioridade de quem se sente dono da verdade, recorrendo por vezes à ironia, à desvalorização dos outros, à maledicência, à chantagem. O tom de voz normalmente é bastante alto e agressivo, interrompendo o outro, não mostrando disponibilidade para o escutar e não lhe dando espaço para contra-argumentar.

Hipótese D:

Olho diretamente para a minha chefe e digo-lhe que o meu tempo está totalmente ocupado. Em seguida digo-lhe que vou analisar as minhas prioridades, a fim de conseguir encontrar uma solução. Convido-a a dividir comigo essa tarefa. Por fim, defino uma nova organização das prioridades para o resto da tarde da minha sexta-feira.

Conclusão:
Escolhi um padrão de comunicação tipicamente ASSERTIVO.

Esse é um tipo de comportamento capaz de contribuir para concretizar relações eficazes. Capaz de resolver situações tensas e conflituosas. É tipicamente adotado por pessoas seguras de si mesmas, mas não arrogantes, fluentes e com transparência de linguagem verbal e não verbal, que possuem a habilidade necessária para exprimir de forma correta as suas ideias, emoções e os seus sentimentos, sem atacar os outros. São diretos e objetivos. Aceitam a crítica, sabem escutar e negociar soluções.

Mas não ficamos por aqui!

A comunicação sustentada pela Atitude UAUme!® vai além da Assertividade!

Embora baseado em uma comunicação assertiva,
a Atitude UAUme!® é, além disso, criativa,
gerando valor além do que o emissor e receptor
poderão respectivamente retirar da comunicação estabelecida.

Então, como seria resolvida a situação descrita, recorrendo à COMUNICAÇÃO UAUme!®?

Comecemos por enunciar os pressupostos comunicacionais da Atitude UAUme!®:

- Comunicar com Atitude UAUme!® é reconhecer que em todas as interações existe espaço para surpreender positivamente.
- Comunicar com Atitude UAUme!® é ser proativo! Gerir a interação presente e modelar o tom da interação seguinte.
- Comunicar com Atitude UAUme!® é ser criativo.
- Comunicar com Atitude UAUme!® é escolher a opção de comunicação não violenta.
- Comunicar com Atitude UAUme!® é adotar uma comunicação não-verbal positiva.

- Comunicar com Atitude UAUme!® é acreditar que a própria interação é geradora de novas possibilidades;
- Comunicar com Atitude UAUme!® implica festejar a concretização.
- Comunicar com Atitude UAUme!® gera no outro comportamentos de gratividade.

Voltando ao exemplo:
Aplicando a Atitude UAUme!®, se conseguiria, decerto, uma interação mais virtuosa do que utilizando apenas o padrão assertivo, relatado na Hipótese D.

Por quê?
Porque a comunicação com Atitude UAUme!® visa não só à resolução da questão em causa, aqui e agora, mas também contribuir para alterar a qualidade futura da relação entre os interlocutores, neste caso entre mim, a gestão da minha agenda e os comportamentos recorrentes da minha chefe.

Adotando o estilo de comunicação com Atitude UAUme!® nessa interação, não só me tornaria mais eficiente e eficaz, profissionalmente, apoiando e surpreendendo positivamente a minha chefe, como ainda conseguiria encarar a situação como uma excelente oportunidade para cocriar e fazer acontecer com sucesso!

O modelo de comunicação com Atitude UAUme!® que apresentamos em seguida decorre, em grande parte, da investigação proativa que temos desenvolvido em vários contextos nacionais e internacionais no âmbito da Negociação e Vendas. Como se sabe, a Negociação e Vendas são áreas em que a comunicação é crucial e determinante para Fazer Acontecer e gerar valor na Interação!

O Modelo de Comunicação com Atitude UAUme!® se baseia em 5 etapas:

1. **Abordar**
2. **Sensibilizar**
3. **Proporcionar**
4. **Motivar**
5. **Concretizar e festejar**

MODELO DE COMUNICAÇÃO®

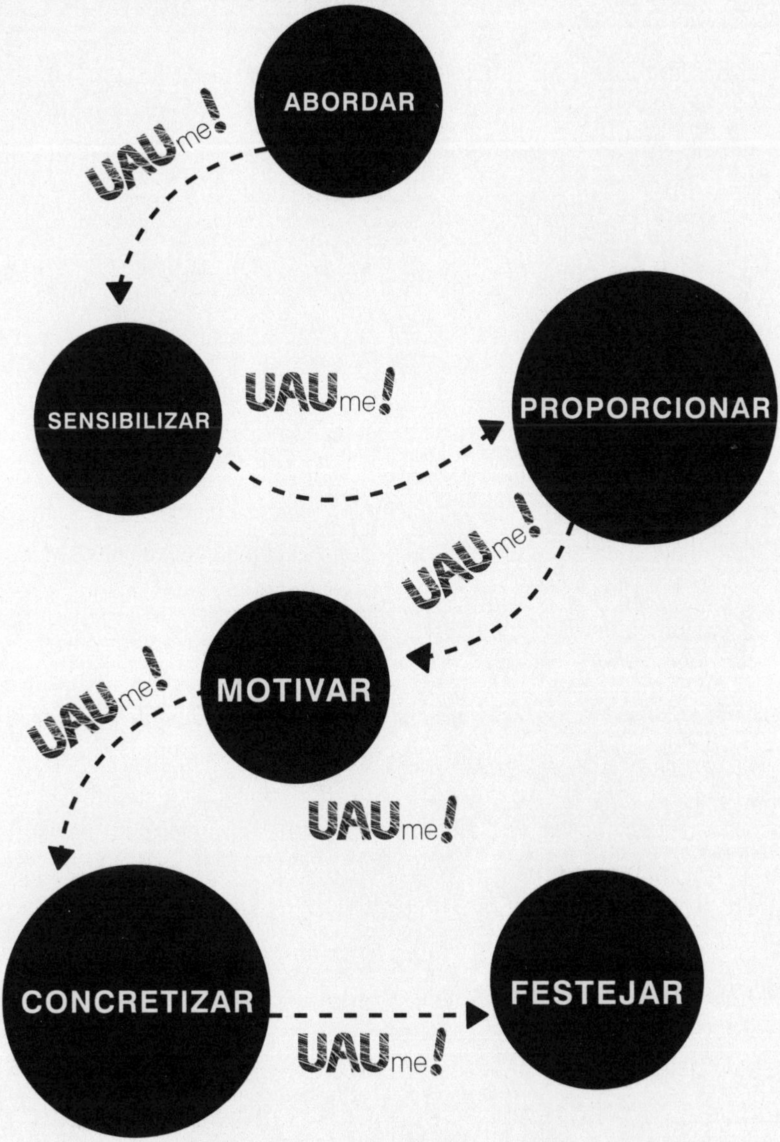

Figura 7 Modelo de Comunicação UAUme!®.

Como eu interagiria então, com a minha chefe, utilizando as 5 etapas do Modelo de Comunicação UAUme!®?

1.ª etapa do Modelo de Comunicação com Atitude UAUme!®: ABORDAR

Abordar alguém ou a atitude expressa no acolhimento de um primeiro contato são aspectos muito importantes em qualquer interação, frequentemente descuidados, tanto por quem aborda como por quem acolhe. Muitas vezes, quem aborda precipita-se a fazê-lo. Por outro lado, muitas vezes quem é abordado pode não estar preparado ou ser apanhado de surpresa. Em ambas as situações, as pessoas podem manifestar uma postura corporal de desconfiança ou inadequada ao prosseguimento de uma interação positiva.

De fato, a postura, expressões e gestos possuem um forte conteúdo simbólico, específico a cada contexto cultural, tendo a capacidade de sustentar, contradizer ou amplificar as nossas emoções. Existe uma ligação automática e instantânea entre a emoção sentida e a postura, expressão e gesticulação emitida. Por conseguinte, este componente deve ser cuidadosamente atendido, conquanto na comunicação com Atitude UAUme!® a postura, as expressões e os gestos devem ser genuínos e desinibidos, sugerindo franqueza e espontaneidade de atitude positiva na interação com o outro.

No caso em análise, eu deveria então garantir uma postura corporal de receptividade e acolhimento para com a minha chefe, reforçada através de uma linguagem não verbal de abertura e de uma escuta ativa. Muitas vezes, esse simples fato de evidência de receptividade funciona como elemento gerador de surpresa para com o emissor da mensagem. Se reparar, à sua volta, em situações de comércio, de hotelaria ou de serviço público, apesar de quem nos atende estar lá para isso, são relativamente poucas as pessoas que nos acolhem com verdadeira postura de abertura, que evidencie genuína vontade de nos escutar ou de nos cumprimentar.

O nosso interlocutor percebe perfeitamente a diferença entre aquilo que fazemos porque sabemos que tem de ser feito e aquilo que fazemos porque sentimos, queremos e nos dá alegria fazê-lo.

Nesse caso concreto, a possibilidade de eu tomar a iniciativa de mudar de posição, quando a minha chefe me abortar (por exemplo, passar da posição sentada para a posição em pé, com a naturalidade de quem se move no contexto de uma interação, não com a rigidez de quem se põe em sentido para acatar uma ordem), poderá ter várias vantagens.

Em primeiro lugar, mudar da posição sentada para a posição em pé me permitirá alterar o meu próprio estado fisiológico, aumentando os meus níveis de atenção e, consequentemente, elevar a minha capacidade de reagir de forma mais criativa.

Em segundo lugar, a posição em pé me permite estabelecer uma relação de comunicação fisicamente mais equilibrada, tirar mais partido da minha postura, do meu olhar e da minha comunicação não verbal ao longo da interação.

2.ª etapa do Modelo de Comunicação com Atitude UAUme!®: SENSIBILIZAR

Tratando-se de uma situação profissional recorrente, que me era transmitida numa tarde de sexta-feira já repleta de compromissos, uma das formas de poder *Sensibilizar* a minha chefe poderia ser tocando a sua consciência de forma positiva.

Caso a relação de proximidade assim o permitisse, poderia recorrer ao humor (o caminho mais curto entre duas pessoas), dizendo por exemplo: "Bem-vinda à minha caótica agenda de sexta-feira à tarde, que obedece a meu lema de servir e servir bem!", ou a algum outro tipo de improviso humorístico que não corresse o risco de poder parecer irônico ou sarcástico.

Se a via escolhida fosse o humor, devido ao *nonsense* de que é composto e que, por si só, já gera naturalmente surpresa, eu ficaria automaticamente equipado para poder passar imediatamente à fase seguinte: *Proporcionar*. Já chegaremos a esse ponto.

Antes vamos ainda explorar o que fazer numa hipótese em que o humor não fosse oportuno. Nesse caso eu poderia sensibilizar a minha chefe através de uma comunicação totalmente racional, mas focada nos benefícios do que estou fazendo, do tipo: "Como é importante darmos respostas aos clientes no prazo, e a empresa reconhece a vantagem de que as nossas atividades estejam planejadas a fim de serem cumpridas dentro dos prazos. É ter você aqui e poder lhe contar a grande diversidade de tarefas que tenho em mãos..." (nesta altura, a minha chefe, que naturalmente está alinhada com o objetivo de fazer aquilo que é vantajoso para a empresa, já teria criado uma expectativa natural que me permitiria passar à etapa de comunicação seguinte: *Proporcionar*).

3.ª etapa do Modelo de Comunicação com Atitude UAUme!®: PROPORCIONAR

Na aplicação do estilo de Comunicação UAUme!®, tal como a palavra indica, a etapa *Proporcionar* implicaria que eu propusesse algum tipo de ação que animasse e proporcionasse à minha chefe um conjunto de emoções positivas.

A melhor forma para o fazer, independentemente do tipo de frase que tivesse utilizado na fase anterior de sensibilização, seria avançar, desde logo, com sinais evidentes de que o meu foco, daí em diante, seria de certa forma o de evidenciar reciprocidade. Poderia, por exemplo, propor-lhe diretamente algo como: "Olhe, juntamos a fome com a vontade de comer! Estou com a agenda cheia de assuntos que gostaria de resolver hoje e, por outro lado, gostaria bastante de contribuir para a resolução dessa questão" (isso numa versão mais informal).

Numa versão mais formal, eu poderia dizer algo do gênero: "Deixe-me lhe explicar a forma como a minha agenda está organizada; vamos decerto encontrar uma solução. Acredito que, em conjunto, iremos conseguir rever ou validar a prioridade e pertinência das várias tarefas que tenho em mãos para hoje que, aliás, têm impacto no meu trabalho da próxima semana e no de alguns colegas".

O fato de compartilhar a agenda com a minha chefe iria certamente unir-nos num mesmo compromisso, com valor acrescentado para o imediato e para o futuro. Espera-se que seja assim.

Tenha sido uma interação mais formal ou mais informal, e conseguindo manter um diálogo empático, chegamos à etapa da *Motivação*.

4.ª etapa do Modelo de Comunicação com Atitude UAUme!®: MOTIVAR

Entende-se essa motivação em dois níveis:

- A nossa motivação enquanto emissores, para continuarmos a interação dentro do estilo UAUme!®, isto é, não nos limitarmos a resolver um problema aqui e agora, mas criando também algo que irá influenciar positivamente o futuro.
- A motivação que se pretende que o outro tenha para continuar esta interação conosco.

De um modo informal, dentro do estilo de relacionamento existente, eu também poderia ir diretamente pelo caminho de convidar a minha chefe para iniciar, desde logo, a tarefa a fim de encontrar quem faz o quê, no sentido de criar o menor número possível de embaraços à minha agenda, mas garantindo que o trabalho vai ser concretizado de forma adequada, se trabalharmos em equipe.

Se a personalidade da minha chefe for do estilo "quero, posso e mando", a forma de motivá-la pode passar a ser a de que eu lhe solicite, simplesmente, o máximo de detalhes ou de reforços (por exemplo, outras pessoas para me ajudar), mencionando que faria questão de cumprir, com rapidez, o que me está solicitando, e garantir que aquele aspecto não só ficaria resolvido, como dificilmente poderia voltar a acontecer no futuro.

Acontecesse o que acontecesse e reagisse a chefe como reagisse, passaria então à última etapa – a *Concretização.*

5.ª etapa da Comunicação com Atitude UAUme!®: CONCRETIZAR E FESTEJAR

Com a Atitude UAUme!® qualquer processo de interação termina sempre com ações e evidências de concretização, com resultados comemoráveis. Isso significa que a Comunicação com Atitude UAUme!® deve incluir sempre algo que nos permite garantir, de forma objetiva, que emissor e receptor fizeram um percurso de valor, mesmo que não tenha sido possível desenvolver todo o processo, com todas as etapas que aqui enunciamos, e que a interação tenha sido, pura e simplesmente, do tipo: "Quero que você faça...". Na fase de concretização é muito importante compartilhar horizontes temporais no plural com o nosso interlocutor, para que no momento de concretização se possa dizer: "Conseguimos!".

Nesse caso, eu poderia, simplesmente reformular o que me foi pedido, acrescentando o meu próprio desafio, dizendo algo como: "Então, além de decidirmos que vou fazer isso, vai decerto ser muito útil para todos, e vou ficar muito feliz com a possibilidade de termos o trabalho pronto às 5 da tarde, com recomendações para o futuro".

No caso em análise, devido ao fato de a chefe ser uma pessoa com alguma deficiência de planejamento, seria particularmente importante acrescentar valor dizendo-lhe algo do gênero: "Concluir este trabalho no prazo que estamos combinando vai ser fantástico se, além disso, conseguir ainda cumprir as tarefas que tinha proposto para a tarde de hoje, sem ter necessidade de alterar o planejamento efetuado".

Em outra hipótese em que a chefe até já tivesse concordado em me proporcionar um prazo mais amplo, ou me tivesse ajudado a alterar as prioridades da minha agenda, aproveitaria, eficazmente, a fase da concretização para voltar a realçar os benefícios da cocriação, como por exemplo: "Foi ótimo realizarmos o que se pretendia!" ou "Não há dúvida que as tarefas acordadas em conjunto têm muito mais chances de ter sucesso. Temos motivo para festejar no fim de semana!".

Na Atitude UAUme!® não colocamos limitações do tipo: "Ela que tem de me parabenizar, porque ela é que é a chefe" ou "Ela é que tem de me elogiar e dar reforço positivo porque, afinal, fui eu que fiz o trabalho!", ou algo do gênero.

Conclusão:
No caso apresentado, podemos constatar que a utilização do Modelo de COMUNICAÇÃO com Atitude UAUme!®:

- favoreceu a autoestima do emissor e do receptor;
- favoreceu a percepção sobre as reais expectativas das partes envolvidas;
- favoreceu a aceitação das reações de ambas as partes;
- favoreceu a congruência;
- favoreceu a cocriação de novas possibilidades;

- favoreceu a proatividade;
- focou-se em soluções;
- foi eficiente;
- fez acontecer!

Na Comunicação UAUme!® existem dimensões sempre presentes: CAPACIDADE DE ACEITAR O OUTRO, de o SURPREENDER e de GERAR NELE *GRATIVIDADE*.

No caso da comunicação em análise, vejamos como se manifestam:

Capacidade de aceitar o outro: passou pela capacidade de encarar e entender, como natural, que, se numa sexta-feira à tarde a nossa chefe nos vem pedir um trabalho importante de última hora, é provável que ela o faça devido a um motivo de força maior e, certamente, com alguns níveis de tensão psicológica, devido à sua antevisão da possibilidade de receber da nossa parte uma de três reações naturais:

1. Aceitação resignada
2. Aceitação com relutância
3. Tentativa de recusa

Capacidade de surpreender o outro: o fato de acolhermos a solicitação que nos é dirigida com a atitude positiva relatada antes, acabará cumprindo a premissa de a surpreender favoravelmente.

Capacidade de gerar *gratividade* no outro: o fato de sensibilizarmos, proporcionarmos e motivarmos o nosso interlocutor a prever comportamentos que lhe podem ser úteis e benéficos, em relações futuras com outros colaboradores, irá decerto também gerar *gratividade* (senso de gratidão que se transforma em atividade para com outros).

A Comunicação UAUme!®
é um eficiente energizador das relações interpessoais
focadas em fazer acontecer e em construir o futuro!

Não é tanto aquilo que os outros fazem que importa.
O que importa é a forma como interpretamos
e lidamos com o que os outros fazem.

Dicas para Comunicar com Atitude UAUme!®:

- Acolha com prontidão e entusiasmo quem o aborda.
- Mostre-se receptivo e atento — esteja presente.
- Mantenha contato visual.
- Escute ativamente e evite interromper.
- Evite fazer juízos de valor e pressuposições negativas.
- Adote uma postura e comunicação não verbal positiva.
- Comunique de forma clara e transparente.
- Prefira utilizar perguntas abertas.
- Utilize frases curtas.
- Fale no indicativo. Evite utilizar o imperativo ou o condicional.
- Conjugue os verbos na primeira pessoa do plural (nós).
- Utilize um tom e um ritmo de voz moderados.
- Utilize expressões positivas.
- Elogie.
- Quando oportuno, recorra ao humor.
- Evite desculpas e indecisões.
- Faça propostas criativas além do aqui e agora.
- Surpreenda.

- Crie valor.
- Concretize.
- Festeje!

As competências de Comunicação com Atitude UAUme!® não são inatas; aprendem-se. São hábitos ou padrões de comportamento positivos. Aprendem-se com persistência, por imitação ou por reforço.

Por isso:

- Insista, insista até que exista!
- Dê o exemplo para que outros o possam seguir.
- Dê *feedback* positivo a quem o pratica.

Conclusão:

Todos podem desenvolver o estilo de comunicação com Atitude UAUme!®

A nossa capacidade de comunicação não é medida
pela forma como dizemos as coisas,
mas pela maneira como somos entendidos.

A Atitude UAUme!® e o Falar em Público

Sabia que em muitos dos estudos realizados em diversos países, nos diferentes continentes, o maior MEDO é o de FALAR EM PÚBLICO?

Considerando que a Atitude UAUme!® é um conceito que visa mobilizar e proporcionar ferramentas para o sucesso das interações, decidimos dedicar um capítulo a esta importante competência comportamental.

Saber compartilhar informação, ideias e experiências em público, fazendo-o com entusiasmo e eficácia, é uma Atitude UAUme!®

Um estudo da Universidade Stanford demonstra que o principal indicador de sucesso profissional está relacionado com a forma como somos capazes de desfrutar os momentos de falar em público e o impacto positivo que sabemos provocar junto da nossa audiência.

Como Falar em Público com Atitude UAUme!®?
Questão prévia e MUITO importante: estar tenso, ansioso e com estresse FAZ PARTE e AJUDA a comunicar em público! É verdade! Como diz o provérbio português: *As dificuldades aguçam o engenho*! Para preparar e desenvolver uma boa comunicação em público é bom possuir alguns medos **ANTES** de enfrentar o seu público. Ajuda a pensar, a concentrar e a ter atenção aos detalhes.

Outro aspecto prévio MUITO importante: Falar em Público com Atitude UAUme!® exige acreditar que vamos **COMPARTILHAR VALOR.** Isso significa **COMPROMISSO** conosco e com a audiência. Significa que tanto o conteúdo como a forma de transmissão estão alinhados com esse propósito. Atitude UAUme!® é também ter autoconsciência, concentração e foco naquilo que são os interesses da audiência. Antes de falar em público, pergunte sempre: "Se eu estivesse na audiência, que VALOR esperaria receber através desta comunicação?".

Se está convencido da pertinência, utilidade e qualidade daquilo que tem para compartilhar, então estas dicas sobre Como Falar em Público com Atitude UAUme!® são para você:

1. Prepare-se muito bem. Obtenha o máximo de informação possível. Quem são os destinatários? Quantos são? Quanto tempo vou ter? Como é o local e quais são as condições do espaço? Que recursos vou utilizar? Como e quando posso testá-los? Alguém fala antes ou depois de mim? Quem são? Que temas vão abordar? Posso integrar essas comunicações de forma que valorize o conjunto das intervenções? O horário da minha palestra é conveniente para mim e para a audiência? Como posso surpreendê-la?

2. Selecione alguns dos membros da audiência para envolvê-los na sua apresentação, decorando previamente os seus nomes. Escolha pessoas que sejam uma referência para o resto do público, tanto pelo protagonismo que já têm como pelo protagonismo público que nunca lhes foi dado! Este método facilita bastante a harmonia e tem um efeito altamente captador da atenção, verdadeiramente surpreendente e motivador para que as pessoas se sintam envolvidas durante toda a sua apresentação, numa dinâmica de cocriação.

3. Chegue cedo. Teste tudo muito bem. Leve sempre um *backup* da sua apresentação. Imagine e previna-se para a utilização de *planos B*. Exemplos: Vá preparado para qualquer tipo de falha técnica (som, luz etc.). Vá preparado para lhe ser dado menos ou mais tempo do que estava previsto. Vá preparado para a possibilidade de que quem o precedeu tenha conseguido fazer os ouvintes dormir em, e tudo o mais que lhe possa ocorrer.

Após muitas e muitas centenas de apresentações que temos dinamizado para públicos variados, recordamos um caso real ocorrido nos Açores:

> A nossa palestra tinha o objetivo de motivar centenas de produtores de leite a adotarem atitudes mais proativas e adequadas a um desenvolvimento mais competitivo da sua atividade. A nossa palestra encerrava um conjunto de outras cinco palestras, da responsabilidade de políticos locais

e de representantes de instituições diversas. O horário não podia ser o pior para pessoas que se levantam cedo.

O evento teve início pelas 18 horas, com discursos muito politizados e linguagem técnica, monótona e longa. Olhando para a audiência, era fácil perceber por que muitos dormiam ou bocejavam. Estavam muito entediados! Para agravar a situação, o tempo passava, e os oradores falavam sempre na mesma onda.

Às 20 horas, quando a apresentação anterior à nossa tem início, somos surpreendidos por uma jovem técnica com um tema interessante, mas em que, pasmem, LEU cerca de 200 *slides*, de texto corrido, sem olhar para a audiência uma única vez!

Vivemos um sentimento misto de raiva (pobres coitados dos produtores de leite), ao mesmo tempo que pensávamos: "Ou agimos JÁ, ou vamos ser vítimas de toda esta agonia!".

Levantamo-nos da mesa do palco, demonstrando que algo ia acontecer e saímos da sala. Notou-se alguma agitação, provocada pela nossa saída, mas acreditamos que todos pensaram que a saída teria a ver com a satisfação de alguma necessidade fisiológica. A tal técnica continuou a ler os muitos *slides*.

Dirigimo-nos a um café nas redondezas do auditório, compramos uma caixa de leite e voltamos para a conferência com ela na mão. Ao percorrermos a sala a caminho do palco, trocamos cumprimentos discretos, mas visíveis, com integrantes da audiência que ainda conseguiam estar acordados. Estes, ao nos ver com a caixa de leite na mão, demonstraram alguma curiosidade.

Assim que nos sentamos, abrimos a caixa de leite, enchemos o copo e começamos a bebê-lo. Foi lindo! Os produtores de leite viam acontecer algo que os surpreendia! Foi lindo ver as muitas cotoveladas entre eles para acordarem uns aos outros. Havia sorrisos e expectativa na sala! O ambiente estava mudando! Algo ia acontecer!

A dita técnica se calou, e então tivemos o nosso momento! Abrimos a nossa palestra com o copo de leite na mão, dizendo: "Se neste momento, cada chinês estivesse fazendo o mesmo que eu, os senhores não seriam decerto Produtores de Leite, mas sim Produtores de Ouro Branco!".

Essa entrada e toda a interação que daqui nasceu desencadeou um dos momentos mais gratificantes de que já participamos.

Houve SURPRESA.
Houve CONVERGÊNCIA DE INTERESSES. Houve INTERAÇÃO POSITIVA.
Houve UAUme!®.

4. **Relaxe. Mantenha a calma sendo autêntico.** NUNCA imite ninguém. As pessoas adoram AUTENTICIDADE. A Atitude UAUme!® se baseia na autenticidade das forças e qualidades do seu protagonista.

5. **NUNCA se desculpe publicamente de nada.** Exemplo: "Desculpem a minha voz, mas estou gripado"; ou "desculpem o som, mas...". Nenhuma audiência aprecia desculpas. Em caso de algum constrangimento, ignore-o ou use-o a seu favor, recorrendo ao humor Atitude UAUme!®.

6. **Inicie falando do seu PROPÓSITO.** Diga o QUE vai compartilhar, criando algum *teaser* e *suspense.* Diga algo com impacto, começando com uma pergunta: Exemplo: "Sabiam que...?".
Outra técnica que recomendamos pode ser começar com um pequeno e impactante filme (menos de um minuto) que possa ser resumido, no final, com uma frase forte. Uma vez que é muito corriqueiro iniciar com uma piada, não sugerimos que faça isso no início. O humor é um recurso muito interessante, mas deve-se "aquecer" primeiro a audiência. Este é o momento para GANHAR a audiência. Visualize SUCESSO. Anime-se! Contagie! O protagonista com Atitude UAUme!® faz tudo com um propósito

bem definido, conhece a importância do *suspense* para a capacidade de surpreender e domina a ferramenta do humor.

7. **Possua no máximo quatro ou cinco ideias fortes** para desenvolver durante a sua apresentação. Lembre-se que a Atitude UAUme!® se focaliza em fazer acontecer; neste caso, transmitir a mensagem, e ninguém consegue reter mais do que quatro ou cinco mensagens.

8. **Recorra a meios multimídias** se tiverem MUITA QUALIDADE, se ACRESCENTAREM VALOR, se AJUDAREM A REFORÇAR A ATENÇÃO da audiência. Quem usa *power points* só porque não é capaz apenas de falar, ainda não tem a Atitude UAUme!®

9. **NUNCA use *slides* com efeitos especiais, tipos de letra antiquados,** tamanho inferior a 28, mais de 8 palavras por linha e mais de 8 linhas num só *slide*. Faça um bom uso do efeito de contraste. Use cores e fundos que favoreçam a legibilidade (cheque-a, vendo os *slides* do fundo da sala). Sempre que usar gráficos, ou resultados de estudos, refira as respectivas fontes. A Atitude UAUme!® também se vê nos suportes gráficos e baseia-se sempre numa postura ética.

10. **Utilize um controle remoto e evite estar numa posição fixa.** Movimente-se, mas mantenha contato visual com a audiência. Evite virar as costas ao público. O movimento favorece a atenção indispensável à capacidade de surpreender e de passar a mensagem com Atitude UAUme!®.

11. **Mexa-se com harmonia e energia.** Demonstre vitalidade e segurança. AGARRE a audiência. Reforce aquilo que sentir que causou impacto. Esclareça aquilo que sentir que causou alguma dúvida, mas NÃO desperdice os MOMENTOS especiais que surgirem. Não tenha pressa em acabar. Uma dica: prepare mais de um desfecho para a sua palestra. Muitas vezes as coisas estão correndo tão bem, mas o tempo está esgotando-se e ainda temos muito para dizer. Esqueça! Se a audiência está entusiasmada com dois aspectos que já compartilhou e AINDA quer mais, DÊ-LHE MAIS! Recorde: valem mais duas mensagens fortes do que quatro ou cinco fracas! Deixe a audiência participar ativamente. Conceda algum espaço

para a interação. A Atitude UAUme!® está mais focada nos outros do que em nós mesmos.

12. Conte histórias. Faça parte do elenco das histórias. As pessoas gostam. A Atitude UAUme!® valoriza o poder das metáforas que as histórias contêm e a sua capacidade de inspirar os ouvintes.

13. Cumpra o tempo previsto para a sua fala. Se for necessário, peça ajuda a alguém para o avisar, quando faltarem 10 minutos para terminar a sessão. A Atitude UAUme!® respeita os outros.

14. Se começou bem e sente que o conteúdo está agradando, prepare mentalmente a CONCLUSÃO. Jogue alto! As suas últimas palavras, gestos, atitudes, comportamento vão assumir grande protagonismo. Arrase, compartilhe e divirta-se! Seja e crie efeito UAUme!®.

Um último conselho: **Voluntarie-se** para falar em público! Invista em você! Esta importante competência deve ser desenvolvida e treinada SEMPRE que possível. Agarre todas as oportunidades que surgirem para Falar em Público com Atitude UAUme!®.

Acreditamos que o mundo seria um lugar melhor e mais feliz
se aprendêssemos a falar mais sobre o que está certo
do que sobre o que está errado.
Temos tanta coisa para celebrar!

A Atitude UAUme!®, o *Marketing* Pessoal e a Empregabilidade

Era uma vez um homem que aceitou um emprego num jardim zoológico. Um gorila tinha morrido, e o homem foi contratado para vestir uma fantasia de gorila e comportar-se como tal, até encontrarem outro animal para o substituir.

O homem até gostava do seu trabalho, que consistia em comer bananas, coçar-se e saltar de galho em galho para os visitantes observarem.

Certo dia, o homem saltou demasiado longe e caiu na jaula ao lado, a dos leões. Mal o homem caiu, os leões começaram a rosnar e a aproximar-se dele lentamente.

O homem desata a correr em direção à cerca e a gritar: "Socorro! Socorro! Ajudem-me!". Nisto, o homem vira-se para trás e um dos leões lhe diz: "Olha lá, vê se faz pouco barulho, senão somos despedidos!".

Ninguém tem dúvidas de que estar desempregado ou ter uma atividade profissional em risco são momentos críticos na vida de qualquer profissional. Por outro lado, nos dias de hoje não há nenhuma situação profissional 100% segura.

Empregabilidade não diz respeito apenas a ter emprego: traduz a capacidade de manter valor no mercado de trabalho e na atividade profissional ao longo da vida.

Neste contexto, a Atitude UAUme!® assume-se como uma ferramenta que favorece a empregabilidade, tanto no que diz respeito a encontrar uma nova atividade profissional quanto a conseguir uma atividade mais gratificante ou a reforçar a garantida manutenção e futuro da atividade, que se tem e de que se gosta, por conta de outros ou no nosso próprio negócio.

Todos sabemos que "a primeira impressão é a que fica!". Causar uma primeira boa impressão é uma Atitude UAUme!®. No entanto, à velocidade a que hoje tudo evolui ou muda, a noção do que significa uma *primeira boa impressão* alterou-se. Hoje precisamos estar permanentemente causando *novas primeiras boas impressões*. Novas primeiras boas impressões aos novos clientes, novos fornecedores, novos colegas, novos chefes, novos colaboradores, novos companheiros(as), novos vizinhos.

No entanto, há muita gente se descuidando deste importante aspecto, tanto na sua vida pessoal como na profissional. À semelhança de alguns bons produtos que não vingam no mercado não só por falta de uma correta divulgação e promoção no seu lançamento, mas também por falta de dinamização comercial ao longo do seu ciclo de vida, também muitas pessoas não conseguem alcançar o que querem ou manter os níveis de competitividade que desejam na sua vida pessoal e profissional.

"Não basta Ser.
Tem que Ser, Parecer e Aparecer
continuamente e de forma renovada".
Tem de evidenciar Atitude UAUme!®

Quando muitos permanecem na sombra e na mediocridade, outros conseguem sobressair-se. Sobressair não significa dar nas vistas de forma trivial ou simplesmente aparecer nos meios de comunicação social. Significa ser capaz de evidenciar valor perante os outros significativos.

Na atual sociedade dos meios de comunicação em massa, quem tem baixa visibilidade simplesmente não é visto! Não chega a ter a oportunidade de evidenciar valor. Outros têm tanta visibilidade que se consideram uns super-homens, mas, na realidade, o mercado os vê como verdadeiros patetas!

A Atitude UAUme!® ajuda a embalar, divulgar e gerir o seu produto no mercado de trabalho: você mesmo!

Trabalho há muito; empregos, poucos!

> Após ter sido apanhado em flagrante dormindo no serviço, o empregado desculpa-se perante o patrão: "Não estou dormindo não, chefe! O meu serviço é tão fácil que o faço de olhos fechados!".

O emprego constitui não só a principal fonte de receita com que a maioria das pessoas conta para suprir as suas necessidades materiais, como também lhes permite plena integração social. Por isso, a maior parte dos países reconhece o direito ao trabalho como um dos direitos fundamentais dos cidadãos.

A maior recompensa do nosso trabalho não é o que nos pagam por ele, mas aquilo em que ele nos transforma.

No entanto, a experiência profissional que possuímos, ambos com carreiras em que já estivemos dos dois lados (empregados e empregadores), mostra-nos que a verdadeira essência do emprego é, por vezes, bastante maltratada.

Algumas pessoas parecem esquecer-se que emprego é sinônimo de trabalho e de produtividade. Sem trabalho para fazer, ou sem evidenciar a produtividade do trabalho, o emprego de qualquer pessoa estará seriamente ameaçado!

Se isso já era verdade em contextos econômicos tranquilos, torna-se absolutamente premente em contextos econômicos difíceis, durante os quais as entidades empregadoras procuram, por todos os meios ao seu alcance, reduzir custos e incrementar a produtividade dos seus recursos humanos para sobreviver.

Algumas dicas da Atitude UAUme!® que favorecem a empregabilidade

Dica Atitude UAUme!® 1: ENCARE O TRABALHO COMO FONTE DE PRAZER

A satisfação no trabalho depende, essencialmente, da forma como o vemos e nos envolvemos nele, não tanto da natureza do trabalho propriamente dito. Escolha trabalhar de forma empenhada e competente ao longo de toda a sua vida, seja no que for, encarando o trabalho não como um dever que lhe é imposto, mas como um valor nobre e gratificante! Um dos maiores legados que você pode deixar para a felicidade e empregabilidade dos seus filhos é essa Atitude UAUme!®. Isso se consegue evidenciando, no dia a dia, o prazer que temos em trabalhar traz muito e bem.

Rob Briner, responsável pelo Departamento de Psicologia Social do Birkbeck College da Universidade de Londres, afirma que a investigação científica prova que "as pessoas que têm uma grande quantidade de objetivos, tarefas e responsabilidades desfrutam um bem estar psicológico maior do que aquelas que não têm". A ideia com que às vezes se brinca, de que o trabalho traz saúde, afinal é mesmo verdade!

Também aqueles que, não tendo trabalho, se envolvem ativamente à procura dele, conseguem um bem-estar psicológico maior do que quem fica passivamente à espera.

Um fato: Ainda ninguém morreu afogado no seu próprio suor!

Quem está desempregado tem muito trabalho para fazer, podendo tirar partido das virtualidades da Atitude UAUme!®:

- Dar a oportunidade de surpreender a si mesmo positivamente, reorientando a sua vida rumo a áreas nas quais anteriormente nunca lhe passou pela cabeça trabalhar.
- Investigar estruturadamente e com resiliência para descobrir novos interesses e vocações....
- Trabalhar ativamente no desenvolvimento de novos conhecimentos e competências....
- Envolver-se em iniciativas artísticas e culturais que o elevem de tarefas mundanas e lhe permitam olhar o mundo de outras perspectivas.

- Participar de iniciativas de voluntariado com capacidade de focar naquilo que tem, em vez de naquilo que não tem.
- Valorizar a possibilidade de tratar de todos aqueles assuntos que há anos que não tem tempo de pôr em ordem.
- Mostrar-se grato por ter espaço para dar atenção redobrada à família e aos amigos, estreitando laços que permanecem para a vida.
- Promover-se ativamente.

Se não se promover, quem o fará?

Se perguntar a uma série de pessoas que considera bem-sucedidas se elas se sentem sempre confiantes e seguras, provavelmente muitas irão responder que não. A maioria das pessoas tem de se esforçar continuamente. Alcançar o que se quer não é uma questão de sorte. Normalmente a sorte acontece quando a oportunidade e o trabalho se cruzam! Muitas vezes as pessoas concentram-se apenas no que precisam para sobreviver, não no que gostariam de alcançar. O problema é que, quando apenas se atira baixo, corre-se o verdadeiro risco de acertar!

> O trabalho afasta de nós três grandes males:
> o tédio, o vício e a necessidade.

Experimente estas sugestões da Atitude UAUme!® para se tornar mais confiante:

- Esqueça a ideia de que as coisas boas acontecem a quem acha que as merece e espera pacientemente. Não nos cansamos de dizer: "Na vida não obtemos aquilo que merecemos, mas sim o resultado da qualidade das interações que efetuamos". Atue! Lembre-se que grande parte do sucesso decorre, simplesmente, da capacidade de insistir com resiliência.
- Livre-se de preconceitos e aceite a ideia de que o *marketing* pessoal é uma capacidade indispensável para a sua sobrevivência.
- Acabe com discursos redutores, negativos ou mesmo arrogantes a seu respeito, do tipo: "Quem sou eu para poder pensar nisso?", "O que tenho para dar?" ou "Os outros é que têm de perceber como eu realmente sou".

Dica Atitude UAUme!® 2: ADOTE UMA ATITUDE POSITIVA

Como já dissemos, a atitude que se adota não é um *destino* a que estamos fadados; ela resulta de uma escolha individual!

Todos conhecemos pessoas que tiveram a infância e a vida difíceis e, no entanto, se assumem como pessoas positivas, no presente e em relação ao futuro, não se desculpando com o passado.

> Não deixe que o passado, que não pode mudar, lhe roube o tempo e a energia que precisa para investir na preparação do futuro que irá viver!

A atitude negativa, como costumamos dizer, tem um forte efeito de repelente social. Quem procura emprego, ou pretende zelar pela manutenção e prosperidade da atividade profissional que já possui, terá maior êxito se contagiar positivamente quem o rodeia!

Lembre-se que os empresários, gestores e administradores andam especialmente tensos e procuram pessoas positivas que acreditam que o futuro será melhor e que está nas suas mãos *levar o barco a bom porto*! Gerar confiança e surpreender positivamente o seu interlocutor é vital!

Procurar Trabalho com Atitude Positiva permite-lhe:

- Captar mais facilmente a atenção e receptividade de um potencial empregador, desde o primeiro momento, mesmo sem falar. A receptividade dessa pessoa lhe permitirá captar mais sinais positivos que você lhe for transmitindo, os quais favorecerão opiniões positivas, em detrimento de sentimentos de dúvida.
- Evidenciar mais confiança em si próprio, tornando a sua argumentação e seus sinais não verbais mais críveis.
- Transmitir entusiasmo e energia positiva, fazendo a conversa avançar sem constrangimentos ou segundas intenções.

- Estar mais descontraído e mais disponível para escutar ativamente. A escuta ativa lhe permitirá mostrar-se verdadeiramente interessado, evidenciar que é capaz de estar focado no seu interlocutor e preparar a sua resposta com mais consistência, sem se precipitar. A escuta ativa é uma capacidade cada vez mais valorizada no mundo do trabalho e dos negócios.
- Ser mais capaz de evidenciar os benefícios e valor da sua candidatura para o futuro, em vez de só falar de passado.
- Ser mais flexível e imaginativo para contornar eventuais objeções que o seu interlocutor lhe possa apresentar.
- Gerar mais confiança no seu interlocutor, despertando vontade de o contratar.

Numa entrevista de emprego, o entrevistador pergunta:
— Qual o cargo que você pretende ocupar, rapaz?
— Presidente! — responde o rapaz, absolutamente convicto.
— VOCÊ É LOUCO?! — esbraveja o entrevistador.
— Não... Por quê? É preciso ser? — responde o rapaz.

Se está no ápice do seu trabalho, a Atitude Positiva inerente à Atitude UAUme!® permite-lhe:

- Mostrar que é parte da solução, não parte do problema.
- Ser mais criativo na geração de novas possibilidades capazes de responder ao novo contexto e exigências do mercado.
- Estar mais aberto para aprender e para evoluir pessoal e profissionalmente.
- Criar um ambiente positivo no meio da equipe, obtendo reconhecimento e apoio dos colegas.
- Obter reconhecimento das chefias.
- Ser espontaneamente reconhecido como o candidato preferencial a ser recompensado ou promovido.
- Ser identificado como uma das pessoas indispensáveis para levar o barco a bom porto na tempestade, não como um dos primeiros a dispensar.

Questões aparentemente tão simples como a postura física, a capacidade de sincronização, o entusiasmo, o tom de voz, a simpatia na comunicação, a capacidade de escutar e de se centrar nas necessidades do seu interlocutor são ferramentas críticas para demonstrar credibilidade; mas são, antes de tudo, ferramentas indispensáveis para conseguir criar um ambiente relacional que proporcione ao outro uma **interação emocionalmente positiva.**

> Lembre-se que adotar e cultivar uma Atitude UAUme!® é, acima de tudo, uma decisão inteligente, tanto do ponto de vista pessoal quanto profissional.

Dica Atitude UAUme!® 3: IDENTIFIQUE DE QUE O MERCADO PRECISA. ESTEJA ATENTO À EVOLUÇÃO CONTÍNUA DAS TENDÊNCIAS

O *marketing* é, antes de tudo, um exercício permanente de antecipação. Hoje em dia, mais do que responder a necessidades, é função do *marketing* surpreender o mercado. Essa é também a Atitude UAUme!®

Imbuído da atitude correta diante do trabalho, e positiva diante da vida, a sua estratégia de *marketing* pessoal deve ser a de investir no conhecimento do mercado de trabalho que gostaria de integrar ou em que está inserido. Quais são as empresas que poderiam ter interesse no seu trabalho, considerando as suas capacidades e competências?

Um amigo pergunta a outro:
— Você nunca tira férias?
— De maneira nenhuma! Eu não posso me afastar da empresa!
— Mas por quê? A empresa não pode viver sem você?
— Pode! Mas é isso que eu não quero que eles descubram!

O conhecimento do mercado de trabalho é fundamental. Relacione todas as empresas em que trabalhou e tente imaginar as principais carências dessas empresas, que não estão sendo satisfeitas, ou as áreas dentro dessas organizações que estão sendo negligenciadas. Também pense naquilo que notava faltar em empresas que eram fornecedoras da organização onde trabalhava. Talvez fosse exatamente você o que lhes faltava!

Uma boa ideia é interagir com diferentes empresas, na qualidade de cliente, e identificar aspectos em que elas poderiam evoluir. Provavelmente há dentro dessas empresas um trabalho relevante que não é desenvolvido de maneira adequada. Relacione e coloque tudo no papel; estas informações são importantes.

Vá encontrar o trabalho que precisa ser feito. Não espere que o trabalho o procure! Tome a iniciativa de se candidatar espontaneamente às empresas, mencionando as carências que detectou e que se propõe resolver. Aristóteles dizia: "O prazer no trabalho aperfeiçoa a obra".

Só há duas opções:
fazer o que gosta ou gostar do que há para fazer! Qualquer uma delas pode fazê-lo feliz!
Envolva-se.

Muitas pessoas não aceitam algumas ocupações profissionais porque estão reféns do seu medo social. Isso as leva a ignorar boas oportunidades profissionais apenas porque não têm coragem de aceitar certas atividades, argumentando que "pode pegar mal", ou "sou bom demais para fazer esse trabalho", ou "que iriam dizer se me vissem ali?", ou "já não tenho idade para aquilo..." e assim por diante.

O profissional UAUme!® encara cada oportunidade com serenidade e como um degrau que lhe dará um novo impulso para ir progredindo na sua caminhada.

Quem está atento e disponível encontra oportunidades por todo lado!

Quem você vai escolher ser?
O pessimista que vê uma ameaça em cada oportunidade,
ou o otimista que vê uma oportunidade em cada calamidade?

Dica Atitude UAUme!® 4:
CRIE A SUA PRÓPRIA MARCA

A maioria das pessoas apresenta-se referindo, logo de cara, a sua profissão: engenheiro, arquiteto, agricultor, bancário etc. No entanto, isso, só por si, não promove a diferenciação da sua marca no mercado.

Se já identificou aquilo que o diferencia e os benefícios dessa diferenciação, prepare uma breve apresentação sobre você que possa ser feita em poucos segundos. Uma apresentação baseada nesses fatores, nessas vantagens, que irá fazer de forma criativa quando conhecer novas pessoas (nem que seja durante o breve trajeto num elevador!).

> Exemplos:
> "Sou especialista no registro e gestão inteligente de dados para a qualidade do serviço aos nossos clientes" (administrativo).
> "Desenho soluções de habitação para uma vida gratificante no dia a dia" (arquiteto).
> "Concebo soluções construtivas, seguras e sustentáveis" (engenheiro).
> "Concebo objetos que promovem utilizações eficientes e positivas" (*designer*).
> "Vendo beleza e bem-estar" (vendedor de cosmética).

Quem exerce uma atividade profissional também deve dispor de uma apresentação diferenciadora que possa utilizar para se apresentar no seu contexto profissional; por exemplo a novos colegas, a novas chefias ou a novas equipes que lhe forem confiadas.

Exemplos:

"Garanto que os clientes ficam com uma excelente primeira impressão da nossa empresa" (recepcionista).

"Zelo pela melhor integração possível e contínua das pessoas na missão da empresa" (diretor de recursos humanos).

"Garanto diariamente que os clientes continuem a nos preferir" (comercial).

"Zelo para que os alunos vibrem com o valor de dominarem a matemática" (professor).

Conceba estas apresentações do ponto de vista de quem vai utilizar o seu produto (você) ou os seus serviços.

Uma marca e apresentação UAUme!® contém sempre algo que o torna único e inesquecível.

Dica Atitude UAUme!® 5: EVIDENCIE RESULTADOS

Existindo hoje em dia uma oferta cada vez mais ampla de profissionais em muitas áreas, é importante que seja capaz de diferenciar a sua *oferta* pelos resultados alcançados. Nunca se limite a referir a formação ou experiência profissional que possui!

Pense nos resultados que alcançou em todas as atividades (mesmo informais, lúdicas ou de voluntariado) e em todos os trabalhos que realizou nas empresas por onde passou. Tente descobrir algo que foi excepcionalmente relevante, onde tenha sido muito útil para determinada empresa ou organização.

Em *marketing* diz-se que uma marca é uma promessa de valor. Com você tem de acontecer o mesmo. Mais do que dar apenas a conhecer aquilo de que é feito (atitudes, valores, competências), o mercado tem de conseguir perceber a sua capacidade de agregar valor e de fazer acontecer!

Mais do que evidenciar o que já fez na vida, saiba dizer, com prontidão, rigor e segurança como pode trazer valor, diferenciação e competitividade à empresa, área ou função a que se candidata.

Identifique tudo aquilo que o torna único e original e como poderá trazer valor a um conjunto diversificado de áreas profissionais. Não encare apenas a opção de uma função! Lembre-se que hoje o mercado de trabalho é extremamente flexível e que procura pessoas capazes de fazer acontecer! As funções estão em permanente mutação. As empresas estão em permanente evolução. O que hoje é verdade, amanhã pode ser mentira, e você tem de estar preparado (e com vontade) de se adaptar permanentemente, promovendo resultados!

São Pedro encontrava-se, como habitualmente, junto à porta do céu, aguardando novas entradas, quando surgiram dois irmãos que tinham morrido no mesmo dia. Um era padre e o outro taxista.

O padre, mais próximo de São Pedro, adiantou-se para receber a sua túnica (vestuário oficial do céu). São Pedro acolhe-o e entrega uma túnica de algodão. O padre agradece e fica aguardando o irmão taxista.

São Pedro acolhe o taxista e entrega uma túnica de seda natural. O padre, não sendo invejoso, mas tendo ficado surpreso com a descriminação na qualidade do vestuário, questionou São Pedro:
— Por que você me deu uma túnica de qualidade inferior, quando dediquei toda a minha vida a rezar?
Responde São Pedro:
— Meu caro, aqui no céu o que conta são os resultados. Quando você celebrava missas, os fiéis adormeciam! Já o seu irmão, quando transportava clientes, dirigia tão mal que os clientes rezavam!

Utilize a criatividade inerente à Atitude UAUme!® para evidenciar a utilidade das suas competências e descobrir novas aplicações profissionais:

1. Pegue uma folha A4 e uma esferográfica. Faça uma linha de alto a baixo, no meio da folha, para ficarem duas colunas simétricas. No lado esquerdo da folha coloque o sinal +.
2. Concentre-se nas suas competências atuais. Agora escreva, nessa coluna, tudo aquilo em que é competente. Tudo vale! Se, por exemplo, for bom em desenhar, escreva isso. Não se limite.
3. Já acabou? Bom!
4. Agora escreva na coluna do lado direito o seguinte: PARA QUÊ? (benefícios).
5. Para cada competência identificada na coluna da esquerda, coloque na coluna da direita para que é que pode servir. Tente encontrar o máximo de aplicações novas, possíveis, para cada competência.

Se você realmente se esforçou para ser criativo (conectar o não conectado), é provável que tenha descoberto várias novas aplicações para cada competência.

Agora comece a identificar atividades profissionais relacionadas com essas aplicações. Articule as competências e atividades entre si, para gerar novas possibilidades. Quando a folha A4 se revelar pequena demais para a tarefa, acrescente outra.

É disso que as empresas e o país precisam. Gente capaz de ser competente, mas com Atitude UAUme!® de *banda larga*, capaz de compartilhar e integrar essa competência num projeto coletivo e usufruir dos resultados da sua *performance*.

A crise atual provou que o trabalho, a determinação e a inovação são as melhores formas de prosperar.

Imagine uma nova história para a sua vida e acredite nela.
A primeira coisa de que um sonho precisa para ser realizado é de alguém que acredita que ele pode ser realizado.
Depois, mexa-se, pois só sonhar ou ter atitude positiva não basta!

Dica Atitude UAUme!® 6: ADOTE UMA IMAGEM PROFISSIONAL ATITUDE UAUme!®

Nunca se esqueça de que uma imagem vale mais do que mil palavras. Isso significa que, por melhor que seja o nosso conteúdo, a *embalagem* conta muito.

Não! Uma imagem profissional UAUme!® não é uma imagem chocante ou dissonante, no sentido negativo. Também não é uma imagem deslavada e sem graça.

Se a ideia da Atitude UAUme!® tem a ver com a capacidade de surpreender favoravelmente os outros, e neste caso o mercado de trabalho, o segredo estará em conseguir uma apresentação pessoal que não crie ruído negativo na comunicação.

Não se deixe arrastar ou trair pela moda! Escolha estrategicamente a sua roupa e acessórios, adequando-os à sua agenda, à sua idade, ao seu tipo físico, ao contexto e às suas intenções. Em caso de dúvida, opte por uma solução discreta. Dessa forma terá menos chances de despertar no seu interlocutor avaliações preconceituosas ou estereotipadas. Quem está vestido discretamente, se for necessário, pode sempre compensar com uma atitude ou interação mais irreverente! Já o contrário não é tão facilmente verdade.

Nas interações profissionais,
uma apresentação com Atitude UAUme!® não cria ruído
na comunicação e favorece os objetivos e percurso profissional!

Pratique o aperto de mão Atitude UAUme!®

Muita gente não liga para este simples pormenor que tem tanta importância para conseguir causar uma primeira boa impressão. Um aperto de mão com Atitude UAUme!® é convicto e firme, não uma *mão morta* ou um *quebra ossos*.

Olhe o seu interlocutor nos olhos, sorria, escute-o e pronuncie o seu nome de forma perceptível.

Caminhe e interaja com Atitude UAUme!®.

Ficamos sempre impressionados quando passamos nos corredores de algumas empresas grandes, serviços públicos, hospitais, museus etc., onde as pessoas que lá trabalham caminham como se fossem zumbis, criando um ambiente estranho e muito constrangedor para quem é de fora.

Caminhar com Atitude UAUme!® fará toda a diferença. Independentemente da sua função na empresa, assuma-se sempre como anfitrião dela. Sorria e cumprimente quem passa; pergunte às pessoas de fora como lhes pode ser útil. Dê atenção e invista nas pequenas cortesias, tais como os agradecimentos ou a valorização do tempo dos outros. Não se esqueça de retribuir, de dar um telefonema ou enviar um *e-mail* de agradecimento, ou uma pequena nota a quem o ajuda. Fale e redija sempre de forma positiva. Ouça e reflita sobre o que escrever, a fim de confirmar que está dito ou escrito positivamente (e sem erros, claro!).

Se tem emprego e até já está há muito tempo trabalhando na mesma empresa ou instituição, não se distraia ou descuide. Lembre-se que é muito fácil ficarmos desleixados quando estamos habituados a determinado contexto. Tal como num casamento, assegura-se a empregabilidade com uma atitude de zelo e investimento que surpreende constantemente e reafirma permanentemente o nosso valor.

Dica Atitude UAUme!® 7: COMUNIQUE COM EFICÁCIA

Um dos pressupostos mais importantes do ***marketing* pessoal** é a capacidade de interagir e de influenciar positivamente através da **comunicação interpessoal**.

A comunicação envolve muito mais do que apenas palavras. Na verdade, as palavras representam apenas uma pequena parte da nossa forma de expressão. Estudos demonstram que 55% do impacto é determinado pela linguagem corporal, postura, gestos e contato visual; 38% é determinado pelo tom de voz, e apenas 7% tem a ver com o conteúdo de nossa apresentação.

Não é O que dizemos,
mas COMO dizemos, que faz a diferença!

As palavras são o conteúdo da mensagem, mas a postura, os gestos e o tom de voz formam o contexto da comunicação. Devemos construir um contexto favorável para que a mensagem possa influenciar positivamente o interlocutor. Isso se conseguirá com recurso à sensibilidade, à observação cuidadosa do comportamento da outra pessoa e à utilização do *feedback* como forma de ajustar o seu comportamento e de sintonizar com o comportamento verbal e não verbal do seu interlocutor. O objetivo é conseguir empatia com quem se estiver comunicando.

Na comunicação interpessoal com Atitude UAUme!®, você deverá atentar para os seguintes aspectos:

- Criar empatia com as pessoas, os seus sentimentos e pensamentos, desde o primeiro momento da interação.
- Observar o tom de voz e adequá-lo à maneira de ser da outra pessoa.
- Utilizar uma postura corporal amigável e coerente com a mensagem que quiser passar.
- Observar a reação das pessoas à sua comunicação e modificar a maneira de agir, sempre que não estiver conseguindo atingir o resultado pretendido.

Obtenha informação mais detalhada sobre o tema da Comunicação com Atitude UAUme!® no capítulo específico deste livro que dedicamos a essa temática.

Dica Atitude UAUme!® 8:
UTILIZE O TEMPO DE FORMA PRODUTIVA

Quem está desempregado tem, normalmente, mais tempo livre de obrigações sistemáticas. No entanto, é muito fácil deixar passar o tempo sem resultados satisfatórios para o propósito da empregabilidade.

Aproveitar o tempo de forma nova e criativa
é uma Atitude UAUme!®

Aproveite para conhecer mais pessoas do que antes. Inscreva-se em associações profissionais, colabore em ações de voluntariado, participe em todos os eventos que puder.

Lembre-se de que o tempo é o único recurso verdadeiramente democrático na humanidade. Todos acordamos com o mesmo número de minutos para viver em cada dia. Ninguém o pode comprar, alugar, emprestar ou cedê-lo. Encare o presente como um verdadeiro dom ou dádiva. Não desperdice qualquer oportunidade para aprender. A Universidade da Vida está lá, todos os dias à sua disposição. Todos a frequentam, mas poucos aproveitam os seus ensinamentos!

Se tiver uma atividade profissional, lembre-se que a empregabilidade tem tudo a ver com produtividade. Olhe bem para a forma como gasta o tempo e invista em torná-lo mais produtivo. Vai ver que tem muito espaço para isso.

Dica Atitude UAUme!® 9:
INVISTA NO *NETWORKING*

O *networking* é uma poderosa ferramenta para a empregabilidade e um contexto onde o *marketing* pessoal tem muito espaço para trabalhar.

Veja a forma de tirar partido do *networking*, no capítulo que dedicamos ao assunto neste livro.

Dica Atitude UAUme!® 10: SEJA RESILIENTE

Esta é uma das ferramentas mais importantes do Especialista UAUme!® para a empregabilidade. Tanto para quem procura emprego, como para quem o tem desde sempre!

Exploramos a dinâmica da resiliência de forma mais aprofundada no capítulo **Ser UAUme!®.** No entanto, por ser tão importante, neste contexto, fazemos questão de lembrar que a empregabilidade (enquanto conceito que depende da capacidade contínua de se ter valor e de ser capaz de o evidenciar), nos dias de hoje, exige que gostemos de estar fora da zona de conforto.

Atitude positiva diante do trabalho + Resiliência = Gostar de estar fora da zona de conforto = Empregabilidade

> "O trabalho agradável é o remédio da canseira."
>
> William Shakespeare

CONCLUSÃO:
Quem utiliza a Atitude UAUme!® a favor do seu *Marketing* Pessoal e da Empregabilidade:

- Conhece-se bem.
- Tem uma atitude positiva acerca de si mesmo, dos outros e das oportunidades.
- Está atento à forma como comunica, desenvolvendo continuamente a sua capacidade de influenciar positivamente os outros, não apenas através da sua situação pessoal e profissional, mas, principalmente, pela forma como interage com eles.
- Desenvolve continuamente os seus conhecimentos e competências.
- Assume-se como marca.
- Conhece e surpreende o mercado, evidenciando valor.
- É flexível e está disponível para ir não só ao encontro, como além das expectativas do mercado.

- Cria e alimenta um bom *networking*.
- Promove-se de forma persistente.
- É resiliente e gosta de estar fora da zona de conforto.

O profissional que age com Atitude UAUme!® atua como uma empresa em nome individual, estando atento ao mercado, oferecendo um bom produto e promovendo-o com consistência e resiliência. Encontrar a resposta para o nosso êxito no nosso trabalho é também motivo de felicidade.

A Atitude UAUme!®, a Educação, a Formação e o Sucesso Empresarial

"Recordo-me de que, desde pequeno, ele tinha jeito para o negócio!". Foi este o comentário de uma conterrânea do empresário português, em resposta à pergunta que o jornalista da televisão lhe fez numa reportagem sobre o sucesso empresarial de Alfredo, fundador e administrador de uma empresa de transportes. Questionado sobre o seu percurso de vida, Alfredo contou aos telespectadores o seu percurso de vida pessoal e profissional, explicando como, tendo nascido no contexto de uma família de poucos recursos, aos 30 anos descobriu que era milionário:

"Depois da ausência prolongada da minha, mãe por motivos de saúde, fiquei reprovado no sétimo ano. Um dia disse ao meu pai: 'Não vou estudar mais'. O meu pai me olhou profundamente e me respondeu: 'Nem pense nisso, está fora de questão'." Foi então que Alfredo entrou para a Casa Pia, onde após os testes psicotécnicos o técnico o informou de que ele não tinha jeito para nada! Resolveu então frequentar o curso técnico profissional de eletrônica, por ser o mais limpo, mais intelectual e onde estavam os melhores. Ainda durante o curso, começou a trabalhar nas férias, e aos fins de semana ajudava a montar equipamento de som em bailes, na Feira Popular e nos Bombeiros. Integrando a primeira turma de alunos com curso técnico profissional, sai já com a oferta de três empregos. Começa a trabalhar para os outros a poucos dias de completar 18 anos. Apesar de assumir que, entretanto, ficou contrariado e enraivecido por ter de abandonar o emprego para ir cumprir o serviço militar obrigatório, no batalhão de serviços de transporte, tem consciência de que aí adquiriu um *know-how* precioso para a sua futura atividade empresarial: como funciona uma frota de caminhões; quais são os custos; onde é que se tira vantagem; como é que se faz uma mudança, e tudo o mais.

Começa a estudar gestão e a frequentar uma série de cursos. Ainda trabalhando como empregado em uma empresa de tecnologia, identifica a inexistência de um serviço de transportes especializado no transporte de equipamentos e tecnologia. Combina então com a família investir os 2 mil contos que no momento possuía na criação da sua própria empresa. A mulher, em casa, trata dos papéis, Alfredo trabalha durante o dia na empresa onde ainda era empregado e dirige os caminhões da sua própria empresa à noite. Ao fim de algum tempo, imbuído do espírito dinâmico, empreendedor e vendedor que já o caracterizava na infância, pede demissão na empresa onde estava para ganhar cerca de quatro vezes menos na sua própria empresa — "o necessário para pagar a prestação da casa, para vivermos com alguma qualidade" — como conta Alfredo. "Arrisquei tudo e não estou nada arrependido. Passei seis anos consecutivos sem férias."

Esforço, dedicação, devoção e *glória* são palavras que pertencem ao código de valores de um clube esportivo português, mas que se aplicam, certamente, muito bem, ao percurso pessoal e profissional desse empresário.

Perguntamos: "E se ele tivesse desistido de estudar no sétimo ano? E se em vez do curso técnico profissional de eletrônica tivesse frequentado outro curso qualquer? E se não tivesse ido para o batalhão de serviços de transporte na tropa, onde adquiriu um *know-how* precioso para o seu futuro; ou se na tropa tivesse ido parar num outro serviço qualquer? E se, e se, e se?!".

SORTE? Será que o sucesso empresarial deste homem, à semelhança do de muitos outros, foi feito pela sorte?

A Atitude UAUme!® considera que A SORTE é o FELIZ ENCONTRO entre COMPETÊNCIA e OPORTUNIDADE.

E mais: a Atitude UAUme!® defende que até para se agarrarem as oportunidades é preciso ter competência(s)!

No atual contexto de mercado, em que o desemprego cresce; o poder de compra dos consumidores parece diminuir; a desconfiança dos clientes é crescente; a informação prolifera de forma indigesta; a velocidade dos acontecimentos é crescente; o mercado está imprevisível; a competição é cada vez mais profissional e em escala global, será possível se formar para o sucesso empresarial? Que competências precisam ser aprendidas?

Que atitudes precisam ser desenvolvidas? Que metodologias garantem o sucesso pedagógico da aprendizagem empresarial?

Acreditamos que é exatamente num contexto de dificuldades que tem mais sentido o desenvolvimento de competências para o empreendedorismo e para o sucesso empresarial.

Não! Não nos referimos a fazer proliferar os conteúdos e as metodologias dos cursos de gestão ou das tradicionais ações de formação, nem dos *websites*, nem da literatura *infocomercial* para o empreendedorismo ou para a liderança.

Falamos de **colocar a mão na massa**!

Não! Isso também não significa que o empresário tem de saber executar tudo o que há para fazer na área do negócio.

A Atitude UAUme!® defende a **reinvenção dos métodos de desenvolvimento de competências para o sucesso empresarial,** exatamente na mesma medida em que os gestores têm de ser capazes de reinventar os seus negócios e ser capazes de surpreender o mercado, para conseguirem ser bem-sucedidos.

Sucesso nos negócios, hoje, não é um estado que se adquire!
É um processo dinâmico de reinvenção contínua.
Um processo de questionamento contínuo, um processo de descoberta, um processo de partilha em todos os níveis, um processo de comunicação, um desafio:
Fazer e Desfazer, para Fazer Melhor!

Não, não falamos apenas da formação de empresários!

Sem prejuízo de o empresário ser, sem dúvida, um elemento crucial, o novo contexto de mercado exige que cada colaborador se assuma, genuinamente, como dono da sua empresa, sob pena de estar ele mesmo condenando seu posto de trabalho (e o dos colegas, seus sócios).

Para tal, a Atitude UAUme!® propõe: reinvente-se a palavra *formação*. Substitua-se a palavra *formação* pelo conceito **Perform(ação)©.**

Perform(ação)© = Responsabilização para o Sucesso e Performance!

Todos sabemos que ninguém aprende aquilo que não se sente genuinamente impelido a aprender. Estamos falando da aprendizagem multidimensional, que é capaz de se reverter em verdadeira *performance*, em verdadeiro **Fazer Acontecer,** em contextos dinâmicos e diariamente renovados! Não a aprendizagem livresca ou mecânica que se reproduz de forma automática e descontextualizada.

3 Etapas estratégicas da Atitude UAUme!® aplicadas ao Conceito Perform (ação)©:

1. Conscientizar
2. Responsabilizar
3. Agir

Quem tem consciência presta atenção.
Quem presta atenção identifica a realidade.
Quem identifica a realidade vê oportunidades.
Quem vê oportunidades tem vontade de as agarrar.
Quem quer agarrar oportunidades responsabiliza-se voluntariamente por consegui-lo.
Quem quer conseguir atua.
Quem age tem mais oportunidades de alcançar do que quem reage.
Quem age é mais feliz do que quem reage!

A motivação é a chama que aquece os nossos objetivos e mantém acesa a nossa inteligência.

Utilizemos o exemplo do homem que hoje é dono de um grupo empresarial bem-sucedido.

Além das suas próprias qualidades, este homem deparou, no seu percurso, com pessoas que foram capazes de conscientizá-lo sobre a importância de continuar a estudar e aprender; com pessoas que foram capazes de despertá-lo para processos e procedimentos relevantes; com pessoas que acreditaram nele; com pessoas que foram capazes de estar ao seu lado, quando teve de arriscar e ganhar a sua própria autonomia. Pessoas que atuaram com Atitude UAUme!®.

> Inteligente é aquele que procura avidamente desenvolver o seu conhecimento. Medíocre é todo aquele que se contenta apenas com o conhecimento dos outros.

Essa é a atitude, o perfil e o papel que os Agentes da Perform(ação)© assumem. Ou seja, não só é necessário reinventar o conceito de formação, como é também necessário reinventar o conceito de formador, enquanto Agente de Perform(ação)©, imbuído de Atitude UAUme!®. Ou seja, enquanto **Perform(ator)©.**

O que é preciso para tanto?

O futuro exige de nós três categorias interligadas de competências: pessoais, sociais e profissionais.

O cidadão deve tornar-se capaz de:

- Comunicar através de um amplo leque de tecnologias em prol da sua eficiência e eficácia.
- Interagir com grupos heterogêneos, a partir do diagnóstico do que o rodeia e da flexibilidade que o caracteriza.
- Ser independente, autônomo e ativo, atuando a fim de agregar valor ao que existe.

Como um formador pode determinar se está no caminho do Perform(ator)© com Atitude UAUme!® ou se continua a ser ainda um Formador?

Interrogue-se:

- Como estou conscientizando as pessoas de que estou ajudando-as a se desenvolverem para o sucesso empresarial, a fim de adotarem uma Atitude UAUme!®?
- Conseguirei tocar cada uma delas de forma diferenciada, ou continuo focado em dinamizar itinerários pedagógicos, com planos de ação prévia minuciosamente desenvolvidos?
- Continuo fechado dentro de uma sala de formação ou já estou indo para o mercado, para a empresa, para o escritório, para os contextos profissionais e de operação dos meus clientes (sim, porque a Atitude UAUme!® encara como clientes aqueles que a formação tradicional chama de formandos). Estou, dessa forma, conseguindo apaixoná-los pela pertinência dos processos, dos procedimentos, dos investimentos, da dinâmica complexa das relações interpessoais (cuja riqueza é impossível reproduzir nos tradicionais papéis do paradigma tradicional da formação)? Estou criando-lhes a energia e a raiva criativa com que serão capazes de superar os obstáculos e gostar de estar fora da sua zona de conforto?
- Estou ao seu lado fomentando uma visão positiva da realidade, fracassos e dificuldades?
- Estou fomentando o foco na solução criativa, em vez da cansativa metodologia de resolução de problemas?
- Estou aplaudindo quando o investimento no trajeto de desenvolvimento é relevante e pertinente, a despeito dos resultados (tradução ao pé da letra para aqueles que ainda só são capazes de pensar à luz do paradigma formativo: sou capaz de avaliar de forma contínua e formativa, em vez de meramente sumativa)?
- Estou festejando com manifestações de relação (não apenas de avaliação) o sucesso (leia-se, a *performance*) dos meus *coperformers* (atores)© com Atitude UAUme!® (os meus clientes em cujo processo de desenvolvimento e aprendizagem me assumo como cocriador)?
- Crio autonomia e inspiro novos caminhos e visões prospectivas de sucesso pessoal e empresarial integrados?

O Perform(ator)© com Atitude UAUme!® é um Facilitador de Aprendizagem UAUme!® que:

- Sabe aonde quer chegar e trabalha a partir do ponto em que cada aluno se encontra; não apenas a partir dos conteúdos a transmitir, mas numa caminhada flexível, imprevisível e constantemente reinventada.
- Ajuda a tomada de consciência individual, no ponto em que cada um dos seus alunos se encontra — cada pessoa é única e quer ser tratada como tal.
- Gera a confiança necessária para que o contexto pedagógico seja considerado seguro — é na humanização da aprendizagem que se consegue o desenvolvimento de atitudes pessoais e sociais.
- Cria espírito de equipe e evidencia os benefícios da interdependência no grupo — "sozinho posso ir mais depressa, mas juntos vamos mais longe".
- Coloca desafios atingíveis, mas estimulantes.
- Inspira a existência de novos sonhos e novas possibilidades — "é o sonho que comanda a vida".
- Dá sentido ao todo e à interligação das várias áreas do conhecimento — "o trabalho de projeto é a estratégia de resposta".
- Negocia com os alunos as estratégias de aprendizagem mais adequadas a cada circunstância e objetivo — "ser capaz de encarar o aluno como seu cliente é a razão da sua missão profissional".
- Gera níveis e estratégias distintas de aprendizagem — "até conseguir que cada um alcance o sucesso".
- É exigente, valoriza e recompensa o esforço, a dedicação e a resiliência de quem aprende.
- Investe no aperfeiçoamento das competências básicas estruturantes (por exemplo, na comunicação verbal e escrita, no raciocínio matemático), independentemente do nível de ensino/formação profissional em que atua.
- Abre-se ao valor do mundo do dia a dia e da ação e reflexão.
- Pergunta, pergunta, pergunta — "a maioria das vezes, a pergunta é a melhor resposta".
- Surpreende! — "A aprendizagem pode ser um jogo entusiasmante, que fomenta a *gratividade* em quem aprende."

A gratividade de quem aprende reflete-se na vontade
de contagiar terceiros com o prazer de aprender
e o reconhecimento do valor da aprendizagem,
para a sustentabilidade e sucesso pessoal
e profissional ao longo da vida.

O segredo não é fazer apenas o que é esperado,
mas sim querer, com muito entusiasmo,
fazer sempre mais e melhor.

Como alguém disse: **"É preciso não ter medo de subir à árvore e esforçarmo-nos por alcançar o galho: é lá que está a fruta".**

A Atitude UAUme!® nos Negócios

Se olharmos para a palavra *Negócio* e a decompusermos em duas partes: (neg) + (ócio), temos a primeira resposta sobre o que se pretende com a utilização da Atitude UAUme!® nos Negócios: Negação do Ócio.

> Negar o ócio no âmbito UAUme!® significa assumir que fazer negócios é um processo dinâmico, promotor da capacidade de surpreender de forma positiva o nosso interlocutor e o mercado, gerando neles gratividade.

Trata-se, afinal, de assumir que cada momento de negócio é único, cada interação é única, e que tanto nós como os nossos interlocutores temos características e potenciais únicos, que nos permitirão superar as expectativas iniciais de ambos.

Todas as premissas da Atitude UAUme!® podem contribuir para a diferenciação e, consequentemente, para o sucesso dos seus negócios.

Vejamos:

1. Negócios com Atitude UAUme!® são Negócios com Atitude Positiva.

Por que será que é exatamente nos momentos mais tensos, em termos de mercado, com menores índices de crescimento/consumo, que também nascem grandes fortunas? A resposta só pode ser uma: o ser humano é naturalmente mais *defensivo* perante qualquer tipo de ameaça do que *ofensivo*. Então, em contextos como o atual, é evidente que haverá uma grande quantidade de gente, nos negócios, que adotará a natural postura de retração, na tentativa de defesa do seu patrimônio; a ausência de investimentos e incentivos etc. O foco está em sobreviver.

Há também outro grupo de pessoas, menos natural, que por ignorância nem sabe o que se passa e, como tal, vai deixando andar o seu negócio. Para esses, é tudo uma questão de ciclos. Por isso, acham que basta esperar, que melhores dias virão, e tudo voltará ao lugar.

Existe ainda um terceiro grupo que percebe que é preciso fazer a diferença!

Sabem que as regras do jogo têm de ser exatamente o oposto de ir pelos mesmos caminhos; atender os clientes da mesma forma; expor os produtos da mesma maneira; animar e promover os produtos e a loja com os mesmos métodos; interpretar as tendências de consumo à sua maneira; endurecer o seu poder negocial junto dos fornecedores e assim sucessivamente. Isso não é conversa fiada, nem meras reflexões dos autores deste livro. Existem muitos fatos. Pode-se confirmá-los recorrendo a *websites* de busca, livrarias, bibliotecas, verificando que, em qualquer momento de crise, em qualquer continente e em qualquer país existe aquilo que acabamos de relatar. Uma questão que gostamos de compartilhar nos nossos seminários e conferências é que "Informação só é poder quando a sabemos utilizar".

Como já afirmamos em capítulos anteriores, a atitude positiva favorece a criação de expectativas positivas (capacidade de antever oportunidades), as quais, por sua vez, favorecem a atividade (tomada de decisão de ação), mesmo em situações em que temos a percepção de risco aumentado.

A premissa UAUme!® da Atitude Positiva, aplicada aos negócios, parte logo do primeiro pressuposto de que é precioso tomar consciência de que:

> As pessoas felizes compram mais,
> e pessoas felizes vendem mais e melhor.

Parece simples e é simples, mas muita gente não entende a força dessa mensagem.

Vamos contar um caso real da força desta ideia no contexto de uma farmácia de Portugal:

Em maio de 2010 fomos convidados por uma multinacional, líder de mercado do setor de cosméticos, para organizar uma palestra motivacional para um grupo de algumas centenas dos mais prestigiados proprietários de farmácias de Portugal. No *briefing* tinham nos transmitido duas ideias: 1) o evento vai ser na Madeira, porque queremos dar um exemplo de solidariedade a uma população que foi fustigada pelas enchentes na ilha e 2) queremos motivar estes empresários num momento em que surgem vários novos constrangimentos e desafios ao setor.

Como todas as intervenções que fazemos são únicas, totalmente customizadas em função dos objetivos do nosso cliente, e daquilo que investigamos que podemos fazer para ainda superar as suas expectativas, decidimos que a nossa palestra, além de ter o foco na motivação, teria de ser realizada com o envolvimento dos destinatários; teria de ser mobilizadora em 3D (para eles mesmos, para as suas equipes, para a relação com os seus clientes); e teria de ser inspiradora, deixando uma mensagem simples e forte, capaz de produzir os efeitos pretendidos.

Os destinatários desta conferência têm uma profissão que exige uma multiplicidade de competências científicas, capacidade analítica, capacidade de interagir e de gerir. Todas competências juntas favorecem naqueles profissionais a existência de um paradigma bastante racional que tivemos ocasião de confirmar logo nas conversas estabelecidas no avião.

Imaginem a simplicidade da mensagem atrás referida: "Pessoas felizes compram mais, pessoas felizes vendem melhor", fundamentada com exemplos muito simples, ilustrados com fotografias de cenas recolhidas em algumas farmácias de várias localidades do país: mães entretidas apreciando os produtos nas prateleiras, enquanto as crianças estavam entretidas, e em segurança, no cantinho que lhes era dedicado no espaço da farmácia; idosos comodamente sentados conversando e vendo televisão enquanto esperavam a sua vez; ambientes relaxantes e livres de estresse, através de música adequada; espaços bem iluminados e prateleiras com informação bem legível, facilitando a rapidez da apreciação e a decisão de escolha; decoração com cores que inspiram confiança e tranquilidade;

situações de atendimento muito personalizadas, em balcões individualizados, evitando eventuais constrangimentos de conversas que possam ser ouvidas por todos; colaboradores muito bem apresentados e com uma atitude muito disponível, gerando confiança em que está para ser atendido, e que muitas vezes está tenso; colaboradores com um ar contente de quem trabalha num espaço agradável; gabinetes específicos para consultas dermatológicas e outras; atendimento verdadeiramente consultivo.

Enfim, compartilhamos um conjunto de realidades objetivas, capazes de favorecer experiências comerciais positivas, perfeitamente ao alcance de todos aqueles que já perceberam que "pessoas felizes compram mais, pessoas felizes vendem mais e melhor".

Até em negócios como o das farmácias, onde, a princípio, parece mais difícil operacionalizar este conceito, uma vez que quem vai à farmácia normalmente tem um problema, é um fato que quem ajuda a resolver um problema com uma atitude positiva não só proporciona uma boa experiência ao seu destinatário, como também cria nele um estado de ânimo positivo, que este devolve, contagiando quem o atendeu.

Foi para nós muito gratificante quando, passado algum tempo dessa palestra (momento histórico marcado também pelo fato de ter sido aí que pela primeira vez falamos na Atitude UAUme!®), começamos a receber testemunhos de diversas farmácias relatando outras aplicações práticas das suas dinâmicas de interação positiva com os clientes, a fim de surpreendê-los. Recebemos, inclusive, o testemunho de um proprietário de uma farmácia contando os efeitos positivos para ele e para os seus colaboradores, decorrentes de ter escrito na porta da farmácia (que liga o espaço técnico à parte de atendimento): "Recordem-se que pessoas felizes compram mais, pessoas felizes vendem mais e melhor".

Quando criamos a Atitude UAUme!®, trabalhando a premissa da Atitude Positiva "Pessoas felizes compram mais e pessoas felizes vendem mais e melhor", a ilustramos também, simbolicamente, através de um sorriso que mandamos imprimir num coração vermelho de esponja, estilo bola antiestresse, que oferecemos aos nossos clientes, para os ajudar a se lembrarem da utilidade da frase, sobretudo em momentos que lhes possam parecer mais negativos e, consequentemente, geradores de maior estresse.

O poder de um simples sorriso genuíno que nos é dirigido, cresce em situações perante as quais temos expectativas baixas ou que nos geram estresse.

Acreditamos que em qualquer interação de negócios a atitude positiva é, claramente, a mais simples de operacionalizar, mas também, provavelmente, a mais determinante na aplicação da atitude UAUme!®.

A experiência comercial positiva constitui para o consumidor uma verdadeira terapia, que eleva o seu bem-estar subjetivo. Os consumidores que têm um estado de espírito positivo tomam decisões mais rápidas e fazem julgamentos mais consistentes do que os consumidores que se sentem infelizes.

Pesquisadores como Paul M. Herr (Virginia Tech), Christine M. Page (Skidmore College), Bruce E. Pfeiffer (University of New Hampshire) e Derick F. Davis (Virginia Tech) têm feito estudos sobre a forma como os estados de espírito influenciam a qualidade das decisões das pessoas, desde logo condicionando um elemento muito básico do processo de tomada de decisão de compra: decidirem se gostam ou não gostam de um produto.

Num estudo divulgado em agosto de 2011 pela POPAI — The Global Association for Marketing at Retail (somos membros fundadores da POPAI Portugal), estes pesquisadores manipularam o estado de espírito de consumidores, mostrando-lhes imagens de objetos positivos (por exemplo, bonecos) e imagens desagradáveis (por exemplo, pé doente), e pediram para se recordarem de acontecimentos passados, agradáveis e desagradáveis.

Após essas induções de estados de espírito negativos e positivos, os participantes viram imagens de objetos comuns. Depois avaliaram-nos, a partir de uma lista de adjetivos positivos e negativos, que foram apresentados aleatoriamente.

A investigação mostrou que as pessoas com estados de espírito mais positivos não só respondiam mais depressa, como também respondiam de forma mais consistente, ou seja, se tinham respondido que gostavam de um objeto, posteriormente tinham menos tendência para mudar de opinião.

"Estes resultados têm implicações na forma como navegamos no nosso mundo", afirmam os autores. "As decisões que tomamos sobre se gostamos ou não dos objetos que nos rodeiam são fundamentais para determinar aquilo de que nos aproximamos ou aquilo que evitamos."

Os lojistas e marcas que quiserem proporcionar boas experiências comerciais devem ter consciência dos fatores que podem induzir nos consumidores estados de espírito negativos, como, por exemplo, vendedores abrasivos ou espaços comerciais com ambientes desagradáveis. Os resultados dessas pesquisas também podem ser relevantes para compreender a receptividade dos consumidores a novos produtos, nos quais a decisão entre "gosto" ou "não gosto" se revela crítica para o sucesso do produto.

Como costumamos mostrar nos Projetos de Desenvolvimento de *Performance* Comercial que dinamizamos, a maioria dos produtos alimentícios e não alimentícios que fracassam nunca chegaram a ser degustados/experimentados. Muitas vezes o consumidor nunca chegou a ter contato com esses produtos; outras vezes, quando os viu, não desenvolveu uma reação de aproximação que lhe permitisse surpreender-se positivamente, sentindo o efeito UAUme!®.

Num supermercado, as promotoras que evidenciarem uma Atitude UAUme!® serão determinantes não só para que os consumidores se deem a possibilidade de se surpreenderem positivamente com a degustação de um produto que não conheciam, mas, antes de tudo, criarem, através do poder da sua interação comercial positiva, o estado de espírito favorável a uma apreciação UAUme!® desse produto. Essa sim estimulará a sua decisão de compra.

O mesmo acontece numa loja de roupas, em que todo o ambiente pode e deve criar um estado de espírito positivo, frequentemente até um estado de espírito de aspiração ou desejo, em relação à posse de determinada imagem ou estilo de vida. Esse ambiente positivo, acompanhado de um atendimento positivo favorecerá significativamente o nosso olhar positivo e criará em nós uma predisposição para fazermos uma apreciação UAUme!® dessa peça de roupa ou acessório.

> "O desejo é uma força poderosa que pode ser usada para fazer as coisas acontecerem."
>
> Marcia Wieder

Em uma loja de roupas, uma predisposição UAUme!® impele-nos a tomar importantes e grandes decisões:

1.ª Decisão: tirar a peça do cabide e levá-la para experimentar no provador (cheios de íntima e genuína vontade de que nos caia bem!).

2.ª Decisão: olhar para a peça com apreciação positiva, a qual também favorece a nossa criatividade para avaliarmos e nos convencermos dos milhares de ocasiões em que essa peça nos vai ser superútil e mesmo indispensável (até mesmo vital!).

3.ª Decisão: decidir que gostamos e precisamos afinal não só de uma dessas peças, mas de várias delas (um olhar positivo também favorece o *up-selling* e o *cross-selling*[10] tão úteis à *performance* comercial das lojas e das marcas).

4.ª Decisão: sair do provador e nos dirigir, prontamente, ao caixa, para pagar.

2. Negócios com Atitude UAUme!® encaram o cliente como único e especial.

Estávamos em Nova York dirigindo uma das nossas, e já célebres, viagens de compras internacionais, dirigida a empresários e profissionais — que já descobriram quão fantástico e útil é aprender em ação, no contato direto com o mercado —, quando tivemos uma experiência comercial em que nos sentimos clientes verdadeiramente únicos e especiais.

As viagens de compras fazem parte do conjunto de metodologias inovadoras de desenvolvimento de atitudes, conhecimentos e competências exclusivas do INV — Instituto de Negociação e Vendas — que concebemos e nos diferenciam no mercado, permitindo-nos um posicionamento muito além das empresas de formação e de consultoria. A inovação metodológica e pedagógica no INV nos tem permitido ter, desde o primeiro momento, uma relação de verdadeira parceria UAUme!® com os nossos clientes, geradora de verdadeiro valor acrescentado. Responsáveis de recursos humanos e outros gestores das empresas que querem usufruir da diferenciação da nossa colaboração têm a consciência de que o potencial do nosso paradigma de ação não deve passar por eventuais consultas ao mercado, em primeiro lugar porque iremos desenhar projetos de forma totalmente customizada, em cocriação com eles; e, em segundo lugar, porque não é útil comparar o não comparável.

Nas viagens de compras não só promovemos a troca de experiências e debate entre os participantes, a partir do contato espontâneo com o mercado, caminhando pelas ruas, observando interações, dinâmicas comerciais e estímulos à compra em diversas lojas, de diferentes tipos de negócio, como a partir de momentos estruturados, de debate, com responsáveis de negócios, profissionais diversos e empresários locais. Também fomentamos, deliberadamente, o debate conjunto, a partir da vivência de experiências comerciais de cada um, no campo de ação de cada viagem.

Passamos então a contar o episódio comercial vivido pela Ana Teresa Penim, nessa viagem a Nova York, que a fez se sentir como cliente única e especial:

Eu havia entrado numa loja de roupas, que me pareceu especialmente apelativa e cuja marca eu, naquele momento, desconhecia: a M€XX. A loja era grande, mas simultaneamente acolhedora, com uma exposição moderna que favorecia a observação e o contato livre com as peças expostas. O ambiente era tão agradável e a organização do espaço estava tão bem feita que, rapidamente, me deixei mergulhar na loja e no papel de consumidora. Comecei a manusear várias peças, pensando em como estavam tão bem coordenadas e como a loja e a coleção pareciam ter sido feitas exatamente pensando em mim! Ainda por cima, parecia que tudo combinava com tudo!

Peguei meia dúzia de peças e dirigi-me aos provadores, localizados no fundo da loja (no caminho ainda peguei mais um ou dois acessórios!). Quando entrei no corredor dos provadores, cruzei-me com um vendedor da loja. Um homem na casa dos 40 anos, todo vestido de preto, com ar de *designer* de moda, que levava no braço várias peças de roupa, numa atitude de quem estava escolhendo (não simplesmente arrumando!). Olhando para mim com a naturalidade de quem já me conhecia há anos, dando-me a entender que tinha conseguido apreciar o que eu levava, e sem introduções desnecessárias, perguntou-me diretamente: "Você gosta de saias?". Meio surpreendida pela abordagem, respondi timidamente que sim, dando-lhe a entender que dependia. No meu íntimo, eu sabia que até prefiro calças. "Vá vestindo as peças que trouxe, que eu já venho", respondeu-me, com tom de quem ia buscar algo especialmente para mim. Deixou-me em suspense. Obedeci!!

Daí a pouco bateu à porta do provador. Saí vestida com um casaco marrom sobre a minha própria roupa. Nesse momento, o meu consultor de moda (sim, porque nesse momento, espontânea mas genuinamente, eu já o tinha promovido de vendedor a meu consultor de moda) observou-me com aquele olhar de quem entende do assunto e ordenou-me que vestisse com o casaco a saia que ele me havia trazido. Disse-me também para vestir uma das blusas que eu própria já havia escolhido. Assim que o fiz, pediu-me para sair do provador e, perante um enorme espelho existente do lado de fora, começou a ajeitar a roupa que eu tinha vestido, arregaçando-me as mangas do casaco, apertando um pouco o cinto que o casaco tinha nas costas, puxando ligeiramente a gola para cima. Também deu um jeito especial na saia que me trouxera (a qual eu nunca pegaria por minha iniciativa). Depois esboçou um sorriso discreto, disse apenas "That's it" [É isso aí] e afastou-se calmamente.

Senti o clarão UAUme!®. Não será preciso dizer que mais do que única e especial, me senti uma verdadeira estrela, privilegiada por ter um consultor de moda cheio de estilo, só para mim! Claro que não só comprei essas peças todas, como ainda comprei mais algumas.

Já se passaram alguns anos e ainda hoje, quando olho para aquelas peças de roupa e me lembro daquela loja, daquele consultor e daquela marca, sinto-me UAUme!®.

Grata pela forma como me fizeram sentir, numa atitude espontânea de *gratividade* tenho contado esta experiência várias vezes, em várias ações de desenvolvimento de competências comerciais, entusiasmando de imediato vendedores e responsáveis de lojas de várias insígnias e marcas, com quem trabalhamos, para que ajam da mesma forma com os seus clientes.

Nessa viagem de compras a Nova York tivemos felizmente muitas ocasiões de mostrar a nossos clientes novos conceitos — a globalização e a inovação em ação —, mas também vários outros exemplos da Atitude UAUme!® a serviço dos mais diversos negócios.

3. Negócios com Atitude UAUme!® surpreendem.

Em outra viagem de compras a São Petersburgo e a Helsinque, com o objetivo de permitir sentir a diferença dos negócios num mercado emergente (Rússia) e num mercado consolidado (Finlândia), deparamos com uma situação simples, mas muito interessante.

Em São Petersburgo tivemos uma tradutora altamente competente e simpática, que se comportava literalmente *segundo o script* e que, aos poucos, foi aderindo ao humor UAUme!® da comitiva de empresários portugueses. Culturalmente os russos estão habituados a normas e a regras, por isso gostam de ter programas certinhos e falarem exatamente do que está previsto. Foi muito interessante, e até descobrimos em São Petersburgo um restaurante português, para executivos, propriedade de um *chef* português cujos pratos estão deixando os russos verdadeiramente UAUme!®. No final da etapa, a nossa tradutora já tinha aderido à Atitude UAUme!® que reinava no grupo de empresários, e foi com gosto que todos se mobilizaram, espontaneamente, para a recompensar.

Depois de passarmos a noite a bordo de um cruzeiro no mar Báltico, rumo à Finlândia, deparamos em Helsinque com um tradutor totalmente diferente. Um homem moderno, muito gentil e totalmente empenhado em nos servir. Com uma Atitude UAUme!® realmente madura, própria do povo nórdico, em que todos participam em prol da comunidade e da sustentabilidade. Imagine só que os milhares de bicicletas espalhadas pelas ruas não têm cadeado!

O nosso tradutor teve o cuidado de averiguar bem o motivo da nossa viagem e constatou que estávamos fazendo uma viagem de compras, ao longo da qual íamos contatando empresários locais e visitando diferentes tipos de lojas. Na manhã do segundo dia, foi nos ver e nos deu um jornal, que nessa semana tinha saído em Helsinque, com uma reportagem sobre todas os tipos de comércio, dados sobre centros comerciais etc. Ele teve verdadeiramente uma Atitude UAUme!® e conseguiu realmente nos surpreender com um gesto muito além daquilo que seria a sua função! É claro que a viagem correu lindamente e que também tivemos a espontaneidade de lhe retribuir com várias Atitudes UAUme!®.

Esses dois casos mostram como nas interações profissionais a Atitude UAUme!® pode partir tanto do fornecedor para o cliente (caso do tradutor finlandês) como do cliente para o fornecedor (caso da tradutora russa).

O sucesso com Atitude UAUme!® é uma consequência, não um objetivo.

A Atitude UAUme!® e a Dinâmica Negocial

Negociar é **INTERAGIR**. A essência do sucesso dessas interações reside num pressuposto importantíssimo: comportarmo-nos não como nos sentimos, mas em sermos capazes de interagir de forma assertiva e eficaz. O foco numa interação de negócios só pode ser num sentido: utilizar todas as nossas habilidades e competências (técnicas e comportamentais) para garantir os resultados desejados.

A máxima *Quando um não quer dois não brigam* depende muitas vezes do talento que temos para criar um ambiente e um foco interativo, também nos outros interlocutores, capaz de resultar na partilha real de interesses, rumo aos resultados ambicionados.

Uma negociação com Atitude UAUme!® é constituída por interações destinadas a um relacionamento, não se resumindo a simples atos isolados. É sempre alguma coisa que se realiza em conjunto.

O poder da dinamização de interações negociais positivas e da *versatilidade mental* reside dentro de cada um de nós, e isso pode nos ajudar a obter dos outros os resultados de que precisamos. Essa capacidade comportamental é uma ferramenta técnica poderosa. Quando o comportamento dos outros não é o mais adequado, porque eles não estão disponíveis para se focarem nos benefícios de uma interação positiva, só há um caminho: **responder com maturidade emocional**. Em todos os momentos de interações de negociação com Atitude UAUme!® dois fatores estão sempre presentes: **emoção e comunicação**.

Para esses momentos deixamos algumas dicas da Atitude UAUme!®.

Em primeiro lugar, devemos tomar consciência de um aspecto crucial: vivemos uma recessão! O estado de espírito geral está afetado! O contexto é favorável à pressão, à desconfiança, à reatividade, à tensão. Os negociantes são diariamente contaminados com uma avalanche de notícias negativas. Especula-se por tudo e por nada. O acesso fácil à informação potencia isso. O contexto negativo torna-se uma causa natural da grande tensão que se vive na atualidade. A incerteza passou a dominar a nossa vida de forma inesperada.

A **embalagem** das negociações e das interações entre negociantes tem rótulos novos e muito menos simpáticos! Como é evidente, há uma oportunidade clara para os que souberem perceber esse fenômeno e souberem utilizá-lo a seu favor.

Referimo-nos a *embalagem* da negociação porque queremos despertar em todos uma ligeira dose de Atitude UAUme!® nos negócios:

- Como está a sua **embalagem de negócios**? O que vê quando se olha no espelho? Um profissional chato ou um profissional com um ar confiante, determinado, com aparência enérgica e com uma **rotulagem interessante**?

- Analise-se. Ouça-se quando interage com os outros. Como estão as **embalagens das suas mensagens**? Iguais às de costume? Já está fazendo algo para contrariar o pessimismo e a tensão generalizada? Já eliminou das especificações técnicas do seu discurso as frases ditas no condicional e/ou no imperativo? Já deixou de recorrer ao habitual "Mas"? Possui um tom de voz simpático ou potencialmente simpático? Sabe sorrir? Sabe o significado da frase "É dando que se recebe"? Sabe argumentar e evidenciar benefícios (valor acrescentado)? Conhece o poder mágico da gestão dos silêncios?

- Um fato: você não pode mudar os outros, mas pode fazer evoluir o seu próprio estilo, a fim de tirar proveito dos benefícios dessa adaptação comportamental. **Isso é ser um negociador com Atitude UAUme!®.**

- **Defendemos a ideia de que o propósito de uma negociação não é chegar a acordo, mas sim satisfazer interesses!** Muda tudo pensar dessa forma! Se a interação das partes estiver focada na satisfação de interesses, se encontram mais facilmente espaços de convergência. Entendimento não é sinônimo de acordo, é uma tática negocial de conclusão. A habilidade está em saber o que a outra parte mais valoriza e como satisfazê-la. Sem informação não há espaço para isso, e para obter informação (partilha de interesses) é fundamental existir interação positiva. Não esqueça: o maior facilitador para a conclusão, com sucesso, das negociações está na capacidade de obter informação sobre os interesses da outra parte e trabalhar a melhor forma de os satisfazer, obtendo obviamente também recompensas.

- **Isso é ser um negociador com Atitude UAUme!®.**

- Nas neogicações é fundamental ter presente este fato científico: **a emoção precede a ação**. Vivemos uma época de ***emonegócios.*** No entanto, temos uma tendência natural para racionalizar as nossas negociações. Esse fato prejudica claramente as nossas atitudes e estas condicionam o nosso comportamento! O comportamento é um método, não um resultado. Discernir o resultado desejado do comportamento dos outros é fundamental para atingir sucesso nas negociações. **Isso é ser um negociador com Atitude UAUme!®**

- **Dizer o negativo promove tensões!** Foque-se no SIM mesmo, quando é para dizer NÃO. Saiba fazê-lo com naturalidade. Um exemplo: pedem-lhe condições para fechar um negócio que você não pode aceitar. Na situação exposta, pode reagir, por exemplo, da seguinte forma: "Compreendo a sua proposta e respeito-a", ou: "Agradeço a forma objetiva como apresenta aquilo que pretende obter...".

- **Cada caso é um caso!** Por mais que gostássemos, não existe uma solução mágica válida para todas as situações. O nosso objetivo é simplesmente despertar o seu interesse por negociações com dinâmicas positivas, independente das situações e do contexto. Flexibilidade, resiliência, persistência e criatividade são, no entanto, competências que atravessam as negociações orientadas para o sucesso. **Isso é ser um negociador com Atitude UAUme!®**.

Recorde que dificilmente alguém vai concordar com você se o vir iniciar a interação com uma argumentação negativa. O objetivo inicial é criar espaço para poder avançar.

Exemplos de continuação do diálogo anterior: "Falemos agora de contrapartidas. O que pretende nos proporcionar para concluirmos esta negociação de acordo com aquilo que deseja obter?" ou "Vou preparar a minha proposta de acordo com as suas pretensões, transmitindo com a mesma objetividade as nossas". Ou, ainda: "Em contextos diferentes do atual, estou certo de que teria melhores condições para poder aceitar, na totalidade ou parcialmente, aquilo que me solicita. Posso sugerir que façamos em conjunto a análise de cada um dos aspectos que estão em cima da mesa?".

Acreditamos que o pior que pode acontecer numa negociação são as atitudes incendiárias sem propósitos construtivos. Não entre nesse jogo! Faça a diferença e experimente os resultados da sua atitude! **Isso é ser um negociador com Atitude UAUme!®.**

- **Qualquer moeda tem duas faces.** Você e o seu interlocutor são iguais! Há sempre a face que se vê e a outra que não se vê! Considere sempre o outro lado da moeda — da sua e do outro. O ser humano reage, naturalmente, em função do que vê e do que sente. Nas negociações temos a tendência de nos deixarmos condicionar pelas experiências anteriores e pelos estereótipos. Tendencialmente, deixamo-nos arrastar por juízos de valor, e isso tem consequências negativas — condiciona a nossa mente para **ver e escutar o que não foi visto nem ouvido!** Quando tal acontece, significa que apenas vemos uma das faces da moeda! Não se limite! Em vez disso, procure a força que sustenta o que diz e faz. Exija a si mesmo ver a outra face da moeda. **Isso é ser um negociador com Atitude UAUme!®.**

Gerir e Superar Objeções com Atitude UAUme!®

Para os Negociadores com Atitude UAUme!® que sabem interpretar o paradigma enunciado e procuram agir em conformidade, reconhecendo a qualidade da interação como condição básica para seguir em frente, rumo à satisfação das suas necessidades e das do seu interlocutor, listamos agora **10 Dicas para SUPERAR OBJEÇÕES com Atitude UAUme!®:**

1. Faça, desfaça e integre antes que aconteça!
A forma mais eficaz e segura de superar uma objeção com Atitude UAUme!® é incorporar a objeção e a solução na sua apresentação. Apresente a objeção como sendo sua. A seguir, *desfaça-a, peça por peça.* É fascinante verificar a eficácia que esse método possui!

2. Diante de uma objeção inesperada, silêncio!
Ouça com muita atenção. Dê sinais não verbais de que quer ouvir mais. Se o seu interlocutor reagir ao seu desejo de obter mais informação e se calar, repita a objeção como se fosse uma pergunta. Por exemplo, se alguém lhe diz: "O desconto de 10% é insuficiente", reaja desta forma: "O desconto de 10% é insuficiente?". Acrescente um pouco de emoção com Atitude UAUme!® genuína de quem quer mesmo entender o ponto de vista do outro. Normalmente o seu interlocutor se sentirá motivado a lhe dar mais informação ou uma justificação. Ouça e procure os detalhes que podem ajudá-lo a gerir a objeção.

3. Nunca demonstre MEDO!

Sem ser arrogante e sempre com Atitude UAUme!®, mantenha evidentes sinais de entusiasmo. Mostre convicção. Uma objeção rebatida sem esses dois atributos perde eficácia.

4. Elogie!

Agradeça as objeções. Elogie o mérito da qualidade da objeção. Faça-o com especial cuidado, de forma que não pareça cínico (até porque cinismo não é compatível com a Atitude UAUme!®). Por exemplo, diante de uma objeção sobre o preço, pode responder: "Tem razão! Nos tempos atuais, compreendo que o fator preço assume uma dimensão crítica na sua tomada de decisão...".

5. Afunile o problema!

Peça fundamentação para a objeção. Peça que o ajudem a identificar as premissas da objeção. Muitas vezes surgem dados novos que nos permitem rebater a objeção de imediato ou protelar a conclusão da negociação, argumentando que existem elementos ou suposições para as quais são necessárias novas respostas, e para as quais será necessário marcar nova reunião.

6. Mantenha-se CALMO!

Como costumamos dizer, "Quando um não quer, dois não brigam!". Por vezes, é necessário ser capaz de desmantelar a raiva da outra parte! Lembre-se sempre desta regra-chave: Atacar objeções SIM, Atacar o objetor, NÃO.

7. Minimize! Relativize! Interponha-se!

Uma estratégia eficaz consiste em evidenciar aspectos com os quais a outra parte já concordou, a fim de diluir a objeção nos aspectos positivos. Exemplo: "Ainda bem que gostou da embalagem do produto novo, do seu potencial de venda, de toda a estratégia de *marketing* que vai apoiar o lançamento, e que considera que apenas falta resolver a questão de...".

8. Reformule!

Sempre que tiver sucesso na remoção de uma objeção, não termine a reunião sem ter a certeza de que isso aconteceu mesmo. Reformule aquilo que ficou esclarecido.

9. Técnica do bumerangue!
Se já tentou tudo e a objeção persiste, experimente perguntar ao seu interlocutor como ele resolveria o impasse se estivesse no seu lugar. A Atitude UAUme!® também é cocriação.

10. Atitude + Atitude + Atitude UAUme!®
Recordar SEMPRE que é a ATITUDE UAUme!®, diante das objeções, que pode influenciar positivamente ou negativamente o seu desempenho como negociador.

Fechar negociações com Atitude UAUme!®

E porque a Atitude UAUme!® é a arte de fazer acontecer, se falamos de interações negociais é fundamental falar da concretização do negócio, ou seja, de fechar o negócio.

A experiência tem nos mostrado que o desfecho é um dos pontos mais críticos para a maior parte dos negociadores, condicionando, fazendo adiar ou abortar muitas negociações bem conduzidas.

A Atitude UAUme!® também favorece o desfecho dos negócios.

Deixamos algumas dicas:

1. Conclua desde o início. Não confunda esta ideia com *hardselling.*[11] Numa negociação com Atitude UAUme!® o negociador tem confiança em si e valoriza a sua missão e o seu produto/solução/serviço. Por isso, apresente os seus objetivos com naturalidade desde o início da interação. Diga ao seu interlocutor exatamente o que quer e como isso beneficia o negócio dele. A Atitude UAUme!® promove uma relação mutuamente respeitadora e uma discussão recompensadora, que vai pavimentando o caminho para um desfecho suave e sereno.

2. Aprenda a reconhecer quando o seu interlocutor está pronto para fechar o negócio. Chamamos este momento de PMI (Ponto Máximo de Interesse). Numa negociação com Atitude UAUme!® o negociador está totalmente centrado na interpretação do seu interlocutor e em ser capaz de surpreendê-lo. O seu interlocutor pode dar a entender que está no ponto máximo de interesse ao dizer, por exemplo: "Quanto tempo vai demorar a entrega?", ou "O que esse botão faz?", ou "Tem disponíveis modelos de outras cores?". Outros sinais podem ser queixas em relação a fornecedores anteriores ou comentários como "Sério?", "Boa ideia!" ou ainda "UAUme!®".

3. Não responda a questões apenas com SIM ou NÃO. Um negociador com Atitude UAUme!® responde às perguntas do seu interlocutor apresentando-lhe questões. Quando cuidadosamente escolhidas, essas perguntas podem ajudá-lo a fechar um negócio. Por exemplo, em vez de responder com um simples SIM ou um simples NÃO à questão "Só tem preto?", poderá perguntar: "Quer que venha sempre em preto?".

4. Utilize amostras ou demonstrações grátis. Essa técnica pode resultar bem desde que seja absolutamente transparente, uma condição básica da Atitude UAUme!® nos negócios. Curiosidade: sabia que essa estratégia é comumente conhecida por *conclusão-cachorro* devido ao apego que uma criança tem a um ursinho de pelúcia depois de ter dormido com ele? Essa técnica é frequente na assinatura de revistas, que oferecem revistas grátis por determinado período; serviços de internet ou televisão a cabo; ou ainda na venda de carros através de *test drives*.

5. Sugira termos específicos. Em vez de perguntar ao seu interlocutor se vai comprar, sugira-lhe cenários específicos de compra e depois pergunte-lhe se ele concorda com eles. A Atitude UAUme!® também visa facilitar a tomada de decisão e promover a eficiência do tempo da negociação; essa estratégia pode ser muito útil para esses dois objetivos, fazendo com que o seu interlocutor sinta que lhe estão facilitando a vida. Por exemplo: "Podemos enviar-lhe 150 unidades, na terça-feira, por 1.000 euros. Quer que cuidemos disso?". Apresente as três condições bem separadas na sua pergunta (quantidade, data e valor). Se o seu interlocutor se sentir desconfortável com algum desses aspectos — por exemplo, se quiser que o envio seja na segunda-feira —, ele dirá. Você terá oferecido a possibilidade de ele deixar você tomar decisões sobre detalhes, cujo debate poderia atrasar ou anular o desfecho do negócio. O negociador com Atitude UAUme!® conhece o suficiente sobre o seu cliente, de forma que pode fazer sugestões de acordo pertinentes!

Por fim, saiba concluir a negociação. Quando sentir um bom ambiente de negócios, que evidencie satisfação dos interesses mútuos, termine a reunião. Muitas negociações são prejudicadas porque se arrastam além do momento da concretização.

> É bom lembrar que em tempos como estes
> sempre houve tempos como estes.

Adote a Atitude UAUme!® e faça bons negócios!

> A coragem é a primeira das qualidades humanas,
> porque é a qualidade que garante as demais.

A Atitude UAUme!® e a Liderança

A liderança interessa e diz respeito a todos. Todos somos líderes. Líderes do nosso tempo. Líderes das nossas motivações. Líderes de quem somos e das escolhas que fazemos.

A liderança não é um ato; é a minha vida. É uma maneira de viver. A tarefa de um líder nunca termina, é um processo contínuo.

A investigação e as teorias da liderança modernas, sobretudo tendo como referência as organizações, confirmam a eficácia de uma **liderança situacional positiva.**

O modelo de **liderança situacional** desenvolvido originalmente em 1969 por Ken Blanchard e Paul Hersey, teve na época a capacidade de fazer evoluir a explicação da liderança (até aí encarada, sobretudo, como consequência natural dos traços de personalidade do líder) para uma liderança a partir do diagnóstico daquilo que está além da pessoa do líder, a atenção aos outros e ao contexto.

Porque não há duas situações, duas pessoas, duas equipes, dois contextos, dois momentos iguais, o diagnóstico de cada uma destas variáveis determinará a decisão sobre os comportamentos de liderança. Qualquer chefe, mãe ou pai, com vários filhos, compreende facilmente isso.

No entanto, continua a ser importante considerar as características, o potencial e o desenvolvimento do próprio líder, das suas forças humanas, valores, crenças e competências, o exemplo que dá e a justiça com que se relaciona com os outros.

Faça hoje em você a mudança que quer ver HOJE nos outros.

Liderança positiva, porque a positividade é mais satisfatória e inspiradora, tanto para quem lidera como para quem é liderado, sendo ainda mais produtiva do ponto de vista dos resultados que consegue atingir.

Qualquer livraria está recheada de livros sobre liderança, com orientações, lições e receitas diversas. Muitos destes livros são escritos por, ou utilizam como exemplo, treinadores de vários esportes, que apresentam lições baseadas na sabedoria da sua liderança desportiva, sempre em grandes clubes ou seleções com sucesso.

Este tipo de comparações pode até ser inspirador, mas existem diferenças fundamentais entre a vida das pessoas e das organizações e a de um grande clube ou seleção.

Alguns exemplos práticos:

- **Num jogo as regras são fixas e constantes**, tanto para a nossa equipe como para a do nosso adversário. Numa empresa é importante haver regras, mas quem não consegue jogar, sem ser pela regra, dificilmente consegue surpreender positivamente o mercado. Fazer sempre o mesmo dificilmente surpreende. Inovar faz parte da sustentabilidade de qualquer empresa que se preze! Defendemos que é, frequentemente, missão de um líder de Atitude UAUme!® inspirar a pensar e a agir além da regra, o que não significa violar os princípios éticos e os valores da organização, nem significa deixar de atender a disposições legais ou morais. Além disso, no mundo dos negócios, muitas vezes os nossos concorrentes, ou até os nossos clientes de culturas diferentes, guiam-se por regras totalmente diferentes, não só do ponto de vista técnico, como até do ponto de vista moral. Outras vezes, nem conseguimos conhecer bem as suas regras, já que estão sempre mudando.

- **O campo do jogo tem um tamanho predefinido, e as traves estão colocadas num local fixo.** As duas equipes jogam no mesmo espaço. Nos negócios, o campo não tem limites. Muitas vezes o sucesso está mesmo em jogarmos além das fronteiras e deixarmos de jogar dentro do nosso espaço natural. O líder de Atitude UAUme!® pensa e inspira a pensar e agir além das fronteiras naturais.

- **O treinador tem a possibilidade de contratar e jogar com os melhores jogadores que o orçamento do clube lhe permita obter.** As empresas também têm a chance de contratar pessoas adequadas a cada função, mas não é, necessariamente, só porque há outros tecnicamente mais competentes do que alguém da nossa empresa que vamos despedir e substituir o nosso colaborador. Nas empresas não há banco de reservas! Há outros valores além da mera questão técnica, que fazem parte do papel social das organizações. Outras vezes, o equilíbrio interno ou a legislação impõem constrangimentos que precisam ser atendidos. Às vezes, até acontece que alguns jogadores estão jogando fora do alcance da vista do treinador, em países estrangeiros.

- **Um jogo funciona com monoproduto**: marcar mais *gols* do que aqueles que se sofre; obter pontos. Uma empresa tem muitos produtos para gerir ao mesmo tempo. Joga em vários campeonatos. Tem produtos com posicionamentos diferentes, dirigidos a públicos diferentes, que exigem estratégias diferentes, simultâneas. Não há apenas uma equipe e apenas um treinador. Há várias equipes com vários treinadores, que têm, também eles, de se articular.

- **Os objetivos são muito claros e de curto prazo.** Nas empresas o jogo nem sempre está todo à vista, nem as várias etapas são bem definidas e tão visíveis como nos campeonatos. As equipes não podem visar só o curto prazo. Muitas vezes nem sabemos com quem vamos jogar, ou se vai aparecer alguém para jogar.

- **Os resultados ficam rapidamente à vista. Ou se ganha, ou se perde, ou se empata.** Nas empresas às vezes os resultados não são visíveis logo no final de um jogo. Os próprios resultados são de natureza tangível e intangível. Aqui a sorte é muito diferente! Não se ganha apenas porque o adversário cometeu um pênalti, o árbitro marcou uma falta que não existiu, um jogador importante foi expulso, ganhamos nos pênaltis etc. No mercado a sorte dá muito trabalho! Nada acontece por acaso!

- **Há relativamente pouco espaço para a inovação.** Nas empresas o lançamento contínuo de novos produtos é vital. Por vezes, a necessidade de total reinvenção de negócio, produtos, equipes etc. é absolutamente determinante para a sua sobrevivência. Não é possível jogar com as mesmas táticas muito tempo. O jogo não para aos 45 minutos, para o intervalo, para descansar e mudar o estilo de jogo. Fazer e desfazer para fazer melhor está no DNA do líder UAUme!®.

- **A equipe tem reservas para substituir, de imediato, alguém que está cansado, doente ou por simples opção tática**. Nas organizações não é bem assim. O líder UAUme!® convoca todos para jogarem TODOS os dias como titulares.

Na vida e nas organizações, os nossos momentos determinantes, enquanto líderes, são bem mais um padrão de vida e de oportunidades de produzir diferenças sutis do que o resultado de um conjunto de ensinamentos recolhidos em manuais de liderança.

Liderança UAUme!® é: geração de novas possibilidades.

Novas possibilidades decorrentes de interações humanas, virtuosas, que capitalizam, estimulam e conjugam, de forma dinâmica, valores, forças humanas, motivações, *know-how* diversificado, visão e objetivos.

Novas possibilidades com capacidade de surpreender e gerar dinâmicas de positividade, proatividade, com resultados em cadeia. Imagine o efeito dominó, mas com o filme passando ao contrário. O que se vê? As peças do dominó vão se alavancando e levantando em cadeia, com uma rapidez impressionante. Assim se pode imaginar as vantagens e aplicações da Atitude UAUme!® a serviço da liderança.

A liderança Atitude UAUme!® tem a capacidade de surpreender quem lidera, quem é liderado, a organização, no contexto da qual é exercida, e os clientes ou destinatários da atuação dessa mesma organização.

O líder Atitude UAUme!®
É alguém capaz de se mobilizar a si e aos outros, através de ideias e práticas a compartilhar, ensinar, desafiar, energizar, prever, preservar, difundir energia, inovar.

O líder Atitude UAUme!®

- Diz: eu posso! (independentemente de ter ou não um cargo de chefia).
- Conhece-se e trabalha para reforçar em si e nos outros: o capital psicológico, capital social e o capital humano.
  - — Capital psicológico: recursos mentais e emocionais que se constroem na bonança e que nos sustentam na adversidade (resiliência, motivação, esperança, otimismo, autoestima, confiança, energia).

— Capital social: partilha de valores, objetivos, aspirações que permitem a ligação aos outros e a comunhão de pensamentos, entendimentos e atuações.

— Capital humano: talentos, conhecimento, competências e experiência.

- Tem uma visão integrada da vida e não é indiferente aos meios (materiais e morais) que mobiliza para atingir os fins.
- Dá o exemplo de que a honestidade e a felicidade não estão à venda.
- Fortalece-se com ambições corajosas. Sabe que a superação de conseguir fazer coisas difíceis leva ao desenvolvimento. Contagia quem o rodeia com o gosto pela inquietação de atuar fora da zona de conforto.
- Reconhece que a vida é feita de alegrias e de dificuldades. Que o crescimento implica aceitar que o desconforto das dificuldades faz parte do processo. Sabe que felicidade não significa que tenhamos de nos sentir bem em 100% do tempo e que as emoções negativas também são naturais no trabalho (desapontamento, frustração, raiva ou medo), nos levando a atuar de forma que voltemos a encontrar o caminho onde nos sentimos bem, numa dinâmica de fluxo (experiência ótima entre a percepção do desafio que se enfrenta e a percepção da sua própria competência).
- Tem consciência de que a felicidade no trabalho permite maximizar a *performance* e o potencial (individual e coletivo) e, consequentemente, a produtividade.

Investigações diversas têm provado que a felicidade no trabalho está altamente correlacionada com a produtividade. Isso significa que, quanto mais feliz no trabalho, mais produtivo se é.

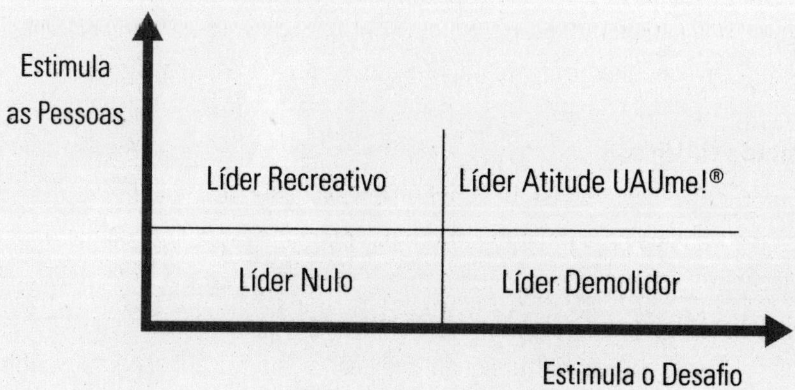

Figura 8 Líder Atitude UAUme!®.

O líder Atitude UAUme!® fomenta uma liderança a 360º.

Isso significa que a sua missão principal é mobilizar todos os colaboradores a atuarem como líderes, numa dinâmica coletiva de geração de novas possibilidades.

Os grandes líderes são como os melhores maestros:
vão além das notas para alcançar a magia dos seus músicos.

Orgulho, confiança e reconhecimento são três dimensões que contribuem para a felicidade no trabalho. O líder UAUme!® sabe reconhecê-las e estimulá-las.

A liderança Atitude UAUme!®
aproveita momentos únicos e provoca momentos determinantes.

A liderança Atitude UAUme!® é uma ação muito mais improvisada do que estratégica. O líder UAUme!® interpreta a liderança como ação e interação, não como uma simples posição.

Não podemos discernir com clareza e certeza
o impacto da nossa liderança no mundo.
O que podemos ter a certeza e avaliar como líderes
são os resultados e o valor que tiveram
os nossos atos, as nossas decisões e as nossas opções.

A Atitude UAUme!® e a Motivação

A motivação é um aspecto determinante para o bem-estar pessoal e o sucesso profissional.

A Atitude UAUme!® tem um papel poderoso tanto na automotivação como na motivação dos outros. Por outro lado, a Atitude UAUme!® em ação também inspira, e de certa forma ensina, os outros com quem interagimos a modelarem o seu comportamento para motivarem terceiros.

O ato da *gratividade* (gratidão em ação) contém, necessariamente, uma profunda, nobre e ativa dimensão motivacional, ou seja, um motivo (gratidão) que leva o indivíduo a atuar (surpreender o outro).

O trabalho de concepção e desenvolvimento do conceito Atitude UAUme!® fundamentou-se não só em diversos contributos científicos, a que em seguida fazemos referência, como na nossa já longa experiência pessoal e profissional de agentes motivadores. O fato de ambos termos nascido em famílias numerosas, o fato de termos seis filhos e dois netos, o fato de ambos contarmos com percursos profissionais extensos e diversificados, em Portugal e no estrangeiro, onde tivemos de liderar e motivar grandes equipes, o fato de dinamizarmos inúmeras conferências motivacionais, constituíram riquíssimos campos de aprendizagem da dinâmica motivacional.

Uma coisa sabemos: ninguém motiva o outro! A motivação surge de dentro. Podemos é contribuir para inspirar a nossa própria motivação e a motivação dos outros. A forma como a Atitude UAUme!® pode despertar e favorecer a motivação em cada indivíduo é uma contribuição importante no atual contexto socioeconômico.

Ser ou não ser (motivado), eis a questão!

Mark Anthony, especialista dinamarquês em motivação e *coaching* motivacional, defende que "a motivação é a ativação, ou criação de energia, de comportamentos orientados para objetivos", defendendo que os ganhos percebidos são o principal ímã que atrai o indivíduo para determinado objetivo.

Ora, sendo a Atitude UAUme!® mobilizadora de entusiasmo, determinação, vigor e energia, focada em fazer acontecer, ela está intimamente ligada à motivação, tanto enquanto causa como enquanto consequência.

> "Somos o que fazemos, mas somos, principalmente, o que fazemos para melhorar aquilo que somos."
>
> Eduardo Galeano

A Atitude UAUme!® valoriza também a importância do reconhecimento do esforço feito pelo indivíduo, ao longo da caminhada, rumo a determinado objetivo, não apenas o reconhecimento do resultado atingido. Esta é uma vertente frequentemente esquecida nos mais variados contextos da vida e ação humanas, desde a educação ao esporte, da formação profissional ao trabalho. A sociedade contemporânea está muito centrada nos resultados, os quais são realmente importantes, mas não podem ser atingidos a qualquer custo. Por outro lado, um percurso que se percorre com motivação, independente dos resultados, é, sempre ele, fonte de aprendizagem que pode ser mobilizada como motivação para etapas seguintes de concretização.

Quem estudou com motivação ao longo do ano, mas não atingiu a nota pretendida no teste final, deve analisar o que se passou a fim de conseguir fazer melhor; quem se preparou cuidadosamente para ir a uma entrevista de emprego, mas não foi selecionado, deve refletir sobre o que pode fazer evoluir; quem desenvolveu um projeto que não foi ao encontro das expectativas do cliente, deve repensar a forma como está comunicando ou interpretando as aspirações do cliente; e os exemplos se multiplicam. Valorizando o percurso, não apenas os resultados, reforçamos a nossa resiliência e persistência.

O modelo *The Performance Drivers*©, de Mark Anthony, integra sete dimensões para o sucesso: motivação, energia, foco, aventura, criatividade, poder pessoal e comunicação, comuns em grande parte com dimensões que sustentam a Atitude UAUme!®.

Do automático ao pré-frontal, ou o *stress* visto pela positiva!

Chantal Vander Vorst, Diretora Geral do Institute of NeuroCognitivism, na Bélgica, defende que, nos primeiros meses de vida, o ser humano adquire uma personalidade primária (temperamento), que estrutura e define as suas motivações de longo prazo (vocação).

A possibilidade de expressão dessa vocação proporcionará ao indivíduo uma poderosa fonte de motivação, energia e prazer na ação. No entanto, ao longo da vida, o indivíduo desenvolve, sujeito à influência do contexto em que se insere, uma segunda personalidade (caráter), responsável pelo surgimento de motivações mais superficiais. Estas, dependendo do resultado ou do reconhecimento obtidos, serão responsáveis pela geração de desmotivação ou estresse.

De acordo com Vander Vorst, cada pessoa toma, ao longo do dia, cerca de quinhentas decisões, baseada em quatro centros de decisão no cérebro: pré-frontal (adaptação, reflexão, criatividade, gestão das emoções); neolímbico (condicionamentos, automatismos, personalidade, temperamento e caráter); paleolímbico (lugar no grupo, domínio, submissão); reptiliano (sentido de sobrevivência, estresse).

A estimulação do pré-frontal — processo que privilegiamos nos paradigmas de *Coaching* Apreciativo que caracteriza a YouUp — permite a reflexão e adaptação do indivíduo a novas situações. Este é o centro de decisão do cérebro responsável pela curiosidade, adaptabilidade, relativização, racionalidade ou capacidade de assumir opiniões individuais.

Um forte indicador de que um líder, um *coach*, um professor ou um pai soube fazer uma pergunta poderosa será a serenidade que esta tiver despertado no destinatário da pergunta, evidenciando a ativação do sistema pré-frontal. Por outro lado, o estresse que o destinatário possa sentir significa que este identificou algo que lhe despertou emoções básicas, mas que, internamente, está consciente de que precisa fazer uma abordagem mais racional, a qual se revelará mais indutora da evolução motivacional que se pretende.

Vamos ver o que ainda não foi visto...

Olivier Jorand, docente das universidades de Lausanne e Freiburg, convicto do valor e da necessidade de uma abordagem interdisciplinar entre a filosofia, a matemática, a psicologia experimental e as neurociências, e partindo do pressuposto de que atenção e concentração — condições essenciais da Atitude UAUme!® — são também condições essenciais para a criação de um estado motivacional, explora os estados da consciência e o foco da atenção, para nos levar a questionar o que fazemos quando não temos visibilidade ou o que sabemos das zonas sombrias.

Jorand afirma que a motivação é um estado dinâmico, no qual não há categorias fixas com fronteiras bem definidas e para o qual não existe botão de liga/desliga. A capacidade de percepção, pelo indivíduo, das mudanças que ocorrem no seu campo visual é responsável pela representação que cria do mundo que o rodeia, a qual nunca é total ou detalhada.

Quem quer que seja que se mobilize para favorecer a motivação de outro, se estiver consciente desta dinâmica, atuará de forma muito mais competente na estimulação de novas visões e da cocriação de novas possibilidades. Todos sabemos, por exemplo, a importância que a apresentação de um prato tem na estimulação do no nosso apetite (motivação para comer); que a decoração de uma loja tem no tempo que estamos lá dentro; que a apresentação de um médico tem na confiança que depositamos nele; que um manual de estudo graficamente bem estruturado tem na aprendizagem dos alunos; que um escritório com *design* inovador tem no entusiasmo dos clientes etc.

A conexão entre o domínio do neurológico e o domínio da representação e o da espiritualidade, no entanto, ainda precisa ser desvendada.

Explorar e tirar proveito dos territórios de excelência

François Delivré, *coach*, consultor de relações humanas, autor de diversos livros sobre *coaching* e o gênio humano, exímio contador de histórias, possui uma magnífica reflexão sobre a relação entre o gênio profissional e a motivação.

Tal como a Atitude UAUme!® defende, todos temos as nossas forças, qualidades humanas, o nosso gênio ou território de excelência, no qual assumimos o nosso estilo, verdadeiramente único e inimitável. Delivré explica-nos que é aí, exatamente nesse lugar "em que estamos completamente dentro do nosso gesto", que somos capazes de experimentar harmonia e exaltação.

> "O melhor do homem acontecerá quando ele encontrar o seu estilo, o tempo todo!"
>
> François Delivré

Porque o ser humano tem tendência de ter um *ponto cego* na visão de seus territórios de excelência, é também aqui que quem visa estimular a sua própria motivação, ou a dos outros, pode assumir um papel determinante de conscientização.

Paradoxalmente, ao mesmo tempo que o ser humano pode compartilhar esse território de excelência, isso não impede que aí se sinta também mais sozinho. Como afirma Delivré, frequentemente, quando o adulto desenvolve e assume publicamente o uso dos seus territórios, é também aí que ele pode despertar nos outros duas reações igualmente nefastas, que podem fragilizá-lo: inveja, por um lado, ou a colocação num pedestal, cujo suporte os outros terão a capacidade de cortar quando quiserem. Se repararmos bem, as figuras públicas, que a mídia coloca no topo, estão sujeitas a terem uma grande queda se o seu público resolver retirar o apoio. Por isso, é bom que a caminhada na vida seja feita de forma sustentada, não de forma precipitada.

Estratégias da Atitude UAUme!® para apoiar a identificação do seu gênio ou territórios de excelência:

1. **Fazer um balanço de vida,** identificando os momentos em que recebeu olhares externos de admiração e, ao mesmo tempo, momentos de plenitude (em situações grandes ou pequenas).
2. **Sonhar acordado.** Interrogar-se: "Se estivesse seguro de obter sucesso e não tivesse obstáculos no meu caminho, o que eu faria?".

3. **Sondar os amigos.** Perguntar aos amigos (pessoas que querem o nosso bem e que sabemos serão absolutamente honestas conosco) o que consideram ser aquilo em que somos verdadeiramente geniais.

Paradoxo da motivação: alegrar-se, acalmar-se, ter sucesso

Viver também é procurar obter sucesso na imensa experiência de si mesmo.

Para a gestão e desenvolvimento do eu, Françoise Kourilsky, psicóloga e especialista em ciências políticas, de grande notoriedade, identifica três princípios a seguir com que a Atitude UAUme!® se identifica:

- Observar os seus pensamentos para cultivá-los o melhor possível.
- Conseguir ir além das relações de força.
- Visar o que depende de si mesmo.

Uma abordagem minimalista de você inspira uma caminhada interior emocionante, na qual o cotidiano mais banal se torna fortemente enriquecedor. A simplicidade significa eliminar o que não traz valor acrescentado e não contribui para a satisfação. Adotar na gestão do eu o princípio da simplicidade e do minimalismo torna-se um estado de espírito que favorece a satisfação e a energia.

Françoise Kourilsky defende que o ser humano é vítima do pensamento binário (preto/branco; tudo/nada etc.), fazendo imensos esforços inúteis, quando a solução está em encontrar o estado de espírito adequado.

O estado de espírito adequado, e consequentemente a motivação, cria-se a partir de três alavancas:

- Recuar diante de nós mesmos, para sermos capazes de observar, de forma consciente, o que fazemos de forma inconsciente (ex.: quando estou furioso, como me comporto?).
- Recorrer à lógica do terceiro incluído:[12] o que é bom contém o que é mau, o qual, por sua vez, contém o que é bom.

- Substituir o verbo *combater* pelo verbo *utilizar*: reorientar aquilo que consideramos que são os nossos pontos fracos, tirando proveito disso.

A Atitude UAUme!® define uma prioridade: a de cada um se motivar.

Pessoas automotivadas são, claramente, altamente competentes na Atitude UAUme!®.

"Não tenhamos pressa, mas não percamos tempo!"

José Saramago

A Atitude UAUme!® e o *Coaching*

O *coaching* é uma das atividades profissionais que mais nos realiza e que, para nossa enorme satisfação, motiva cada vez mais clientes e empresas a nos procurar.

Para quem está menos familiarizado com o tema, podemos dizer que o ***coaching* é um processo de desenvolvimento pessoal e profissional baseado essencialmente no diálogo entre *coach* e *coachee*** (cliente e destinatário do *coaching*).

Um diálogo que se processa, sobretudo, a partir das perguntas poderosas que o *coach* faz a seu cliente, no âmbito que este decidir eleger como tema de reflexão e objeto de trabalho. Perguntas poderosas são as que conseguem causar no *coachee* o efeito Atitude UAUme!®, um efeito positivo cujo impacto identificamos na postura e expressão facial do cliente quando nos diz: "Uau! Boa pergunta! Nunca tinha pensado sob esse ponto de vista!".

O *coaching* tem a capacidade de permitir ao cliente tomar consciência de muita coisa, assumir perspectivas diferentes e responsabilizar-se para agir de forma distinta.

Gostamos de dizer que o *coaching* é uma intensa fonte e terreno de cocriação de novas possibilidades.

Os bons resultados que temos conseguido na nossa atividade profissional enquanto líderes e *coaches* executivos da YouUp — The Coaching Company®, a investigação exaustiva que temos realizado sobre a matéria e as reflexões em que temos nos envolvido nos mais diversos congressos e conferências internacionais de *coaching*, têm reforçado a nossa motivação para o aprofundamento contínuo do paradigma de *coaching* apreciativo que sustenta esta nossa atividade.

Quem adota um paradigma de *coaching apreciativo* está em total sintonia com a Atitude UAUme!®. Está em sintonia com tudo o que é ser UAUme!® e com o modelo da Atitude UAUme!® em ação.

Como explicamos no nosso livro *Ferramentas de coaching* (2009), o inquérito apreciativo (David L. Cooperrider, Diana Withney, 1986) baseia-se em cinco princípios fundamentais (construcionista, positivista, simultâneo, poético e antecipatório), relacionados com as crenças e os valores sobre os sistemas humanos e a mudança. Através deles o ser humano adquire uma visão mais clara da forma como as mudanças positivas acontecem, e de como podem ser promovidas, no contexto pessoal e profissional. A partir destes princípios o indivíduo encontra uma forma de atuar, recorrendo àquilo que identifica que funciona, ao que o motiva e ao que lhe permite ter sucesso.

Ao contrário do modelo clássico de resolução de problemas, muito usado em consultoria, cujo princípio básico é *"uma Organização é um problema a ser resolvido"*, o inquérito apreciativo baseia-se no princípio de que ***"uma organização é um mistério a ser abraçado"*** (Hammond, S.A., 1996).

Quando obtemos *feedback* dos nossos clientes, constatamos que nos distinguimos positivamente, em grande parte porque o *coaching* apreciativo lhes permite se envolver numa dinâmica satisfatória e eficaz de interpretação do que acontece, de construção do futuro e de interação com os outros.

Através do *coaching* apreciativo, eles conseguem resultados individuais e organizacionais muito além daqueles que conseguiriam com um paradigma de *coaching* apenas focado em diagnósticos psicológicos e no apoio à resolução de problemas.

O que verificamos é que o foco na análise do que está mal e na resolução de problemas está de tal maneira enraizado nos profissionais, decisores, equipes e organizações em geral que o simples fato de os abordarmos com a interpelação "conte-nos o que de melhor se faz na sua empresa e o que a sua equipe tem de melhor" soa como uma pergunta poderosa, verdadeiramente surpreendente. Uma pergunta verdadeiramente com Atitude UAUme!®.

É muito interessante o fato de diversas experiências científicas evidenciarem que a perspectiva positiva aumenta o nosso campo de visão e revigora-nos naturalmente. As implicações positivas desta realidade na visão de si e no relacionamento interpessoal que os nossos *coachees* conseguem são enormes.

Nesta dinâmica de Atitude UAUme!®, além de o cliente conseguir uma imagem viva e detalhada do que corre bem e do que funciona, beneficia-se do efeito surpresa gerado pela positividade da Atitude UAUme!®, que o inspira e lhe dá a energia de que pode necessitar para fazer emergir, com maior frequência, o que há de melhor em si, na sua equipe e na sua empresa.

A Atitude UAUme!® aplicada ao *coaching* favorece também a concretização dos planos de ação do *coachee* no seu cotidiano pessoal ou profissional. Energia, determinação e resiliência reforçam a capacidade de mudar, enquanto pessoa, e de fazer acontecer.

Um *coaching* positivo e com Atitude UAUme!® operacionaliza-se também mobilizando o *coachee* para:

- Fazer o exercício de pensar de forma otimista.
- Tomar consciência dos privilégios que tem diante de outras pessoas ou situações.
- Identificar sempre três dimensões positivas para cada crítica.
- Aprender a perdoar.
- Favorecer a generosidade.
- Tirar partido, de forma consciente, dos pequenos prazeres da vida cotidiana.
- Tratar do corpo e do bem-estar físico.
- Encontrar atividades onde possa experimentar o fluxo.

O fluxo é a experiência (ótima) obtida pelo indivíduo quando este vive uma relação equilibrada, mas estimulante, entre duas dimensões: as capacidades que sente que possui *versus* a exigência que percepciona da tarefa que tem pela frente. O estado de fluxo, intrinsecamente ligado à motivação individual, é normalmente acompanhado de um conjunto de circunstâncias em que o *coaching*, com Atitude UAUme!® deve contribuir para que o *coachee* saiba identificar e fomentar envolvimento em desafios capazes de lhe exigir o recurso a aptidões particulares, concentração, objetivo claro a atingir, *feedback* imediato, ausência de distrações, controle do processo, desaparecimento da consciência de si, alteração da percepção da duração da situação.

I Care For...

O *coaching* sustentado pela Atitude UAUme!® está também empenhado no impacto positivo que a ação do *coachee* terá junto a terceiros. Isso significa que o *coach* com Atitude UAUme!® assume uma missão social abrangente. A comunidade de *coaches* da maior organização mundial de *coaching*, a ICF — International Coach Federation —, da qual somos membros e *coaches* certificados, tem mesmo um Programa intitulado *I Care For...* [Preocupo-me com...] (www.coachfederation.org/care/), do qual participamos. Dentro deste espírito, os *coaches* ICF encaram-se como parte de uma comunidade que não só apoia os seus clientes, mas também assume a missão de ter um impacto positivo no mundo: uma missão Atitude UAUme!®. Neste programa os *coaches* membros da ICF têm a oportunidade de compartilhar, em escala global, aquilo que os mobiliza e o que estão fazendo para apoiar as suas causas.

De fato, o sucesso da mudança pessoal e da concretização dos objetivos do *coachee* tem um retorno positivo não só sobre ele, como se projeta positivamente nos que o rodeiam, gerando o efeito virtuoso de *gratividade* em cadeia.

Como alguém disse: "Não podemos direcionar o vento, mas podemos ajustar as velas".

A Atitude UAUme!® e a Gestão do Tempo

Não existe nada mais democrático do que o TEMPO!

Cada um de nós possui exatamente **86.400 segundos por dia**! Não interessa onde vive, a idade que tem, a sua cor de pele, profissão, hábitos ou crenças.

TODOS temos diariamente o mesmo número de horas, minutos e segundos para utilizar. Podemos dar-lhes bom uso, desperdiçá-los, rentabilizá-los e fazer muitas outras coisas, exceto comprar ou vender TEMPO.

A Atitude UAUme!® tem tudo a ver com este bem escasso e extremamente precioso.

Em primeiro lugar porque encara o TEMPO como VIDA. A Atitude UAUme!® motiva-nos a nos sentir diariamente gratos por essa dádiva da vida.

Curiosidade: já reparou que quando oferecemos algo a alguém lhe chamamos PRESENTE? Exatamente o mesmo termo que utilizamos para designar o momento PRESENTE. Isso significa que PRESENTE (o momento que estamos vivendo) pode e deve ser considerado uma dádiva única e irrepetível que temos de valorizar.

A Idade de Ser Feliz

Existe somente uma idade para ser feliz,
somente uma época na vida de cada pessoa.
Uma época em que é possível sonhar, fazer planos
e ter energia bastante para os realizar,
a despeito de todas as dificuldades e obstáculos.
Uma só idade para nos encantarmos com a vida e viver apaixonadamente,
desfrutando de tudo com toda a intensidade,
sem medo, nem culpa de sentir prazer.

Fase dourada em que podemos criar
e recriar a vida,

vestir todas as cores,
experimentar todos os sabores.

Tempo de entusiasmo e coragem
em que todo o desafio é mais um convite à luta
que se enfrenta com a disposição de tentar algo NOVO,
de NOVO e de NOVO,
quantas vezes for preciso.

Essa idade tão fugaz na nossa vida
chama-se PRESENTE
e tem a duração do instante que passa.

(Autor desconhecido)

O tempo é um presente com valor, para nós e para os outros.

A Atitude UAUme!® traz ao tema da gestão do tempo a pertinência da atenção ao presente.

A atenção plena ao momento presente é um dos focos cruciais da Atitude UAUme!® para uma existência equilibrada. A atenção plena ao momento presente oferece um campo muito variado de objetos a notar. A tranquilidade que nos permite interagir com os outros com Atitude UAUme!® começa com o *fazer as pazes* com o que já é! Sentir o momento presente é um passo crucial.

A atenção ao presente envolve olharmos, atentamente, para dentro de nós e para a nossa experiência de contato conosco e com a percepção do mundo através de cada um dos sentidos, em cada instante. Envolve reconhecermos esses diversos aspectos e estar receptivos a perceber o que se passa, a fim de tornarmos mais claro o que sentimos, pensamos e fazemos, e também as suas consequências. Com isso abre-se a possibilidade de mudança e maior criatividade.

Gerir o tempo e, consequentemente, a vivência do momento, é, em primeiro lugar, parar a atividade frenética que normalmente nos absorve para saborearmos o mundo da experiência real.

A impermanência é um fato inegável,
e a vida é um fluxo constante.

Por vezes aquilo a que nos agarramos é simplesmente resultado de apego ao conhecido. Desprendimento é abrir mão da necessidade de nos agarrarmos ao conhecido e deixar a vida fluir como é natural. Através do desprendimento descobrimos o sentido e o sabor da liberdade.

Quando o futuro vira passado, é fácil ver o que tinha de ser feito.

A atenção plena permite-nos avaliar, com maior lucidez, o que se passa, a importância e a urgência do que nos envolve, e assim sabermos discernir para gerir com maior eficiência o nosso tempo e valorizarmos o tempo que os outros investem em nós.

Expressões populares como *matar o tempo* são nos dias de hoje um verdadeiro crime! Como se pode matar algo precioso, algo que nunca volta, algo que é dádiva? Essa é claramente uma atitude verdadeiramente suicida! Não é lógica! Não é humana! Não é uma Atitude UAUme!®.

Uma gestão eficaz do tempo, com Atitude UAUme!®, implica decidir como e quando estar: ***IN, ON* e *OFF*.**

- **ESTAR *IN*** significa que estamos VALORIZANDO a interação conosco, a nos escutar ativamente, a nos aceitar como realmente somos, a saber ser congruentes, a nos respeitar como pessoas, tornando desta forma as nossas interações com os outros mais reais e verdadeiras.
- **ESTAR *ON*** significa que estamos sendo empáticos e estabelecendo harmonia. Significa que estamos em ação com os outros, na gestão das tarefas cotidianas que temos de fazer. Significa que EU estou FAZENDO ACONTECER com Atitude UAUme!®.

- **ESTAR *OFF*** significa que estamos sabendo usar o tempo para nos distrair, aprender, divertir, desligar do cotidiano para contatar outras realidades diferentes que nos permitem um regresso renovado.

> "O homem que tem a coragem de desperdiçar uma hora do seu tempo não descobriu o valor da vida."
>
> Charles Darwin

Procrastinar e a Atitude UAUme!®

Procrastinar significa deixar para amanhã o que poderíamos fazer hoje!

A procrastinação é um problema real para o fazer acontecer promovido pela Atitude UAUme!® e, consequentemente, para a produtividade pessoal e profissional.

A procrastinação é um comportamento que pode ter origem nas mais diversas causas, conscientes ou inconscientes, e pode não ter, por isso, uma solução simples e óbvia.

Todo mundo tem comportamentos de procrastinação. Independentemente da forma inteligente e eficiente como até já podemos estar trabalhando, em qualquer momento todos deixaremos por fazer algo que sabemos que tem de ser feito.

Partindo do princípio de que isso é uma realidade, a Atitude UAUme!® encara a questão e diz: só há uma forma de lidar com a procrastinação, quando de fato ocorre — escolher fazer ALGO, mesmo que isso não seja A COISA que teria de ser feita e que estamos adiando.

O simples fato de procrastinar não significa que sejamos preguiçosos ou que estamos perdendo tempo. Na verdade, a procrastinação também CRIA motivação e tempo: quando procrastinamos, estamos altamente motivados a evitar determinada atividade, o mais que pudermos. A nossa lista de afazeres, normalmente, tem determinada estrutura. Os assuntos mais urgentes em cima e os menos urgentes, mas ainda assim necessários de concretizar, mais abaixo. Por isso, canalize essa energia para algo que valha a pena e que lhe permita procrastinar de forma produtiva!

Procrastinar com Atitude UAUme!® significa procrastinar de forma produtiva!

John Perry, professor em Stanford, chama isso de *procrastinação estruturada*.

A Atitude UAUme!® motiva-nos a tirar partido do tempo de forma consciente. Aproveite-o. Por exemplo, naquela tarde em que está adiando a preparação da apresentação, que sabe que vai ter de fazer, em vez de passar o tempo no Facebook ou jogando Paciência, faça ALGO que tem de fazer e lhe dê a sensação de concretização: limpe a escrivaninha, escreva um *e-mail* de agradecimento, limpe ou organize a sua caixa de *e-mails* ou pense num novo projeto. Você continuará a se sentir desconfortável, por não ter feito AINDA a apresentação, mas pelo menos está apto para dizer que fez acontecer algo.

Esperamos que esta breve abordagem à gestão do tempo tenha aguçado o seu apetite para ver esta temática desenvolvida numa edição Atitude UAUme!® especial, com o desenvolvimento de estratégias de gestão pessoal e profissional com Atitude UAUme!®

Até lá, se tiver de procrastinar, procrastine, mas sempre com Atitude UAUme!®.

> Uma nota de humor:
>
> **Desculpa de funcionário *procrastinador*.** Após atender ao telefonema da mulher, o funcionário, vendo que não conseguia acabar as tarefas de que estava incumbido, diz ao chefe:
> — Chefe, pode me dispensar do serviço hoje à tarde? É que a minha mulher vai ter um filho.
> — Se o motivo é esse, então está dispensado.
>
> No dia seguinte, o chefe pergunta:
> — Como é que foi? Menino ou menina?
> — Tudo ótimo. Agora, para saber se é menino ou menina, só daqui a nove meses!

A liberdade de mudar é a liberdade de crescer.

A vida só pode ser compreendida olhando-se para trás,
mas só pode ser vivida olhando-se para a frente.

A Atitude UAUme!®, os Idosos e o Futuro!

O aumento da longevidade é uma realidade!

O número de pessoas idosos que se mantêm atualizadas, com saúde, com competências, com energia, com poder de compra, e que revelam capacidade para se manterem ativas e darem uma contribuição valiosa à sociedade é cada vez maior.

A Europa é a região com mais idosos do mundo, e Portugal é um dos países com mais idosos da Europa. De acordo com o Instituto Nacional de Estatística, nos próximos 25 anos o número de pessoas idosas (com mais de 65 anos) poderá duplicar relativamente ao número de jovens, passando de 112 para 242 idosos para cada 100 jovens.

As sociedades envelhecidas, como Portugal, com um número cada vez maior de pessoas idosas e cada vez menor de jovens, precisam que as pessoas trabalhem até mais tarde e que permaneçam saudáveis e ativas por mais tempo (Marques, 2011).

Efetivamente, Portugal até já é um dos países com maior taxa de emprego de trabalhadores mais velhos e está entre o grupo de países em que as pessoas trabalham até mais tarde, mas isso, por si só, não é suficiente para uma sociedade sustentável.

A sociedade portuguesa tem muitos estereótipos negativos e discriminatórios em relação às pessoas mais velhas, em geral nomeadamente no contexto do trabalho, mas não só.

É uma realidade: a mentalidade geral vigente encara mal o envelhecimento e valoriza muito mais a juventude. O culto ativo do respeito pelas pessoas mais velhas também deixou de ser tema forte da educação moderna, tanto nas famílias como nas escolas.

No contexto profissional, os empregadores, em geral, preferem recrutar pessoas até limites de idade muito jovens (é fácil constatar que a maioria das ofertas de emprego estipulam idades até os 30/35 anos). As empresas tendem também a investir menos na formação profissional dos seus colaboradores mais velhos, porque acham que o investimento já não dará retorno. Curiosamente, muitas pessoas mais velhas têm, elas próprias, preconceitos negativos em relação ao seu envelhecimento e às suas capacidades, tanto de trabalho como de aprendizagem. Todo mundo conhece o velho ditado popular que diz: *Cachorro velho não aprende truques novos*! No contexto profissional, este preconceito leva muitas vezes as pessoas que já não acreditam nas suas capacidades a acharem que aprender já não é para elas, deixando, por isso, de se atualizarem ativamente. Esta é, claramente, uma situação que valida os prejuízos decorrentes da ausência de um discurso interno positivo.

Há também a ideia de que as pessoas mais velhas têm uma saúde mais frágil que pode ameaçar a sua produtividade, o que, como todos sabemos, não é de todo um aspecto que se possa generalizar. No entanto, o fato de muita gente querer se aposentar prematuramente, alegando questões de saúde, pode reforçar a generalização da ideia de incapacidade profissional por motivos profissionais.

Quando se fala de pessoas idosas, surge também o espectro negativo do custo que elas representam para as finanças públicas. Todos temos consciência de que a aposentadoria é um tema delicado e que a idade de se aposentar terá de evoluir para mais tarde. Por outro lado, também é do conhecimento geral que nos últimos anos a aposentadoria antecipada foi tema altamente promovido por muitas empresas, que queriam rejuvenescer os seus quadros, tendo aposentado muito boa gente. Conhecemos muitos desses casos que, felizmente, criaram os seus próprios negócios, com muito sucesso, e que não só se mantém ativos, como se tornaram, eles próprios, fontes de atividade para muita gente.

No entanto, dados de fontes diversas (INE, Eurostat, Marktest) mostram que Portugal é um dos países onde a população idosa corre maiores riscos de pobreza. De fato, não só existe um elevado número de pessoas que não têm qualquer atividade que lhes garanta um rendimento complementar à sua baixa aposentadoria, como poucas pessoas se previnem quanto a obter outras fontes de rendimento para a aposentadoria além do que esperam receber da Previdência Social.

A Atitude UAUme!® reorienta o olhar diante do envelhecimento

A Atitude UAUme!® encara a velhice como um processo natural e uma etapa nobre da vida, que pode ser potencializada de modo que tenha reflexos muito positivos — tanto para a sociedade conseguir enfrentar, com sucesso, os exigentes desafios que decorrem do envelhecimento demográfico, como para a felicidade e bem-estar de cada idoso e da sua família.

A Atitude UAUme!® encara o escalão dos experientes como um escalão cheio de potencialidades. Se virmos bem, o escalão mais nobre em qualquer esporte, aquele escalão dentre o qual se selecionam, por exemplo, os esportistas para participarem nos Jogos Olímpicos ou para integrarem as seleções nacionais, é o escalão experiente. No esporte os experientes atingem esse escalão porque têm provas dadas. Eles atingiram o auge porque evidenciam maturidade e competências que os distinguem, claramente, dos elementos dos outros escalões. No esporte, tal como na vida, é mais provável que esses níveis de maturidade e de competência se atinjam mais facilmente quando já existe um percurso de vida significativo.

> "Aprendi que a melhor sala de aulas do mundo está aos pés de uma pessoa mais velha."
>
> William Shakespeare

A Atitude UAUme!® encara a noção de atividade positiva dos idosos não apenas a atividade realizada no âmbito do mercado de trabalho, mas a atividade de uma forma mais abrangente, incluindo o envolvimento em atividades sociais, voluntariado, familiares, culturais, econômicas, turísticas, espirituais ou lúdicas.

A Atitude UAUme!® defende que:

- A sobrevivência de qualquer sociedade, de qualquer empresa ou de qualquer família depende, em grande parte, do comprometimento de todos os seus membros. Caso contrário, o ciclo virtuoso da *gratividade* em cadeia não faria sentido.

- A sustentabilidade de uma sociedade depende, em grande parte, da capacidade de não desperdiçar recursos, sendo capaz de os reinventar, continuamente, gerando valor. A Atitude UAUme!® postula o desenvolvimento de competências de criatividade social.
- Vê-se a maturidade de uma sociedade pela capacidade que tem de valorizar e aproveitar os contributos diferenciados de todos os seus membros. A Atitude UAUme!® considera cada um como único e especial e valoriza essa identidade.

O futuro é daqueles que acreditam e trabalham para que o amanhã seja melhor do que o hoje.

Sabia que, dentre as capitais europeias estudadas pelo Eurostat,[13] em 2010 Lisboa era a capital com maior porcentagem de pessoas com mais de 65 anos? É impressionante — 24,2% dos habitantes de Lisboa já estão nessa faixa etária!

A ONU, por sua vez, revela dados como estes: em 2050 a esperança de vida rondará os 93,6 anos, e as mulheres terão em média 1,3 filhos.

O INE[14] diz que Portugal, na globalidade, já tem hoje 17,9% da sua população com mais de 65 anos!

Boas notícias para quem está na melhor idade ou a caminho dela:

Estudos de psicologia positiva mostram
que a felicidade aumenta com a idade
e, sobretudo, a partir dos 50 anos,
sendo esta realidade especialmente notória
nas mulheres!

**A felicidade é um estado de espírito
importantíssimo para a produtividade!**

A felicidade, enquanto fator que contribui para a produtividade, é já tema que interessa aos economistas, os quais já criaram a noção de **FIB (felicidade interna bruta)** dos países.

A Atitude UAUme!® pretende inspirar e mobilizar para uma visão mais positiva do papel de cada um na revitalização da sociedade, visando mais harmonia, mais tolerância, mais justiça: em suma, mais felicidade.

Portugal é um país riquíssimo em capital humano idoso! Acreditamos que esse grande capital humano disponível em Portugal não é potencializado. Há, por todo o país, milhares e milhares de portuguesas e de portugueses com competências de diversas ordens, completamente desperdiçadas.

Se juntarmos a esse fato os indicadores demográficos e as perspectivas negativas que apontam, tomaremos uma maior consciência daquilo que podemos e devemos alterar: **o enorme desperdício de capital idoso!**

A Atitude UAUme!® promove novos mapas de referência que favorecem a mudança de atitude, diante do papel dos idosos.

Os mapas de referência de muitos de nós têm, obrigatoriamente, de evoluir. A vontade de viver o hoje, o aqui e o agora, por um lado, e a obrigação de deixar o legado às gerações futuras, por outro, não são facilmente compatíveis, exigindo, por isso, a reinvenção e reorganização desses mesmos mapas de referência.

Muitos constroem os seus mapas de referência em função da conveniência, da qualidade e da riqueza da sua zona de conforto. Se nos sentimos bem, a nossa bússola mental tende a ignorar ameaças futuras e investimos na defesa do nosso *modus vivendi* atual, podendo até alegar que trabalhamos muito para o merecer.

Por outro lado, quando percebemos a possibilidade de perda de alguma regalia, a inflexibilidade e a recusa da sua aceitação emergem facilmente, impedindo a mudança. É também comum a cristalização passiva e conformada, com o consequente estreitamento da zona de conforto, a qual se torna cada vez mais frágil, mas continua, simultaneamente, impermeável.

Os políticos e os governantes têm um papel muito importante no combate a esta tendência natural de inflexibilidade e resistência à mudança, na medida em que deixarem de fazer campanhas eleitorais baseadas em promessas daquilo que não é sustentável.

Agora só há um caminho: inverter a tendência, olhar o futuro com outros olhos. A Atitude UAUme!® tem algumas propostas:

- Realce-se mais o que é possível fazer do que as profecias fatalistas.
- Esclareçam-se as pessoas com objetividade e honestidade.
- Desenvolva-se um verdadeiro sentido de cidadania.
- Envolvam-se TODOS no processo de revitalização de Portugal.
- Pense-se e atue-se apenas com um pé no presente, mas o resto do corpo no futuro.

Os idosos devem ser apoiados, treinados, incentivados e recompensados para:

- Treinarem as gerações mais novas, especialmente nos aspectos relacionados com as competências sociais e comportamentais (*soft skills*).
- Assumirem-se como mentores.
- Compartilharem as suas experiências em locais e eventos preparados para isso.
- Integrarem grupos de apoio aos mais idosos que não têm saúde ou que precisam de companhia. Muitas vezes uma simples conversa produz efeitos extraordinários.
- Integrarem instituições de solidariedade social, através de programas desenhados em perfeito espírito de cocriação; dinamizarem fóruns de cidadãos e iniciativas culturais.
- Realizarem palestras em empresas e instituições. Deliciamo-nos por este país afora sempre que temos ocasiões de interagir com idosos.
- Organizarem e dinamizarem festas temáticas e revivalistas.
- Reintegrarem o mundo do trabalho em tempo integral ou parcial, criando-se legislação própria, estimulante e proativa, tanto para o empregador como para o idoso.
- Promoverem o próprio *marketing* pessoal. Reinventarem o seu próprio visual. Usufruírem de aconselhamento técnico e especializado.
- Estudarem matérias diferentes daquelas em que se tornaram especialistas, como objetivo de se autoestimularem na descoberta de novas possibilidades.
- Ensinarem (formal ou informalmente).

- Serem incentivados e estimulados a montar pequenos negócios.
- Serem estimulados a viajar. Descobrir o mundo é uma Atitude UAUme!®. Ver o não visto, pensar o não pensado. Já somos um país de excursionistas; basta acrescentar mais um pouco de cultura ao lazer.
- Também é uma Atitude UAUme!® descobrir novos formatos de diversão, novas tipologias de leituras, novos interesses, novos amigos.

Recomendações Atitude UAUme!®:

- **Aos idosos:** Não fiquem esperando. Pratiquem e desenvolvam os princípios, valores e capacidades da Atitude UAUme!®. Não fiquem em casa vendo televisão. Exercitem-se física, cultural, social e espiritualmente e verão como muita coisa muda.

A vida deve ser vivida com conceito: nasci único, não vou viver nem morrer como cópia. Nasci com valor, investirei no meu crescimento, de forma permanente, readaptando-me, reinventando-me, reposicionando-me, compartilhando, desfrutando, dando e recebendo. Mais do que ciclos, a minha vida é composta de propósitos, fases e projetos, concretizados e a concretizar.

A carreira de cada um de nós e a nossa capacidade de contribuir ativamente para um Portugal mais equilibrado e feliz não podem ser condicionadas pelo indicador relacionado com a data de nascimento inscrito na carteira de identidade. Como diz o povo, *velhos são os trapos*. Frases como: "Já não tenho idade para isso", "No meu tempo", "Ninguém quer saber de mim", "Já vivi tudo o que tinha para viver", "Não sei como ainda aguento" etc. são de pessoas que realmente deixamos envelhecer. O discurso é evidência do nosso pensamento. A Atitude UAUme!® mostra que a forma de pensar não depende só do que nos acontece. Também é uma escolha de cada um.

- **Ao governo:** Potencializar a contribuição dos idosos não é uma opção! É uma necessidade que já se converteu em obrigação. Adéquem o discurso e a prática política a ações concretas, não só de proteção social, mas de otimização de capacidades e de desafio. Atrevam-se e ajudem a fazer acontecer.

Imaginem se Portugal, o país com melhor clima da Europa, se decidisse a se posicionar, *de forma séria*, como país de referência de acolhimento e residência de idosos das classes média/alta de países nórdicos. Já temos milhares de alemães, ingleses e holandeses que optaram por viver no Algarve, na Madeira, na Alentejo ou em Cascais, entre outros, mas nada comparado com o potencial que ainda existe por explorar. Temos quase tudo para ter sucesso: um excelente clima, uma gastronomia de qualidade, relativa segurança, custo de vida relativamente baixo, em comparação com os países nórdicos, e até temos um povo acolhedor.

Qualquer sociedade que pretenda assegurar um legado às gerações futuras deve começar por garantir a participação de todos.

- **À comunidade em geral:** Possuam uma Atitude UAUme!® e pensem grande! Não se limitem! Deus queira que todos sejamos idosos um dia! Aquilo que hoje semearmos será o que amanhã teremos para colher.

Deus fez o homem para ser feliz e bom. Ajudemo-lo a desenvolver uma personalidade criadora, capaz de contribuir para o propósito do criador.

Imaginem este outro cenário de Atitude UAUme!® em ação: as famílias em que ambos trabalham e têm filhos para levar às escolas, tendo de se levantar muito cedo para o poder fazer, disporiam de uma base de voluntários idosos, com perfis e motivações adequadas para acompanharem esses jovens. Seriam simultaneamente úteis, ativos, guardiões, companheiros, educadores e amigos! Esta seria uma iniciativa como a que já existe do *PediBus* da Câmara Municipal de Lisboa (*ônibus humano*, gratuito, em que as crianças, acompanhadas de um ou mais adultos — familiares dos alunos em sistema de rodízio — vão a pé para a escola, segundo um trajeto com paradas predefinidas).

- **À *mídia*:** Possuam uma Atitude UAUme!®. O seu papel é muito importante: informar, envolver e estimular com qualidade. Ainda há muito lixo no ar! Os idosos podem potencializar o seu VALOR. Ajudem-nos. A visibilidade pode contribuir para motivar e mobilizar. Entrem na linha!

Numa sociedade coletivamente bem organizada, próspera e feliz, os bons exemplos devem servir de exemplos a compartilhar.

Os cidadãos, na medida em que se unem entre si em sociedade, pensando, compartilhando e agindo, melhoram-se a si mesmos.

- **Às universidades e às escolas:** Possuam uma Atitude UAUme!® fazendo evoluir a oferta formativa e as estratégias pedagógicas para este potencial nicho de mercado. Os idosos não apreciam, não merecem, não aprendem através dos mesmos estilos de ensino. Os idosos querem ser alunos ativos. Apreciam intervir nas aulas. Odeiam ser meros espectadores de *power points* ou de especialistas em retórica.

  Um fato: O ensino não transforma a sociedade. A aprendizagem, sim.

Imaginem este cenário de Atitude UAUme!® em ação: as escolas de todos os níveis de ensino convidavam ex-alunos idosos para irem regularmente compartilhar a sua experiência de vida com os jovens. Sabemos que já existem algumas experiências nesse sentido, mas são ainda muito tímidas. Podemos imaginar quanto de positivo essa atitude de partilha poderia proporcionar aos jovens e aos idosos. Os jovens obteriam testemunhos de vida, dicas e reflexões que, decerto, complementariam a aprendizagem acadêmica. Os idosos rejuvenesceriam a mente, valorizariam a caminhada percorrida e reforçariam a sua autoestima.

"A sociedade repousa sobre a consciência, não sobre a ciência."

Henri Frederik Ariel

- **Às empresas:** Possuam uma Atitude UAUme!® desafiando-se com a criação de novas oportunidades profissionais, adequadas aos idosos, no mercado de trabalho. Valorizem e tirem partido da diferença. Diferenciem e adotem novas estratégias de recrutamento, formação, reconhecimento e incentivos. Experimentem. Certamente ficarão surpreendidos.

> "Sem a cultura e a liberdade relativa que ela pressupõe, a sociedade, por mais perfeita que seja, não passa de uma selva. É por isso que toda a criação autêntica é um dom para o futuro."
>
> Albert Camus

- **Às marcas e às redes:** O mercado da terceira idade vai continuar a crescer. Tirem partido desse mercado, com estratégias e produtos com personalidade própria, capazes de responder e valorizar a velhice, não com produtos que visam disfarçar ou evitar a melhor idade! Comuniquem com o fim de evidenciar as virtudes e a sabedoria do envelhecimento. Inspirem-se em campanhas que já existem, como por exemplo a da Dove,[15] entre outras. Adéquem o formato, o ambiente, as condições físicas e o atendimento das lojas às características dos idosos. Pessoas mais velhas gostam de ser atendidas por pessoas da sua idade. Não têm paciência para jovens que não os entendem e que não sabem puxar conversa! O ROV (Return On Visit [Retorno de visita]) aos seus espaços comerciais crescerá brutalmente!

Assistimos num supermercado, na Inglaterra, a uma situação notável. Tratando-se de um bairro bastante envelhecido, neste supermercado TODOS os colaboradores eram idosos. Muitos deles já eram aposentados e tinham encontrado ali uma segunda profissão que lhes dava vida! Só vendo! Um mimo! Imaginem o penteado, a roupa e os cumprimentos da senhora do caixa (a qual já tinha sido responsável pela agência de correios local). Como se identificava com os clientes, acolhia-os com muita proximidade e respeito, tratava-os pelos nomes, trocava impressões etc. É claro que os clientes se sentiam especiais e felizes! Ela juntava mais algumas libras ao valor da sua aposentadoria, sentia-se participativa e rejuvenescida. Um luxo!

Enquanto consumidores, quem melhor tratar, compreender e souber servir, mais facilmente integrará o *fio narrativo* da vida dos idosos. O caminho só pode ser uma cocriação! **Envolver é uma Atitude UAUme!®**.

- **Aos sindicatos:** Possuam uma Atitude UAUme!® fazendo evoluir o discurso, para evidenciar o seu compromisso com o propósito de valorização da *velhice*. Ajudem os idosos, que desejarem, a voltarem a fazer parte ativa do mercado de trabalho. Deixem as demagogias. O trabalho não é castigo de que se queira fugir, mas sim um nobre e fundamental propósito. Vivam o presente pensando no futuro. O melhor que um sindicato pode fazer a quem quer trabalhar é estimulá-lo, apoiá-lo e formá-lo. Portugal precisa de todos.

- **Às associações:** Possuam uma Atitude UAUme!® mobilizando os idosos para promoverem saraus, encontros e todo tipo de iniciativas que mobilizem esse capital extraordinário de partilha. Convidem idosos a integrarem os seus órgãos sociais. Promovam o trabalho voluntário.

- **Às instituições:** Possuam uma Atitude UAUme!® criando oportunidades para a afirmação deste capital de VALOR constituído pelos idosos.

O homem não é um animal solitário.
Enquanto perdurar a vida em sociedade,
a realização ao longo da vida é um propósito
da Atitude UAUme!®.

Uma sociedade contagiada com a Atitude UAUme!® conquista um olhar mais positivo sobre a dádiva que é vivida em toda a sua extensão.

O testemunho do que se fizer agora com os idosos contribuirá para modelar as gerações futuras.

"A sociedade é a união dos homens, não os próprios homens."

Barão de Montesquieu

Atitude UAU me!® Em reflexão

Adriano Moreira
Aires Augusto do Nascimento
Alexandre Bombachi
Christian Barbosa
Fátima Perloiro
Iússef Zaiden Filho
Janaina Toscano
Luiz Valle
Manuel I. Miguéns
Valmir Galhardo
Valmor Scapini
Wellington Ferreira

Adriano Moreira

Professor Emérito da Universidade Técnica de Lisboa

Adriano Moreira

O poder encantador da Voz

A política, quando serve uma concepção do mundo e da vida que seja o patrimônio imaterial da comunidade, necessita de um projeto estratégico, no qual tem de considerar que o imprevisível também é da responsabilidade criativa de quem governa.

Ambos os componentes do projeto exigem uma capacidade de liderança, que escasseia no Ocidente desde a entrada no terceiro milênio, a qual tem, entre outros instrumentos de mobilização das vontades, o exercício do poder encantador da voz.

Nas grandes crises, que surpreendem e violam a vida habitual da sociedade civil, frequentemente a história registra esse poder que surpreende e substitui o desânimo ou a apatia pela esperança num futuro mesmo indefinido.

A Segunda Guerra Mundial teve mais de um exemplo de lideranças que possuíam esse poder encantador da voz, que os artistas também frequentemente partilham, que os profetas exercem dispensando a escrita, de que a oratória é a arte indispensável.

Os tempos dos governos autoritários como que apagaram a oratória política, a evolução técnica do poder judicial diminuiu o fulgor da oratória forense, a passagem do púlpito para o microfone atingiu a oratória sagrada, o avanço do Estado-espetáculo colocou o ponto no ouvido substituindo a inspiração.

O bom governo não existe sem lideranças confiáveis, e a confiança, quando a crise intensifica os desafios, enfraquece se o poder encantador das vozes diretoras não apoiar a mobilização das vontades.

Aires Augusto do Nascimento

Sacerdote Católico, Sociedade Missionária da Boa Nova e
membro da Academia das Ciências de Lisboa

Aires Augusto do Nascimento

A surpresa da palavra

Palavras, há tantas!... Algumas até ansiamos que o vento as leve e, pelo desinteresse, deixamos que ele as apague. Fato, porém, é que, com a displicência com que as soltamos da mão, nem atentamos no que elas traziam; com o fastio em que estávamos, só nos podiam ter incomodado, mas não foi o seu afastamento que nos fez sossegar. Com remorso, teremos entendido, tardiamente, que pelo menos algumas eram essenciais e devíamos tê-las guardado: elas partiram, ligeiras e breves, como chegaram — sem lhes darmos atenção e sem lhes adicionarmos nem afeto, nem inteligência, nem sabedoria. Se as palavras redundam frequentemente em palavreado ou verborreia, não vá a enxurrada evitar que se entenda a limpidez da fonte cristalina de onde brota a fonte da vida.

Há palavras eficazes: o rito sacramental exige-as como explicitação do que a ação significa; o poeta considera que elas se identificam com o que constrói — o poema é o resultado da verificação de uma realidade nova, apenas entrevista. Homero, poeta épico, gostava das "palavras aladas" (dotadas de asas tão certas que equilibram o peso do corpo em movimento nos ares): vão elas de uns a outros, sem desvio (marcadas na origem pela intenção, e certeiras no efeito calculado); as melhores dentre elas produzem encantamento e deixam interpelação (ora melodiosa, como a música de um passarinho, ora sugestiva, como a de um apelo para uma causa comum).

Palavras poéticas são aquelas que não vivem da repetição, mas trazem novidade, e por isso o poeta não hesita em atribuí-las à Musa, que as inspira e as assiste: vêm de longe e deixam mensagem tanto mais intensa quanto enleiam na ação e conduzem ao reconhecimento de mensagem oportuna que em boa hora depositam em coração leal e corajoso. Há quem, como Platão, desconfie da sua utilidade: paradoxalmente, o filósofo foi um dos maiores criadores da palavra transformadora, enunciando mitos que apontavam para a utopia, regeneradora da monotonia dos trabalhos e dos dias (*mythos* é a palavra necessária para acompanhar o ritual que mima e representa a ação autenticamente humana — no *drama*).

De todas as palavras ditas, valem (e por isso retêm-se) sobretudo as mais singelas, mesmo que graves — nem tão espessas como as nuvens em dia de tempestade nem tão breves como a fumaça ligeira que se esvai na atmosfera; leves como a luminosidade da manhã e densas como a transparência do cristal, caem à nossa frente com o peso específico de um momento único, e não mais conseguimos desprender-nos delas, pois o nosso mundo ficou contagiado pela sua leveza e pela sua luminosidade. Algumas são *numinosas* (de um *númen* a que recorremos para perceber o sentido da linguagem do acontecer): quase mágicas, se não são divinas, desvendam segredos escondidos no mais íntimo das coisas e das ações. Outras são rutilantes como a aurora a despontar e assim ficam disponíveis para iluminar tudo e revelar a novidade da criação de todos os dias, só não conseguindo ultrapassar as dobras que nunca desfizemos no nosso coração. As melhores são tão simples como as que a ternura maternal sabe inventar, para se fazer entender por um filho prestes a articular as primeiras frases de uma linguagem que se adivinha.

Todas as palavras de que nos servimos estão habitualmente nos dicionários (pelo menos em algum, e logo reclamamos). O que lá não está é a novidade que elas transportam quando as usamos para construir laços de amizade que se prolonguem pelos dias e se alarguem pelos corredores da vida onde apetece passar, mesmo que seja inadvertidamente. Aquelas que vale a pena guardar são as que revelam os segredos da vida e desvendam os interstícios da alma, as que garantem sentido, mesmo sem a gramática tradicional, as que alimentam sonhos e têm asas para nos elevar ao céu e nos manter ligados à terra e a ela regressar quando esquecemos os nomes verdadeiros e exatos: não precisam de ser atiradas ao vento para se fazerem notar.

Um bom dicionário, lido com atenção, recorda que *palavra* deriva de *parábola*: esta é aí definida como uma pequena narrativa (*mythos*) plena de significação, em cena familiar dotada de mensagem (não apenas já feita mas em projeto, a construir), ao mesmo tempo que encanta; vale a pena advertir também que, como construção (geométrica seja ela), a melhor parábola é a do arco que projeta a luz da lâmpada na direção certa com incidência apontada para potencializar o foco e torná-lo intenso; as parábolas que conheço melhor são as do Evangelho de Cristo: em forma de conto, que é nada menos que um pequeno quadro de vida, onde posso ver-me no espelho que me reflete de alto a baixo e me faz descortinar o que me vem ao encontro, antecipando a reflexão do que deve iluminar para seguir a trama dos meus passos e orientá-los em direção a um efeito em que me transcendo.

Ao longo da cultura ocidental, a *palavra* foi encarada como *logos*, termo grego a que conferimos a solidez do raciocínio e a arquitetura do horizonte humano: a sua plenitude está numa complexidade que tem obrigado todas as idades a apostar na descoberta do seu valor de significação; os latinos tiveram dificuldade em traduzir esse termo, mas tiveram a fortuna de intuir que um só equivalente não bastava para traduzir a sua plenitude: importa que seja *ratio*, que é razão e argumento (misto de conceito e de discurso, de discernimento e de ponderação dos efeitos e consequências), mas convém que seja igualmente *verbum*, que é enunciado e discurso (para explicitar o que se intui e se transfere para o significante na sua relação com o significado), ao mesmo tempo que é *sapientia,* sabedoria, que se depreende das articulações entre as diversas partes de um *sermo* (que vem de fala organizada, sem pôr a descoberto a estrutura, como o esqueleto que nos sustenta o corpo), mas é também *oratio* (expressão, escrita ou oral, em que se combinam som, ritmo, melodia, vibração, sequência e correlação de planos de forma com significado) e chega a ser *computus, dictio, locutio* — processo mental de resultado adquirido ou formulação oral, a que (na identidade de uma língua) se confere maior reconhecimento quando se alia maior ênfase na prolação de simples uso.

À palavra procurou sempre o homem associar poder criativo — que, sendo demiúrgico, superasse as suas forças de ação: aspirou sempre a reproduzir o *Fiat* das origens, que só a Divindade soberana pode pronunciar sem ver desmentido o efeito real (Deus disse "faça-se", e tudo foi feito — garante Gênesis). Como *logos* foi a palavra divina reconhecida no início do tempo (quando "Deus criou o céu e a Terra", segundo o mesmo livro de *Gênesis*); como *Logos* se revela o próprio Deus, pois se enuncia como Palavra subsistente ("Assim *dirás* aos filhos de Israel: 'EU SOU me enviou a vós.'" Em Êxodo 3.14, não está em causa apenas a subsistência em si e por si, mas também a identificação com a Palavra que revela); como *Logos* quis Deus ser reconhecido: não apenas como Ser soberano, mas como Senhor que é Palavra dita e Palavra retribuída, pois o Filho responde ao Pai, no amor que os revela e os une ("No princípio era o Verbo, e o Verbo estava com Deus e o Verbo era Deus", escreve S. João, na abertura de seu evangelho).

Na dinâmica da Palavra, não basta que haja enunciado: ela implica revelação de quem diz, porque se diz a si mesmo; na sua projeção (projeto e arco de projeção), ela supõe não apenas impulso, mas criação e efeito de novidade. Esta, pelo fato mesmo de revelar, revelando-se, surpreende pelo que provoca de inovação ("Assim será a palavra que sair da minha boca: não voltará para mim vazia", diz Deus em Isaías 55.11). O fruto que abre ao futuro não é repetição, mas surpresa. A palavra verdadeira é a criativa; o homem é capaz de a formar quando se afirma na sua plenitude; afinal, como cantava o salmista (Sl 82.6): "Eu *disse*: sois deuses". Se é criadora, a palavra é também redentora — mas só as palavras novas (bebidas na fonte da vida) atingem tal efeito.

Alexandre Bombachi

Diretor de Desenvolvimento & Relacionamento da Veler — Desenvolvimento Organizacional

A Verdadeira Intenção para com o Sucesso das Pessoas e Organizações

Era para ser óbvio ou uma condição básica de relacionamento colaborativo, mas, incrivelmente, a verdadeira intenção para com o sucesso das pessoas e organizações tornou-se elemento surpresa nas relações comerciais e no desenvolvimento de pessoas.

Alguns fatores do contexto atual são relevantes para essa condição: a competitividade desenfreada, as metas de crescimento, o faturamento e os lucros e , sejamos mais realistas e contundentes, a própria condição do egocentrismo humano.

Afinal, para obter sucesso nas vendas é preciso convencer o cliente a comprar mais e mais; para ser promovido ou ganhar reconhecimento na organização é preciso ser melhor que o companheiro de trabalho, assim, intencionar sinceramente o sucesso do outro antes do próprio chega a estar fora de cogitação.

O certo é que não compensa nos atermos às causas, mas desfrutar a imensa oportunidade de surpreender por meio da verdadeira e genuína intenção do sucesso de nossos clientes e das pessoas, de modo geral. Intenção que gera ação, surpresa, gratidão.

Será inevitável admirar-se, pois a verdadeira intenção para com o sucesso das pessoas e organizações também gera resultados positivos, lucros, novos relacionamentos e novos negócios.

Agora, um alerta: não é técnica! É emoção, genuinidade, respeito e comprometimento, e tudo isso diante da clara percepção do receptor. Acredite: estamos muito mais bem-preparados para captar a genuinidade do que podemos imaginar. Então, caro amigo, tem de ser autêntico.

Lembro-me de grande lição recebida no início de minha carreira em vendas. Trabalhava com uma grande organização brasileira de análise de crédito. Minha função era captar novos contratos de consultas aos relatórios econômico-financeiros de nossa base.

Visitava importante gerente financeiro de grande indústria de vidro, que, apesar de receber-me, com o intuito de conhecer nossas soluções, disse-me honestamente que não precisaria de análise de crédito, pois só tinham dois clientes...e dois fornecedores! Que se eu quisesse ajudá-lo, no entanto, poderia indicar uma boa consultoria em processos de qualidade, uma vez que eu conhecia muitas empresas dos mais diversos setores.

Pensei comigo: por que ele precisaria de uma indicação minha com relação a um negócio sobre o qual, até então, eu não tinha conhecimento algum? E por que confiaria nessa indicação?

Naquele momento o pedido despertou um sentimento de imensa surpresa, uma confiança acima do esperado. Hoje, conhecendo o fantástico conceito da Atitude UAUme!®, compreendo que seu pedido de ajuda a um jovem vendedor despertara em mim o sentimento de gratidão e compromisso, pela possibilidade de ajudar, ainda que não houvesse impacto em minhas metas de vendas.

É... achei que não haveria... Meu compromisso com o sucesso daquele gerente ocupado fez com que eu experimentasse uma sequência de reações positivas, enriquecedoras e surpreendentes, que mudaria para sempre minha maneira de encarar a verdadeira intenção para com o sucesso de nossos clientes, efetivos ou potenciais.

Depois de sondar vários profissionais, fiz três indicações de consultoria, uma das quais foi bem-sucedida. Como já existisse o conceito "gratividade" naquele distante 1992, recebi deste gerente a indicação de oito clientes em um ano.

Isso significou a adoção de um mantra para minha carreira em vendas: "Tenha em mente a missão antes da comissão!"

É também admirável o fato de a verdadeira intenção para com o sucesso das pessoas causar uma explosão de sentimentos e atitudes positivas, que repercute em grande crescimento pessoal.

No âmbito do desenvolvimento pessoal, surpreender é praticar o fortalecimento das pessoas, visando a que elas alcancem mais sucesso, sem a preocupação de que o próprio êxito seja suplantado. É destacar as forças positivas, ao contrário de propor a melhoria dos pontos fracos.

A surpresa da verdadeira intenção engaja as pessoas, fortalece talentos, cria organizações mais prósperas e, o melhor, gera gratidão, criatividade, liberdade, libertação e liderança catalisadora.

Pessoas com essas qualidades são mais interessantes e interessadas; são mais produtivas, criativas e contagiantes, e constroem caminhos para que seus clientes internos e externos façam sempre excelentes negócios, que suas organizações cresçam, gerem mais oportunidades, mais serviços de qualidade e mais desenvolvimento.

A mensagem soa assim: "Eu acredito em você, em seu julgamento, suas capacidades e em seu potencial. Espero que você tenha sucesso. Estou aqui para ajudá-lo, para agir como catalisador de seu crescimento. Minha função é criar as condições para seu sucesso; sua função é chegar lá. Para isso, trabalharemos juntos."

Segundo Sam Walton, fundador do Walmart "não há limites para o que as pessoas podem realizar se receberem a oportunidade, o encorajamento, o incentivo e o fortalecimento para darem o melhor de si".

Vá em frente, experimente, vivencie... surpreenda-se e surpreenda!

A Atitude UAUme!® e a Gratividade vão possibilitar que você tenha mais clientes amigos, mais amigos clientes; que venda melhor, que atinja suas metas e, acima de tudo, seja uma pessoa capaz de surpreender genuinamente, de fazer o sucesso acontecer sem ser um meio, mas o principio de uma grande relação interpessoal e organizacional que certamente redundará na realização de seus maiores objetivos.

Christian Barbosa

Empreendedor, palestrante e escritor de diversos livros sobre produtividade, entre eles "Mais Tempo Mais Dinheiro" e "Tríade do Tempo"

Uma Atitude UAUme!® no seu tempo pessoal

Existe uma grande diferença entre as pessoas que apenas sobrevivem no seu dia-a-dia e aquelas que vivem de verdade. A diferença está basicamente na forma como as pessoas aproveitam seu tempo. Cada vez mais raro nos dias de hoje, tempo, é uma coisa que nunca mais podemos reconquistar quando perdido. Saúde, dinheiro, amigos e outras coisas podem ser recuperados com mais facilidade, mas o tempo que passou, esse nunca mais vai voltar e cabe a nós utilizá-lo de forma proveitosa.

O mais interessante é que a maior parte das pessoas não tem problemas de falta de tempo. Eu diria que, para 80% da população, a falta de tempo não é um problema e sim o uso que as pessoas fazem dele.

Usar bem seu tempo nada mais é do que ter um conjunto de escolhas que satisfaçam suas maiores aspirações. Isso é ter uma Atitude UAUme!® no seu tempo pessoal.

O problema é: que escolhas são essas? Não adianta querer ter mais tempo na vida, se antes você não tiver bem claro para que você quer ter mais tempo. Será que você precisa melhorar sua saúde? Dedicar mais tempo para a família? Ter mais resultados na carreira? Abrir um novo negócio? Praticar esportes? Aprender outro idioma? Ter mais tempo para você?

Com a Atitude UAUme!® para ter mais tempo na sua vida é começar a fazer as perguntas certas. E a partir dessas perguntas buscar métodos, ferramentas e estratégias que tragam as respostas corretas.

Há mais de uma década eu pesquiso e desenvolvo modelos para ajudar empresas e pessoas a serem mais eficientes, dediquei minha vida na busca dessas perguntas, que ajudam as pessoas a terem suas próprias respostas. Eu desenvolvi essa competência na minha vida depois de chegar ao fundo do poço com a minha saúde e estresse pessoal, mas você não precisa chegar nesse ponto para mudar sua atitude.

Pessoas que são donas de Atitudes UAUme!®, entendem que os problemas acontecem, e que quando isso ocorre, são excelentes oportunidades para criarem um novo aprendizado. Ao invés de acharem culpados e se sentirem vítimas da selva corporativa, elas criam soluções e se colocam como responsáveis pelo seu próprio caminho. E com isso, têm o poder de escolha para acertar em suas respostas, por mais que seu tempo esteja comprometido com as urgências que venham a surgir.

Administrar seu tempo é uma ciência que precisa ser aprendida e desenvolvida ao longo das semanas. Não espere resultados mágicos do dia para a noite, é preciso persistir e aprender no dia-a-dia como usar o planejamento, a priorização e as ferramentas de forma realmente eficiente.

Se você me perguntar por onde começar, eu digo que primeiro você precisa descobrir o seu importante, depois ter uma meta bem clara para dar sentido ao seu tempo, planejar detalhadamente suas ações, não deixar de manter seu ambiente organizado e focar em uma atividade por dia, de forma priorizada e sem multi-tarefar.

Parece simples, mas apenas a sua atitude de querer alcançar os "porquês" para ter mais tempo é que vão fazer você sair do lugar. Afinal de contas, ter mais tempo é, na verdade, colocar na balança tudo aquilo que traz resultado e equilíbrio na sua vida, sendo que ambos os pilares precisam ser considerados, caso contrário, a vida passará rápido demais.

Você não pode dar mais tempo a sua vida, pois isso depende basicamente de Deus e de muitas atitudes saudáveis, mas você tem o dever e mais do que isso, a obrigação de dar muito mais vida aos seus dias, e para isso você precisa ter uma Atitude UAUme!® no seu tempo!

Longo tempo proveitoso de vida!

Fátima Perloiro

Psicóloga, Especialista em Psicologia Positiva
Membro da International Positive Psychology Association

Fátima Perloiro

A surpresa, a experiência arrebatadora e a gratidão à luz da psicologia positiva

A psicologia dedicou-se durante longos anos a estudar sobretudo o que é negativo, o que não existe ou está ausente, a depressão, a ansiedade, definindo e confirmando diagnósticos psicopatológicos. Depois da Segunda Guerra Mundial a psicologia era sobretudo curativa e pretendia tratar o dano ou a perturbação, refletindo um modelo baseado na doença. Por isso, durante a segunda metade do século 20 pouco se contribuiu para o estudo das virtudes humanas.

O primeiro número do ano 2000 da revista *American Psychologist* divulga uma espécie de revolução e a aposta na chamada psicologia positiva. No primeiro artigo desta revista os autores Seligman e Cziksentmihalyi dizem: "É preciso termos bem presente que a psicologia não é apenas o estudo da patologia, da fraqueza e da lesão; mas também o estudo das virtudes e das 'forças' humanas".

Segundo o psicólogo Martin Seligman, a Psicologia Positiva tem como principal objetivo promover uma mudança da psicologia, enquanto ciência preocupada unicamente em reparar o que está mal na vida, para uma psicologia que pretende construir o que há de melhor na vida. Esta possui três áreas de estudo específicas: 1) o estudo das experiências positivas subjetivas; 2) o estudo dos traços positivos individuais e 3) o estudo das instituições que promovem os dois aspectos anteriores (Seligman e Peterson, 2000). Especificando, a psicologia positiva estuda variáveis positivas como o otimismo, a esperança, o bem-estar, a satisfação com a vida, entre outras. De fato, descobrir quais as características que algumas pessoas têm, as quais, apesar das mais variadas adversidades, as fazem continuar a gostar de viver e a ser felizes, é algo de extrema importância, pois poderá permitir o desenvolvimento dessas características em outras pessoas.

Esta nova perspectiva aponta para uma mudança da psicologia que passa a centrar-se no estudo do que funciona em vez daquilo que não funciona, a estudar aquilo que são recursos das pessoas em vez de procurar o que lhes falta e as suas fragilidades; a identificar o que há de melhor nas pessoas em vez de identificar problemas.

Um dos pontos de partida foi a criação de uma taxonomia crível da psicologia positiva, ou seja, a criação de uma série de categorias que refletissem a excelência humana. Em 1999 um grupo de especialistas na área da psicologia positiva, liderado por Christopher Peterson e George Vaillant, estabeleceram vários critérios para designar o que se entende por *forças humanas*. Foram assim definidas *24 forças humanas* do caráter, entre as quais o amor ao saber, a coragem, a gratidão, a esperança, a honestidade, o otimismo, o perdão, a criatividade, a persistência, entre outras.

Feita esta breve introdução, proponho agora que nos centremos em três aspectos da psicologia positiva, muito relacionados com o tema deste livro:

1) Surpresa e surpresa agradável
2) Experiência arrebatadora/elevação (*awe/elevation*)
3) Gratidão

1) A surpresa e a surpresa agradável

Quando nos surpreendemos, imediatamente se desencadeia uma experiência emocional, podendo esta ser positiva ou negativa. A investigação em psicologia sugere que a surpresa ou o *ser surpreendido* acontece quando determinado acontecimento não se encaixa num e*squema* previamente definido, e desta forma percebemos que existe alguma incongruência.

Por exemplo, todos nós temos um *esquema* (conjunto de indicadores e ações previsíveis) de ida a um restaurante, como entramos, como nos sentamos, o que fazemos à mesa, pedimos a conta, pagamos, saímos. Ou seja, há um conjunto de ações que esperamos todos que aconteça e em determina sequência. O simples fato de entrarmos num restaurante e vermos alguém sentado de costas para a mesa irá gerar em nós enorme surpresa, pois cria uma incongruência com *esquema* predefinido e resulta em SURPRESA!

Pense agora em alguma ocasião em que ficou surpreendido e tente ver se esta explicação se aplica.

É claro que existem situações onde a incongruência é maior ou menor, e isso será proporcional à intensidade da surpresa. A necessidade de surpresa do ser humano é tão grande que procuramos instintivamente a novidade, o *suspense*: lemos ficção, experimentamos novos esportes, vamos a novos restaurantes, integramos novos grupos etc. O nosso cérebro parece estar sempre muito atento a tudo o que seja diferente e que saia do padrão comum. Muitos autores de livros e de filmes usam esta necessidade humana para prender a nossa atenção. Gostamos de ser surpreendidos, e, se isso acontecer com uma conotação positiva e agradável, tanto melhor.

Ser positivamente surpreendido é algo que produz efeitos benéficos nas pessoas envolvidas. Não apenas naquele que é surpreendido, mas também naquele que surpreende, que recebe de imediato um *feedback* de apreciação e de gratidão de quem foi positivamente surpreendido. Este ciclo gera vivências agradáveis e estimulantes, experiências emocionais positivas para ambos e, muitas vezes, a vontade de voltar a repetir ou vivenciar essa experiência, constituindo ainda uma forma de enriquecimento pessoal e relacional.

2) Experiência arrebatadora/elevação moral

As experiências de *awe* ou experiências arrebatadoras são menos frequentes, mas muito mais intensas que a simples surpresa. São atos dos outros, ou coisas a que assistimos que criam uma elevação do *self* (eu). São inesquecíveis e marcantes, deixando-nos muitas vezes perplexos e tocados. Os atos gratuitos de bondade, o voluntariado, ações de puro altruísmo, deixam-nos muitas vezes com esta sensação de *ser positivamente esmagado*. O investigador Jonathan Haidt, Ph.D., professor de psicologia na Universidade da Virgínia, diz que a sensação de ser arrebatado se consegue por contemplação da natureza, mas também quando presenciamos atos de virtude, de elevada generosidade, de beleza moral e humanismo. Esta espécie de *elevação moral* desperta em nós sentimentos profundos e motiva-nos a agir de forma idêntica e virtuosa, gerando assim um ciclo de generosidade, altruísmo, atos de bondade etc. Outro aspecto interessante é o fato de que, quando experienciamos algo de extraordinário do tipo: "Uauuu!

Isto é impressionante!", temos o desejo imediato de compartilhar com alguém o que vimos ou sentimos.

3) Gratidão

A gratidão pode acontecer na sequência de se ser positivamente surpreendido ou de viver uma experiência de elevação moral.
Michael McCullough define gratidão como uma emoção positiva e enriquecedora que surge como resposta a ter recebido um benefício de alguém. Ou seja, sentimo-nos gratos depois de alguém ter tido, para conosco ou para com outros, um ato de generosidade. Um ato de generosidade implica vontade; dar gratuitamente; uma descentralização de si mesmo e ainda o fazer o bem anonimamente (não podemos receber nada em troca daquilo que fizemos).

Os psicólogos Robert Emmons e Michael McCullough escreveram, em 2004, um livro intitulado *A psicologia da gratidão*, no qual explicam o que são a gratidão e a generosidade, relatando diversas experiências, cientificamente fundamentadas, sobre os efeitos da gratidão. Explicam ainda que **as pessoas que se sentem gratas estão mais predispostas a sentir emoções positivas, a ter maior bem-estar subjetivo, e ainda que a expressão de gratidão, aos nossos benfeitores, faz com que estes tendam a agir pró-socialmente no futuro**.

Ficam algumas sugestões de como cultivar atos de generosidade e aumentar o sentido de gratidão:

- Ajudar alguém a concretizar um ato de generosidade.
- Estar atento às necessidades daqueles que lhe são próximos e tentar supri-las, aprender a distinguir o capricho de uma necessidade profunda, e reconhecer o valor do que tem (amor, tempo, carinho, saúde, energia, alegria).
- Dar aquilo que tiver e, sobretudo, compartilhar aquilo que são os seus talentos, mas também receber com gratidão aquilo que lhe dão.
- Superar a preguiça, a inércia, a zona de conforto, e partir ao encontro dos outros.
- Diariamente dar graças por três coisas do seu dia.

O desafio que lhe deixamos é que se centre nos três temas que lhe apresentamos: surpresa, experiência arrebatadora, ou experiência moral profunda, e gratidão, e que tente aprender a reconhecê-las, saboreá-las e torná-las relevantes. Tente através delas aumentar, intencionalmente, as emoções e as experiências positivas no dia a dia.

Iússef Zaiden Filho

Coach, Diretor de Relacionamento da Veler – Desenvolvimento Organizacional

A ATITUDE UAUme!® à luz da Filosofia

Sou apaixonado pela Filosofia. Ela deu origem a muitas coisas nas várias áreas do conhecimento, como por exemplo na Matemática, na Física, na Astrologia, na Astronomia, na Comunicação, na Lógica, na Política, na Religião e em muitas outras. Por isso é chamada de mãe das disciplinas que conhecemos hoje e de mãe da Ciência. Mas o que me chama mais atenção na Filosofia é a preocupação constante com o estudo do relacionamento, do comportamento e do pensamento do homem.

O homem sempre foi a preocupação de muitos estudiosos e Filósofos, pois ele é interessante, e único. Um ser que vem ao longo do tempo sempre desafiando a ciência pois, mesmo com tanto conhecimento, na verdade o homem sempre é uma fonte de surpresa.

Falando em surpresa, outra coisa de que gosto na Filosofia, é que ela é uma matéria que, desde a era da antiguidade, vem surpreendendo o homem em suas descobertas, através da evolução do pensamento humano.

Gosto muito do pensamento do Filósofo Sócrates, talvez um dos mais comentados e importantes da história da Filosofia, que diz: "A Alma humana é imortal, o Justo além de ter a alma imortal é também divino". Veja quanto de surpresa e de lógica existem nesse pensamento. Se fizermos uma paradinha e refletirmos sobre esse pensamento e o ligarmos pela lógica ao pensamento iniciado na era Cristã onde se diz que o homem é imagem e semelhança de Deus, pode-se dizer que é verdadeiro.

Deus é imortal. Se a alma humana é imortal, então o homem que a possui, sendo feito à imagem e semelhança de Deus, é imortal.

Bem, isso pode dar uma verdadeira discussão entre a humanidade, mas o que quero dizer sobre isso é que a AtitudeUAUme!® está muito ligada à Filosofia, por nos estar sempre a surpreender.

Falando em atitude, precisamos também de olhar se a questão é positiva ou negativa, pois ela só se torna em Atitude UAUme!® quando é positiva, pois é essa Atitudepositiva que surpreende o ser humano, o qual por natureza é desconfiado, pessimista, entre outras. Mas a grande surpresa da Atitude UAUme!® é, exatamente, surpreender as pessoas com comportamentos que não são rotineiros na nossa vida, principalmente nos dias de hoje.

Vejamos um exemplo de Atitude UAUme!® nos dias de hoje, que alguns anos atrás era comum e hoje uma raridade: dar lugar no ônibus a uma senhora, a uma grávida ou a um senhor de idade. Sabemos que o transporte coletivo, por falta de estrutura, em certos horários de pico fica superlotado e essa Atitude UAUme!® deixa as pessoas surpresas, quando alguém se levanta e da lugar para outra pessoa. Isso surpreende positivamente a todos nós, deixando em nossa cabeça a seguinte mensagem: "ainda existem pessoas educadas; que Atitudebonita teve aquela pessoa em ceder seu lugar a uma pessoa mais velha, ou grávida", e assim por diante.

Se olharmos também para a Política, quando um Político faz um projeto dedicado à comunidade, ele se torna uma Atitude UAUme!®, pois esse tipo de atitude, ou comportamento não é comum em nossa sociedade.

Podemos considerar isso também para o mundo dos negócios, onde ter uma Atitude UAUme!® é fazer a diferença, onde todos fazem o trivial.

Imagine entrar numa loja para fazer compras e ser atendido por uma pessoa que, em todos os momentos, tem consigo uma Atitude UAUme!®. Além de o ajudar na sua escolha, parece que ele conhece seu gosto, sua necessidade. Isso até cria uma química, como podemos considerar quando o relacionamento comercial tem Atitude UAUme!®.

Quero encerrar esse artigo, dizendo que até hoje na Filosofia os grandes Filósofos são lembrados, justamente, porque ao longo de suas vidas procuraram surpreender a humanidade, com Atitude UAUme!® e é por causa dessas atitudes que o mundo do conhecimento chegou ao nível em que hoje se encontra.

Gostaria de ver todos, nesse mundo, praticando Atitude UAUme!®, pois assim o mundo seria diferente.

Procure, no seu dia-a-dia, ter atitudes que surpreendam positivamente as pessoas, tanto nos negócios, como na sua família, na sua escola, na sua comunidade ou na sua cidade. Podemos dizer que, na Filosofia, isso é chamado de Cidadania.

Feliz Atitude UAUme!®

Janaina Toscano

Coaching e Gestora da Veler — Desenvolvimento Organizacional no Distrito Federal

Janaina Toscano

ATITUDE UAUme!® no Setor Público

Foi-se o tempo de que o servidor público era rotulado como sujeito acomodado, despreparado e sem motivação para o trabalho. Com a exigência de concursos, planos de carreira bem definidos e remuneração atrativa, o Governo criou o emprego dos sonhos dos brasileiros: tornar-se funcionário público.

Um novo olhar para o setor público despertou o desejo de profissionais de inquestionável capacidade intelectual a evadirem-se da iniciativa privada em busca de uma vaga em um dos empregos mais bem pagos do país. Além das ambições financeiras, esses profissionais prometem deixar um legado na nova era da gestão pública.

Essa mudança de comportamento, ao longo dos anos, vem sendo percebida ao verificar que as lideranças altamente capacitadas ocupam cargos de destaque na instituição não por indicação política ou "apadrinhamento", mas sim por mérito. São líderes preparados, com foco no atendimento ao cidadão e engajados no propósito da instituição, apesar dos percalços da administração pública como a burocracia, a falta de verba ou de pessoal, por exemplo.

E o melhor, líderes que estão um grande salto à frente: muito mais que foco no atendimento ao cidadão, líderes preparados para surpreender de forma singular e exclusiva os cidadãos e suas equipes de trabalho.

Foram líderes como estes que contribuíram e inspiraram os autores João Alberto Catalão e Ana Teresa Penim a se aprofundarem no estudo desse "fenômeno Atitude UAUme!®", de transformar pensamentos e sentimentos positivos em ação. Este tema foi desenvolvido a partir de pesquisas realizadas na Psicologia

Positiva e tem como foco o poder da GRATIDÃO e das emoções positivas na construção de idéias, inovações e estabelecimento de parcerias duradouras. São esses sentimentos que mobilizam forças de um indivíduo ou de um grupo para a realização de sonhos, de projetos ou de alcance das metas.

Ao assumirem essas atitudes, os líderes no setor público ampliam a manifestação positiva — do individual para o coletivo — e engajam suas equipes em torno de um objetivo comum. Cria-se, então, o que os autores denominam de *GRATIVIDADE*. Ou seja, o estabelecimento imediato de uma relação de gratidão que proporciona resultados fantásticos no que diz respeito à sinergia, criatividade, empatia e respeito mútuo: um ambiente perfeito para administrar conflitos, atingir resultados e criar uma comunicação mais eficaz.

É surpreendentemente gratificante fazer parte do Projeto Atitude UAUme!® no setor público brasileiro. Só com os fluidos das emoções positivas, os autores foram capazes de traçar um sonho tão grandioso quanto o desembarque desta literatura indispensável para a Grande Liderança Pública no Brasil.

Luiz Valle

Escritor. Jornalista. Fundador e Presidente da Cavalo Marinho, Criação e Beneficiamento de Frutos do Mar — Empresa do Grupo Leardini

ATITUDE UAUme!® no Amor

(Peço aos autores que me permitam *surpreendê-los*. Fui convidado a contribuir em favor do enriquecimento desse precioso trabalho, para relatar exemplos de situações em que a *Atitude* ***UAU****me!*® fez diferença ao longo de minha trajetória como fundador e presidente da maior empresa de produção de mexilhões do Brasil, parte integrante de um dos maiores grupos empresariais da área de pescados da América Latina. Mas, não resisti e me rendi aos impactantes efeitos que a *Atitude* ***UAU****me!*® provocou em minha vida familiar e amorosa. Sem consulta prévia, pois, e deliberadamente, arrisco-me a enviar-lhes esta contribuição outra, apoiado na crença de que um breve mergulho no "***UAU****me*" do amor (tirei a vírgula) será capaz de dar ideia, aos leitores, a respeito da gama de aplicabilidade dos conceitos e propostas desenvolvidos por João Alberto Catalão e Ana Teresa Penim, acolhidos sob a sucinta e provocativa expressão... ***UAU****me*!) (tirei o ponto)

Conheci Luiza há trinta e três anos. Estamos casados há trinta e um. Não a amo menos do que a amava nos primeiros tempos. Nem mais. Amo-a melhor. Sinto que não sou menos amado por ela hoje. Nem mais. Percebo, entretanto, que sou melhor amado. O que mudou de fundamental? Muita coisa (em pouca coisa).

Éramos demasiadamente jovens quando nos casamos. Não havia maturidade em nós para decidir por uma vida inteira. Entretanto, ao contrário de um sem número de casais que se separaram e se distanciaram com o passar dos anos, Luiza e eu estamos mais unidos e amorosos, dedicados e compreensivos um com o outro. Respeitamo-nos e entendemo-nos melhor e com menos esforço, vamos gostando ainda mais da vida (e da vida juntos!).

Entre os amigos, fomo-nos involuntariamente nos tornando uma espécie de reserva especial de casais que se mantêm amorosos após longa convivência. Nossa casa se tornou, também, uma espécie de porto seguro e estação de descanso para os corações de amigos recém-separados ou em crise em suas relações. Ali, muitos se encontraram e se reencontraram nesses anos, e outros tantos foram buscar inspiração para dar fim pacífico e harmônico a relações que já não faziam mais sentido.

Por mais diferentes que fossem entre si essas pessoas, suas origens, seu perfil socioeconômico e cultural, curiosamente, em algum momento todos nos faziam praticamente a mesma pergunta: *Como vocês conseguiram?!* Estivesse esta obra de João Alberto e Ana Teresa já escrita e lida por mim, poderia lhes responder simplesmente assim: Por causa do "***UAU****me*" do amor.

Sim, Luiza e eu sempre nos *surpreendemos* ao longo desses anos. Sempre cultivamos o hábito de nos renovarmos para o outro, de nos modificarmos para o outro, de nos superarmos para o outro.

Num movimento não calculado, porque espontâneo, mas sempre consciente e desejado, querido, buscado, pretendido; jamais como o jogar de uma folha que ao gosto do vento é trazida e levada, alçada e recolhida. Ao contrário: vimos, nesses anos, nos reinventando por escolha consciente, para que no tempo seguinte estivéssemos <u>mesmos</u> na essência, mas <u>outros</u> nas possibilidades de surpreender agradavelmente e manifestar o amor à pessoa amada.

Sem que Luiza saiba, todos os anos faço o caminho de volta... Começo por olhá-la de novo com o fervor dos primeiros dias; vou admirando-a, deixando- me envolver; em umas semanas, me reapaixono. Um amor juvenil e verde me faz novamente poeta e compositor. Tomo da caneta, do papel e do violão e me tranco. Quando saio, estou pronto para "**UAU**her". Faço com que ela se sente para ouvir mais uma canção de amor. Seus olhos azuis se iluminam, suas mãos me buscam e as palavras lhe somem da boca. Não importa que sumam. Já não preciso ouvi-las para beber a gratidão que jorra, para provar o doce dos frutos desse meu ex-segredo. "**UAU**her-**UAU**me" é um exercício de recriação das vontades, dos desejos e das motivações que não se renovam sozinhos, que dependem da nossa atitude, em casa, no clube, na igreja, no trabalho e onde mais se dê a vida em sociedade...

Manuel I. Miguéns

Secretário-geral do Conselho Nacional de Educação de Portugal

Manuel I. Miguéns

UAU!... A surpresa na educação

A era em que vivemos está dominada pela tecnologia. São os MPs, os PADs e os PODs, os LAP e os *desktops*, os *tablets* e sei lá o que mais... E já se vai o tempo do ensino assistido por computador e das grandes ferramentas tecnológicas que haviam de substituir os professores...

Nos idos de 1980, o Projeto MINERVA procurava incentivar a utilização de computadores na educação por esse país afora, e recordo bem a máxima aprendida por quantos apostavam no seu uso enquanto ferramentas de ensino e de aprendizagem: "Os professores que temem a sua substituição pelas máquinas e computadores merecem sê-lo".

É que a educação e o ensino envolvem um fator decisivo, uma relação crucial — o fator humano, a relação pessoal, além da técnica, da estratégia, do método, do caminho que o educador resolve trilhar.

Eventos ou experiências científicas podem ser, muitas vezes, fonte de surpresa e de espanto. O que acontece na realidade pode estar em conflito com o que a intuição torna expectável e aqui pode surgir o efeito UAU! que estimula e promove o interesse, a pesquisa, a busca do conhecimento, a procura de explicações para o inesperado e atrativo.

O professor pode organizar as suas lições com base em surpresas simples, meramente sensoriais, como acontece com a mudança de cor de um líquido quando misturado com outro igualmente incolor ou com simples efeitos luminosos e sonoros numa experiência típica das aulas de físico-química. Muitas vezes este UAU!, meramente sensorial, desperta a atenção, leva ao questionamento, provoca curiosidade e busca de respostas. Estimula interesse pela ciência, pela pesquisa, pelo mundo que nos rodeia, promove aprendizagem.

De modo talvez mais profundo, o professor pode obter um efeito surpresa, de cariz intelectual e cognitivo, quando organiza as suas atividades e pede uma previsão sobre o que acontecerá com determinada experiência, com particular fenômeno. Quando após a previsão se observa uma ocorrência em contradição com o previsto, quando a surpresa assume um caráter conflitual, podemos trabalhar o ensino com base em novas experiências que conduzam a explicações mais científicas, que superem a contradição verificada. Aqui o UAU!, a surpresa conflitual, surge como um elemento crítico da própria aprendizagem.

Ao contrário do que muitas vezes se diz, as nossas aulas são frequentemente marcadas por lógicas transmissivas, dominadas por um emissor que expõe os assuntos para uma média inexistente, no pressuposto de que "dar a matéria" é garantia de aprendizagem por parte de receptores mais ou menos alinhados e potencialmente ativos.

Foi, aliás, essa a lógica que, segundo conta a lenda, teria levado um professor universitário no passado, muito ocupado com conferências de sábios no estrangeiro, a optar pelo então gravador de fitas cassetes para debitar a matéria aos seus estudantes. E numa das suas múltiplas viagens lá deixou o leitor *Grundig* em sua substituição. De meia em meia hora, era o empregado que ia à sala virar a fita. Surpresa das surpresas, quando do seu regresso, o dono da cátedra foi à sala para ver se tudo corria bem e deparou com trinta pequenos gravadores que registravam a lição debitada pelo *master voice* que ali havia deixado. UAU!!!... O espanto e a surpresa foram, por certo, o ponto de partida para uma reflexão mais apurada sobre o seu ensino.

Há professores que nos marcam de forma indelével. Há modos de ensinar, maneiras de ser que são fonte de inspiração, de motivação, de interesse por uma disciplina ou simplesmente pelo saber.

Claro que muitos conseguem tamanho resultado pela sua personalidade, pelo seu caráter, pela sua competência, ao explicarem com clareza e rigor, com palavras simples mas bem articuladas, e com entusiasmo contagiante a complexidade dos assuntos que tratam. Capazes de seduzir as crianças e os jovens para o conhecimento, para o saber, capazes de despertarem neles o interesse e a motivação que os levem a aprender mais e melhor. Digamos que, com naturalidade, despertam a simpatia, a adesão e o envolvimento dos seus alunos. Ainda há, e muito, quem nos surpreenda.

Podemos pensar que já vimos de tudo um pouco, "que comemos mundo pelos olhos da TV e da internet", que a globalização vai padronizando quase tudo à nossa volta, que a ficção científica de há cinquenta anos virou realidade no século 21 e que pouco haverá para nos surpreender...

Por mim, creio que são as pessoas, é o ser humano que ainda é capaz de nos despertar com uma surpresa que nos toca bem fundo e nos faz sentir, sussurrar, dizer ou gritar UAU!!!. Seja uma amizade que se constrói, seja um amor que nasce, seja uma simples relação de trabalho ou de educação, é a pessoa, aquele ser humano em particular, que, com o seu caráter, a sua personalidade, a sua maneira de ser e de agir, a sua técnica, a sua competência, os seus *skills* [habilidades] profissionais, a sua atitude, a sua forma de estar, de dizer, de lidar com o outro, é capaz de gerar a surpresa — UAU!!! — que entusiasma, que provoca adesão, que nos torna atentos, curiosos, interessados e dedicados, que nos apoia na focagem, que nos desafia para o conhecimento, que nos interpela, que nos faz pensar e refletir, que nos ajuda a saber mais, a compreender melhor, a ir mais longe e bem mais profundo.

UAU!!! — como é bom ter um bom professor...

Valmir Galhardo

Superintendente da UNICRED Centro Brasileira — Goiânia-GO

Cooperativismo UAUme!®

O **segmento cooperativista** foi o setor que mais cresceu nos últimos cem anos comparado a outros setores do mercado. Atualmente um terço da população mundial está ligada ao cooperativismo e no Brasil nunca esteve em tanta evidência como agora.

Essa atenção às cooperativas é motivada pelas relações de trabalho **transparentes** e **eficazes** aliadas a **gestão democrática** e excelentes e surpreendentes resultados econômicos propiciados a seus associados.

Entende-se por cooperativa a união de pessoas, com as mesmas necessidades de trabalho, comercialização, prestação de serviços e que buscam os mesmos interesses sociais, políticos e econômicos. Nessa união os objetivos coletivos fundem-se e tornam os objetivos comuns da associação, que tem maior força de ação do que individualmente.

A principal diferença entre uma cooperativa e uma empresa comercial, é na tomada de decisão. Na empresa comercial decide quem possui a maior parte do capital, já em uma cooperativa o controle é democrático, cada associado corresponde a um voto nas decisões da sociedade.

A primeira cooperativa surgiu em 1844 na cidade de Rochdale, Inglaterra, onde 28 tecelões, conhecidos como "Os Pioneiros de Rochdale", se uniram para constituir uma cooperativa de consumo, devido aos efeitos colaterais gerados pela revolução industrial, como desemprego, grandes jornadas de trabalho e condições precárias de subsistência nas cidades.

Os pioneiros definiram sete princípios que sua organização social deveria seguir, em 1995 esses princípios foram redefinidos pela Aliança Cooperativa Internacional e se tornaram os pilares do cooperativismo: Adesão Voluntária e Livre; Controle Democrático pelos Sócios; Participação Econômica dos Sócios; Autonomia e Independência; educação, formação e Informação; Intercooperação e Interesse pela comunidade. Regidas por esses princípios, as cooperativas tem seu diferencial no relacionamento com seus associados e transparência nas decisões tomadas nas assembléias gerais.

Com o desenvolvimento o cooperativismo se tornou mais independente atuando em diversas áreas. De todos os segmentos o cooperativismo de crédito se destaca, pois permite que os associados sejam donos de sua instituição financeira, lhes propiciando independência dos onerosos serviços bancários.

Dados da Organização das Cooperativas Brasileira demonstram que em 2011 este segmento fechou o ano com 1.370 cooperativas, 4.529 pontos de atendimentos, 5,1 milhões de associados, um crescimento de 200% comparado com o período de 2002, gerando 56.180 empregos diretos.

As cooperativas administraram 78 bilhões em ativos, R$ 14,5 bilhões em patrimônio líquido e R$ 33,1 bilhões em operações de crédito. Foram abertos em 2011, 20 novos pontos de atendimento por mês, média acima do sistema financeiro tradicional, que foi de 4 por mês. Esses números representaram no ano 2,7% do Sistema Financeiro. Aparentemente não é um percentual significativo, porém é fato que existe uma corrente favorável e uma demanda crescente da sociedade na aceitação e confiabilidade no sistema de cooperativas de crédito, tornando-as balizadoras de mercado.

Os números, as tendências, o apoio do Governo Federal ao desenvolvimento das cooperativas no Brasil, são fatores que auxiliam o crescimento do seguimento. O cooperativismo de crédito hoje se apresenta como a forma mais atrativa e rentável de negociação no sistema financeiro nacional, demonstrando a cada dia estarem mais preparadas e dispostas a absorver com qualidade as demandas da população brasileira.

Neste contexto, 2012 tem tudo para ser, não só o ano internacional do cooperativismo, mas o ano de mais e mais surpresas positivas e sentimentos de *gratividade* entre seus associados brasileiros.

Atitude UAUme!® no Cooperativismo – Mais um caminho para reforçar a surpresa positiva no relacionamento com seus associados, na transparência das decisões e na consolidação da sustentabilidade e governança.

Valmor Scapini

Presidente da Associação Comercial e Industrial de Lajeado — ACIL (RS — Brasil)
Diretor do Sindicato das Empresas de Transporte de Carga do Estado do Rio Grande do Sul — SETCERGS e Diretor-Presidente do Grupo Scapini

Ninguém é uma ilha!

Ninguém é uma ilha escreveu John Donne, poeta inglês do século XVI, em sua obra "Meditações XVII". Afirma que estamos todos interligados e que a perda de um ser humano é também a nossa perda. A máxima enunciada por Donne aplica-se por excelência ao mundo corporativo. Ações individuais positivas elevam o padrão das organizações.

Por formação, estou convicto de que não temos o direito de omitirmo-nos do envolvimento em assuntos de interesse de uma categoria profissional, entidades assistenciais ou sociedade em geral que objetivam ganhos em desenvolvimento, sustentabilidade e qualidade de vida.

Com esse princípio de vida, nos últimos 20 anos estive envolvido permanentemente em cargos de diretoria e atuação voluntária em diferentes entidades. Nessa experiência, um caso em especial marcou-me. O trabalho absolutamente desinteressado em prol da categoria dos transportadores rodoviários de cargas do Rio Grande do Sul, onde criamos o conceito do compartilhamento do conhecimento a fim de gerar movimentos positivos para a melhoria das pessoas e dos processos, resultou na surpresa inimaginável de ser escolhido para receber o Troféu Mérito do Transportador Gaúcho, em 2003.

Nessa mesma visão de compartilhamento de problemas e soluções, a implantação de projeto para a destinação adequada de resíduos sólidos, liderado por grupo de empresários conscientes de sua responsabilidade ambiental, proporcionou-nos a satisfação da viabilização de uma solução conjunta para o problema de muitos.

Através desses dois exemplos, ratifico nossa responsabilidade e compromisso pelo envolvimento nas questões sociais, representadas por ações externas, mas também dentro das nossas próprias empresas. Faz-se necessário gerar oportunidades de crescimento, riquezas e bem estar para a sociedade, mas também, e em especial, aos envolvidos diretamente em nosso cotidiano. Nossas empresas são entes produtivos e sociais. Para tanto, devem gerar condições econômicas adequadas para bem cumprir sua missão na criação de riquezas, mas muito mais de realização do projeto de vida das pessoas que nela atuam.

Tudo isso só terá valor se nosso envolvimento for de forma espontânea, prazerosa, desprendida e com objetivo do desempenho de nossa função social.

Ao invés de ilhas, temos que estar conectados, juntos, ser agentes de mudanças. Esperamos, como reflexo dessa atitude, que maior número de pessoas, empresários ou não, coloquem parte de seu valioso tempo a serviço do bem comum. E, para que todos saibam, faz muito bem fazer o bem!

Wellington Ferreira

Presidente da SICREDI União PR

Perseverança e ATITUDE UAUme!®

Uma grata surpresa e um convite inesperado: contribuir neste livro surpreendente e inovador no Brasil, após o merecido e destacado sucesso em Portugal e outros países da Europa.

Ainda mais gratificante é o reconhecimento dos autores para com um dos setores que mais cresce no mundo – o cooperativismo. Uma forma de unir forças dos pequenos negócios, o cooperativismo estará no centro da agenda de discussões de especialistas, governos e empresários em 2012, quando será comemorado o Ano Internacional das Cooperativas, por determinação da Organização das Nações Unidas (ONU).

Mas quando penso em nosso início, não posso deixar de lembrar de uma palavra que resultou em uma série de surpresas positivas em nossa cooperativa de crédito: PERSEVERANÇA. Hoje, conhecendo o conceito criado pelos autores, posso reconhecer esta perseverança como uma verdadeira Atitude UAUme!® no sistema.

Quando foi fundada em 1985, a cooperativa conseguia reunir todos os seus associados em uma pequena sala e menos de 15 anos atrás, não tinha mais que R$ 1,5 milhão para emprestar a seus associados.

Em um dos momentos, que buscamos força na perseverança e poder de nossos sonhos, fui pessoalmente fazer uma visita a uma grande Cooperativa Agropecuária e após toda a explanação do que era nossa Cooperativa, a diretoria concordou que aquele era um bom momento para iniciar um relacionamento de negócios, pois precisavam de R$ 1.500.000,00...para o outro dia...!!!

Não tínhamos esse recurso disponível, mas solicitamos o voto de confiança, embora o prazo fosse inegociável.
Eu sabia...era realmente desafiador, para não dizer impossível, mas era o momento da perseverança já que esta operação poderia significar um salto gigantesco em nossas operações naquele início de grandes dificuldades.

E com uma série de surpresas positivas em diferentes situações, de pessoas e de coincidências a cooperativa viabilizou a operação e assim começamos um grande relacionamento de confiança e gratidão que se tornou uma parceria que serve de exemplo para o Cooperativismo do Paraná.

Olhando para trás não há como não reconhecer o poder de acreditar, de perseverar, de ter coragem e de construir mais sonhos.

Aquele desafio quase inatingível de R$ 1,5 milhão lá de trás transformou-se em R$ 360 milhões, em 2011, só de crédito rural e nossos associados que cabiam em uma pequena sala, hoje, somam mais de 50 mil membros.

Pois bem. O sucesso do cooperativismo de crédito está relacionado à forma como nos comunicamos com os diferentes públicos, à capacidade de surpreendê-los positivamente e demonstrar que o sistema cooperativista é a solução para o desenvolvimento regional e de cada um.

Mais ainda, a atitude positiva e o trabalho essencial de cada colaborador em seu papel fundamental de proporcionar a surpresa positiva e a gratidão aos nossos associados é força para cultivar nossos sonhos para o futuro.

Notas

[1] Escuta ativa é uma técnica de comunicação que pretende e permite que barreiras de comunicação estabelecidas entre as partes de um conflito se eliminem, ou pelo menos se atenuem (N. do E.).

[2] *ROI* é a sigla em inglês para "retorno sobre investimento" (N. do E.).

[3] Atividade parassimpática é a realizada pelo *sistema nervoso parassimpático*, responsável por estimular ações que permitem ao organismo corresponder a situações de calma e repouso, como fazer ioga ou dormir (N. do E.).

[4] O *locus* de controle é um conceito da psicologia que diz respeito à crença do indivíduo de poder controlar os eventos que o afetam. O controle pode ser interno (dependente do próprio indivíduo) ou externo (dependente das circunstâncias que o cercam ou de um poder maior) (N. do E.).

[5] Um *emoticon* é uma sequência de sinais gráficos que procura exprimir um sentimento ou uma ação. Por exemplo, para exprimir alegria pode-se usar **=)** ou **:-)** ou ☺, e para exprimir tristeza pode-se usar **=(** ou **:-(** ou ☹ (N. do E.).

[6] O velho do restelo é uma personagem de *Os Lusíadas*, de Luís de Camões, que virou símbolo de quem tem atitude pessimista perante a vida (N. do E.).

[7] O Euromilhões é uma loteria jogada em alguns países europeus, ao estilo da Mega-Sena, no Brasil (N. do E.).

[8] "Não há coragem triste" é uma frase célebre do escritor francês Marcel Jouhandeau (1888-1979) (N. do E.).

[9] Alentejanos são os habitantes do Alentejo, uma região no centro-sul de Portugal (N. do E.).

[10] *Up-selling* é a técnica que procura tornar uma venda em curso mais lucrativa, oferecendo-se ao cliente itens mais caros, complementos para a sua compra e outros acessórios. *Cross-selling* é a prática de vender produtos ou serviços adicionais para clientes que já efetuaram uma compra (N. do E.).

[11] *Hardselling* é uma campanha de venda que se vale de linguagem mais direta, coerciva e aberta (N. do E.).

[12] A lógica do *terceiro incluído* é uma reformulação da lógica aristotélica do *terceiro excluído*. Dentro do pensamento do terceiro excluído, as coisas só podem ter uma característica ou a sua contrária: são certas ou erradas, verdades ou mentiras, pretas ou brancas etc. A lógica do terceiro incluído entende que as coisas podem ser um misto de duas características contrárias: certas *e* erradas; verdades *e* mentiras etc. (N. do E.).

[13] Órgão de estatísticas da União Europeia (N. do E.).

[14] Instituto Nacional de Estatística, de Portugal (N. do E.).

[15] Campanha que valoriza a beleza de "mulheres reais", de todas as idades, tamanhos e raças (N. do E.).

[16] *Start-up* é como se designa uma empresa recém-fundada, em desenvolvimento, com histórico operacional limitado (N. do E.).

Bibliografia

Ashby, F. G.; Isen, A. M.; Turken, A.U. "A neuropsychological theory of positive affect and its influence on cognition", *Psychological Review*. Vol. 106, n.º 3, 1999.

Bagozzi, R. P.; GOPINATH, Mahesh; NYER, Prashanth U. "The role of emotions in marketing", *Journal of the Academy of Marketing Science*, vol. 27, n.º 2, Primavera de 1999, p. 184-206.

Bandler, R. *Tenha agora a vida que quer*. Lisboa: Lua de Papel, 2010.

Banov, M. R. *Psicologia no gerenciamento de pessoas*. São Paulo: Atlas, 2008.

Barbosa, A. G. *O valor da gratuidade*. Lisboa: Universidade Católica, 2007.

Barreto, R. M. *Criatividade no trabalho e na vida*. São Paulo: Summus, 2009.

Ben-Shahar, T. *Happier*. Berkshire: McGraw-Hill, 2008 [publicado no Brasil sob o título *Seja mais feliz*. Colina: Academia de Inteligência, 2008].

Birch, P.; Clegg, B. *A criatividade como incentivo à empresa*. Lisboa: Pergaminho, 1999.

Biswas-Diener, R. *Practicing Positive Psychology*. New Jersey: Wiley, 2010.

Blanchard, K. *Um nível superior de liderança*. Lisboa: Atual, 2010.

Boden, M. *The Creative Mind*. New York: Basic Books, 1992.

Buzan, T. *O poder da inteligência criativa*. São Paulo, Cultrix, 2011.

Carrol, A. *Undoing the Ego Tango*. Ede: Green Apple, 2010.

Castanyer, O. *Assertividade*. Coimbra: Tenacitas, 2006.

Catalão, J. A.; PENIM A. T. *Negociar & Vender*, Lisboa: LIDEL, 2008.

______. *Ferramentas de Coaching*. Lisboa: LIDEL, 2011.

Cialdini, R. B. *Influência*. Lisboa: Sinais de Fogo, 2007.

Cloud, H. *Fins necessários*. Lisboa: Arcádia, 2011.

Comte-Sponville, A. *Pequeno tratado das grandes virtudes*. São Paulo: Martins Fontes, 2009.

Csikszentmihalyi, M. *Flow*. New York: Harper Perennial, 1991.

______. *Creativit*. New York: Harper Collins, 1996.

Cury, A. *Inteligência multifocal*. Cascais: Pergaminho, 2007.

Damásio, A. *O livro da consciência*. Lisboa: Círculo de Leitores, 2010.

Dulworth, M. *Networking: saiba como construir as melhores redes de relacionamento pessoal e profissional*. São Paulo: Larousse do Brasil, 2008.

Fisher, R.; Saphiro, D. *Como usar as emoções para negociar*. Lisboa: Lua de Papel, 2008.

Friedrickson, B. *Positivity*. New York: Oneworld, 2009.

Godin, S., org. *The Big Moo*. New York: Penguin Group, 2005 [publicado em português sob o título *A grande mudança: não tente ser perfeito, comece a ser notável*. Barueri: Manole, 2006].

HART, R. *Networking.* São Paulo: Clio, 2004.

HAY, L. L. *Gratidão.* Lisboa: Pergaminho, 2006.

KIM, S. H. *Essence of Creativity: A Guide to Tackling Difficult Problems.* London: Oxford University, 1999.

KOESTLER, A. *The Art of Creation.* London: Pan Books, 1996.

KUMER, A. "Customer delight: creating and maintaining competitive advantage, Bloomington, Indiana University", Dissertação de Doutorado (Doutorado em Filosofia de Administração de Negócios), Faculdade de Administração, Universidade de Indiana, 1996.

LEHRER, J. *Como decidimos.* Lisboa: Lua de Papel, 2009.

LINLEY, A. *Average to A +.* Coventry: Capp Press, 2008.

______. WILLARS J.; BISWAS-DIENER, R. *The Strengths book.* Coventry: Capp Press, 2010.

LINLEY, P. A.; JOSEPH, S. *Positive Psychology in Pratice.* New Jersey: Wiley, 2004.

LOWNEY, C. *El liderazgo al estilo de los Jesuitas.* Barcelona: Granica, 2005.

LUBART, T. I. *Psicologia da criatividade.* Porto Alegre: Artmed, 2007.

______. "Creativity" in: R. I. *Sternberg* ed. *Thinking and problem solving.* New York: Academic Press, 2007, p. 289-322.

______. *Psicologia da criatividade.* Porto Alegre: Artmed, 2008.

LYUBOMIRSKY, S. *The How of Happiness.* London: Piatkus, 2010 [publicado em português sob o título *A ciência da felicidade: como atingir a felicidade real e duradoura.* Rio de Janeiro: Elsevier, 2008].

MARINOFF, L. *Mais Platão, menos Prozac!.* Queluz de Baixo: Presença, 2010.

MARTIN, R.A. *The Psychology of Humor: An Integrative Approach.* Maryland Heights: Elsevier Academic Press, 2007.

MARQUES, S. *Discriminação da terceira idade.* Lisboa: Fundação Francisco Manuel dos Santos, 2011.

MASLOW, A. *Toward a Psychology of Being.* New York: Van Nostrand, 1968 [publicado em português sob o título *Introdução à psicologia do ser.* Rio de Janeiro, Eldorado Tijuca, 1968).

MAUSS, M. *Ensaio sobre a dádiva.* Lisboa: Edições 70, 2011.

MENDES, J. *Benditas muletas.* México D.F.: Editorial Nueva Palabra, 2008 [publicado em português sob o título *Benditas muletas.* São Paulo: Vozes, 2006].

OLIVEIRA, B. *Psicologia positiva.* Porto: Livpsic, 2010.

Osho. *Creativity: Unleashing the Forces Within.* New York: St. Marin's Press, 1999 [publicado em português sob o título *Criatividade: Liberando sua força interior.* São Paulo: Cultrix, 2001].

Pek, A.; Mcglade, J. *Stimulated!* Austin: Greenleaf, 2008.

Pink, D. H. *Drive.* Edinburgh: Canongate, 2009 [publicado em português sob o título *Motivação 3.0.* Rio de Janeiro: Campus, 2012].

Pryce-Jones, J. *Happiness at Work.* West Sussex: Wiley-Blackwell, 2010.

Punset, E. *Viagem à felicidade.* Lisboa: Dom Quixote, 2007.

______. *Bússola para navegadores emocionais.* Lisboa: Objetiva, 2010.

Rego, A.; Cunha, M. P. *Liderança positiva.* Lisboa: Sílabo, 2010.

Rivero, C.; Marujo, H. A. *Positivamente.* Lisboa: Esfera dos Livros, 2011.

Rogers, C. *Toward a Theory of Creativity: A Rewiew of a General Semantics.*

______. *Tornar-se pessoa.* Lisboa: Padrões Culturais, 2009.

Rosa, M. J. V.; CHITAS, P. *Portugal: os números.* Lisboa: Fundação Francisco Manuel dos Santos, 2010.

Russel, B. *A conquista da felicidade.* Lisboa: Guimarães Editores, 2011.

Seligman, M. *Flourish.* London: Nicholas Brealey, 2011.

Sheldon, K. M.; Kashdan, T. B.; Steger, M. F. *Designing Positive Psychology.* New York: Oxford, 2011.

Spizman, R.; Frishman, R. *Where's Your Wow?* New York: McGraw-Hill, 2008.

Vanhamme, J.; Snelders, D. "The role of surprise in satisfaction judgements", *Journal of Consumer Satisfaction, Dissatisfaction and Complaining Behavior*, vol. 14, 2011.

Vernon, M. *Platão.* Lisboa: Clube do Autor, 2011.

Diagramação: Triall Composição Editorial Ltda.
Preparação: Daila Fanny
Revisão: Josemar de Souza Pinto
Gráfica: Geográfica
Fonte: Univers 47 Light Condensed
Papel: Norbrite Cream 66 g/m² (miolo)
Cartão 250 g/m² (miolo)